Cambiar de mentalidad

Supera los obstáculos para el aprendizaje
y descubre tu potencial oculto
gracias a la neurociencia

BARBARA OAKLEY

Cambiar de mentalidad

*Supera los obstáculos para el aprendizaje
y descubre tu potencial oculto
gracias a la neurociencia*

EDICIONES OBELISCO

Si este libro le ha interesado y desea que le mantengamos informado
de nuestras publicaciones, escríbanos indicándonos qué temas son de su interés
(Astrología, Autoayuda, Ciencias Ocultas, Artes Marciales, Naturismo,
Espiritualidad, Tradición…) y gustosamente le complaceremos.

Puede consultar nuestro catálogo en www.edicionesobelisco.com

*Los editores no han comprobado ni la eficacia ni el resultado de las recetas, productos,
fórmulas técnicas, ejercicios o similares contenidos en este libro. Instan a los lectores
a consultar al médico o especialista de la salud ante cualquier duda que surja.
No asumen, por lo tanto, responsabilidad alguna en cuanto a su utilización
ni realizan asesoramiento al respecto.*

Colección Psicología
Cambiar de mentalidad
Barbara Oakley

1.ª edición: junio de 2018

Título original: *Mindshift*

Traducción: *David N. M. George*
Corrección: *M.ª Jesús Rodríguez*
Maquetación: *Juan Bejarano*
Diseño de cubierta: *Enrique Iborra*

© 2017, Barbara Oakley
Edición publicada por acuerdo con TarcherPerigee, sello editorial
de Penguin Publishing Group, división de Penguin Random House, LLC.
© 2018, Ediciones Obelisco, S.L.
(Reservados los derechos para la presente edición)

Edita: Ediciones Obelisco, S.L.
Collita, 23-25 - Pol. Ind. Molí de la Bastida
08191 Rubí - Barcelona - España
Tel. 93 309 85 25 - Fax 93 309 85 23
E-mail: info@edicionesobelisco.com

ISBN: 978-84-9111-356-0
Depósito Legal: B-13.781-2018

Printed in Spain

Impreso en España en los talleres gráficos de Romanyà/Valls, S.A.
Verdaguer, 1 - 08786 Capellades (Barcelona)

Capítulo 1

Transformado

La carrera de Graham Keir estaba avanzando a toda máquina, imparable como un tren bala. No estaba, simplemente, siguiendo su pasión, sino que ésta estaba dirigiendo su vida. O por lo menos eso creía.

Ya en la escuela primaria, Graham estaba obsesionado con la música. Era un muchacho alegre, y tocaba el violín desde los cuatro años. Luego expandió hábilmente su repertorio empezando a tocar la guitarra a los ocho años. En la escuela secundaria, el misterioso mundo del jazz le atrajo, y empezó a practicar su nuevo ritmo de estilo improvisado a casi cada instante del que disponía.

El cambio en la carrera profesional de Graham Keir de la música que adoraba a las matemáticas y las ciencias que detestaba supusieron un trauma incluso para él. En la actualidad no podría ser más feliz.

Graham vivía en las afueras de Filadelfia, que antaño había sido el hogar de grandes estrellas del jazz como Billie Holiday, John Coltrane, Ethel Waters y Dizzy Gillespie. Por las tardes se escabullía del espacioso patio de la vieja casa victoriana de su familia, que era contiguo a una estación ferroviaria, y se subía al tren R5 de la Agencia del Transporte Público del sudeste de Pensilvania. Al bajarse y pisar las sucias calles de Filadelfia entraba en el mundo mágico de los clubes de jazz y de las *jam sessions* en vivo. Escuchando jazz cobraba vida.

Con el tiempo, Graham tomó el tren para ir a dos de los mejores conservatorios: la Eastman School of Music y la Juilliard School, y acabó apareciendo en la revista *DownBeat* como mejor solista a nivel de instituto.

Esto no quiere decir que Graham fuera un éxito en todas las facetas de su vida, sino más bien todo lo contrario. Prácticamente cualquier cosa que no tuviera que ver con la música la despachaba sin rodeos. Las matemáticas le suponían una frustración: daba tumbos con el álgebra y la geometría, y nunca tocaba el cálculo ni la estadística. Sus notas en ciencias en el instituto eran pésimas. Después de su examen final de química, llegó a casa y quemó todos sus apuntes y deberes en la chimenea, emocionado por haber aprobado. La noche antes del examen de selectividad, mientras otros estudiantes destinados a ir a la universidad estaban despiertos y nerviosos repasando pruebas y cursos avanzados de historia, Graham, alardeando de su mediocridad académica, se fue a un concierto de jazz.

Graham sabía que quería ser músico, y eso era todo. Incluso el simple hecho de *pensar* en las matemáticas y las ciencias le ponía nervioso.

Pero luego sucedió algo. No fue un accidente ni una muerte en la familia, ni un cambio repentino en su suerte. Fue algo mucho menos dramático, lo que hizo que el cambio fuera todavía más profundo.

Cambio de mentalidad

Durante décadas, me ha fascinado la gente que cambia su trayectoria profesional: una hazaña que suele darse entre los adinerados, que disponen de unas grandes redes sociales de seguridad. Pese a ello, e incluso con un gran apoyo, un cambio importante en la carrera profesional puede ser algo tan peligroso como saltar de un tren que circula a toda velocidad a otro. También me interesa la gente que decide, por la razón que sea, aprender lo inesperado o lo difícil: el experto en lenguas románicas que supera sus carencias en matemáticas; el mal deportista que da con la forma de sobresalir académicamente en el competitivo Singapur; el tetrapléjico que pasa a estudiar un posgrado en informática y se convierte en profesor ayudante *online*. En una época en la que el ritmo de los cambios aumenta cada vez más, me he convencido de que los cambios dramáticos en las trayectorias profesionales y las actitudes propias del estudio durante toda la vida (tanto dentro como fuera del entorno universitario) son una fuerza creativa vital. Pese a ello, el poder de esa fuerza suele pasar desapercibido para la sociedad.

Las personas que cambian de trayectoria profesional o que empiezan a aprender algo nuevo a una edad madura parecen diletantes: principiantes que nunca tendrán la posibilidad de alcanzar a sus nuevos compañeros. De forma muy parecida a los magos que creen que carecen de habilidades para la magia, suelen no ser conscientes de su poder.

Al igual que Graham, yo sentía un apasionado desprecio por las matemáticas y las ciencias, y me fue mal en ellas desde una tierna edad; pero, al contrario que Graham, no mostré ningún talento ni habilidad especial a una edad temprana. Era una perezosa. Mi padre era militar, así que nos mudábamos mucho, y frecuentemente acabábamos en los márgenes rurales de zonas residenciales periféricas. El terreno en las afueras era barato en aquel entonces, lo que significaba que podíamos tener animales: animales grandes. Cada una de mis jornadas escolares acababa dejando los libros a un lado, montando mi caballo a pelo y saliendo a dar un paseo. ¿Por qué iba a preocuparme de estudiar o de una carrera profesional a lo largo de toda mi vida cuando podía galopar bajo el sol de la tarde?

En nuestro hogar se usaba, de forma monolítica, la lengua inglesa, y fracasé en mi clase de lengua española en séptimo de primaria. Mi sabio padre escuchó mis lamentos y acabó diciéndome:

—¿Has pensado alguna vez en que el verdadero problema quizás no sea el profesor, sino que puede que lo seas tú?

Después de volver a mudarnos, se demostró, sorprendentemente, que mi padre estaba equivocado. El nuevo profesor de idiomas del instituto me inspiró, haciendo que me preguntara cómo sería *pensar* en distintas lenguas. Me di cuenta de que me gustaba aprender idiomas, así que empecé a estudiar francés y alemán. Los profesores motivadores *importan*. No sólo te hacen sentir bien con respecto a las materias, sino que te hacen sentirte bien contigo mismo.

Mi padre me urgió a obtener un grado profesional basado en las matemáticas y las ciencias. Quería que sus hijos fueran capaces de desenvolverse en el mundo. Pero seguí convencida de que las matemáticas y las ciencias se encontraban fuera de mi manual de estrategia. Después de todo, había suspendido esas asignaturas en la escuela primaria, la secundaria y el instituto. En lugar de ello, yo quería estudiar un idioma. En esa época los préstamos para estudios universitarios no eran fáciles de conseguir, así que evité ir a la universidad enrolándome en el ejército, donde podía obtener un salario por estudiar un idioma, y así lo hice: aprendí ruso.

Y contra toda lógica (y a pesar de mis primeros planes), hoy soy profesora de ingeniería, y estoy firmemente asentada en el mundo de las matemáticas y las ciencias. Y junto con Terrence (Terry) Sejnowski, el profesor que ocupa la cátedra Francis Crick en el Salk Institute, doy clases en el curso *online* más popular del mundo («Aprendiendo a aprender») para Coursera/la Universidad de California en San Diego. Este curso es un curso *online* masivo en abierto (COMA), y contaba con un millón de alumnos de más de doscientos países sólo en el primer año de su existencia. Para cuando estés leyendo este libro, estaremos acelerando y superando con creces la marca de los dos millones de alumnos. Una participación y un impacto educativo como éste son algo que carece de precedentes: está claro que la gente tiene hambre de conocimientos, cambios y crecimiento. La lista de los empleos que he desempeñado a lo largo de mi vida es, cuanto menos, ecléctica: camarera, señora de la limpieza, tutora, escritora, esposa, ama de casa, oficial en el ejército de Estados Unidos, traductora de ruso en arrastreros soviéticos en el Mar de Bering y radiooperadora en la Estación del Polo Sur. Descubrí, más o menos accidentalmente, que disponía de más poder en mi interior para aprender y cambiar del que nunca hubiera soñado. Lo que aprendía en un oficio frecuentemente me permitía tener éxito de forma creativa en la siguiente fase de mi vida; y por lo general se trataba de información aparentemente inútil de una profesión anterior que se convirtió en una potente base para la siguiente.

Ahora, mientras veo a miles de alumnos de todo el mundo despertándose a su potencial de aprender y cambiar, me doy cuenta de que ha llegado el momento para algo nuevo. Necesitamos un manifiesto sobre la importancia de los *cambios de mentalidad* para dar lugar a sociedades dinámicas y creativas, y para ayudar a la gente a vivir a su potencial máximo.

Un «cambio de mentalidad» es una transformación profunda en la vida que se da gracias al aprendizaje. De eso trata este libro.

Un «cambio de mentalidad» es una transformación profunda en la vida que se da gracias al aprendizaje. De eso trata este libro. Veremos cómo la gente que se *transforma* a sí misma (y que trae consigo conocimientos que anteriormente parecían obsoletos o superfluos) ha permitido que nuestro mundo crezca de formas fantásticamente creativas y edificantes.

Veremos también cómo todos podemos ser inspirados por sus ejemplos (y por lo que sabemos de la ciencia sobre el aprendizaje y el cambio) para aprender, crecer y alcanzar todo nuestro potencial.

Descubriendo tu potencial oculto

La gente sufre cambios inesperados en su trayectoria profesional durante todo el tiempo. Una mañana estás sentado frente a tu escritorio, te dedicas al trabajo propio de la jornada, y ves a tu jefe, flanqueado por unos guardias de seguridad, listo para acompañarte fuera del edificio. Inesperadamente, te han despedido, después de dos décadas de experiencia duramente ganada y de conseguir dominar los sistemas de la compañía: unos sistemas, de los que, al igual que tú, están prescindiendo.

O… puede que trabajes para un patán y que, de repente, surja una jubilosa oportunidad de escapar de la mazmorra, si es que estás dispuesto a aprender algo nuevo y que te suponga un reto.

Puede que no sientas que tienes una oportunidad. Quizás seas el niño obediente que siempre siguió los consejos de sus padres, así que tal vez te sientas atrapado en el lujo de tu salario alto, con la cara aplastada contra la ventana del anhelo por la carrera profesional que no escogiste.

Puede que avanzaras a duras penas por una carrera profesional en un lugar en el que era difícil encontrar buenos trabajos. Ni siquiera soñarías con el hecho de arriesgarte a un cambio de trayectoria profesional, y más ahora que tienes hijos que serán quienes pagarán el precio si la fastidias.

O... puede que tu madre falleciera la noche antes de un examen crítico, y que fueras uno de entre la multitud de estudiantes que no lograron superar el corte en un sistema educativo que parece diseñado a propósito para eliminar a la mayor cantidad posible de gente. Así pues, estás atrapado en un puesto de trabajo con un sueldo bajo.

O... puede que te graduaras con tu nuevo y flamante título por el que te esforzaste como un titán porque estabas decidido a *seguir tu pasión* (después de todo, eso es lo que tus amigos te dijeron que hicieras). Y luego, súbitamente, te diste cuenta de que tus padres tenían razón: el salario es bajo, el trabajo es incluso peor, y para rematarlo, te encuentras con una barrera en forma de la carga que supone la deuda por la financiación de tus estudios que tienes que devolver.

O... puede que te encante tu trabajo, pero que simplemente sientas que hay algo *más* ahí fuera.

¿Y ahora qué?

Las distintas situaciones sociales y personales nos colocan diversos obstáculos (algunos insuperables) para aprender nuevas habilidades y cambiar de trayectoria profesional. Pero las buenas noticias son que, a nivel mundial, estamos desplazándonos hacia una nueva era en la que la formación y las perspectivas que antaño estaban al alcance sólo de unos pocos afortunados están volviéndose disponibles para muchos, y con unos costes personales y económicos menores que nunca. Con esto no se pretende decir que un cambio de mentalidad resulte fácil: no suele serlo, pero las barreras se han reducido en muchos casos y para mucha gente.

La disponibilidad de nuevas formas de aprendizaje (nuevas herramientas para un cambio de mentalidad) es tan abrumadora que la reacción casi siempre ha consistido en un «No, no y no. Los sistemas antiguos de desarrollo de la trayectoria profesional y de aprendizaje están bien. ¡Son los únicos que importan! Todas estas cosas nuevas son flor de un día». Pero, lentamente (y frecuentemente pasando desapercibida), la revolución del cambio de mentalidad crece. Estos cambios de mentalidad no sólo implican aprender nuevas habilidades o cambiar de carrera profesional, sino también cambiar de actitud, de vida personal y de relaciones personales. Un cambio de mentalidad puede ser una actividad complementaria o una ocupación a tiempo completo, o cualquier cosa intermedia.

Existen pruebas fehacientes de que nuestras habilidades para tener éxito en cualquier área dada no son inamovibles en absoluto. La «mentalidad del crecimiento», de Carol Dweck, investigadora de la Universidad de Stanford, se centra en torno a la idea de que una actitud positiva acerca de nuestra capacidad de cambiar puede ayudar a provocar ese cambio.[1] Como adultos, es difícil saber cómo se desarrolla esta actitud en la vida real. ¿Qué tipos de cambios puede la gente *realmente* llevar a cabo en sus intereses, conjuntos de habilidades y carreras profesionales? ¿Cuáles son las últimas sugerencias prácticas surgidas de las investigaciones? ¿Y qué papel desempeñan los nuevos métodos de aprendizaje en estos procesos?

En *Cambiar de mentalidad*, seguiremos a gente de todo el mundo que ha realizado unos cambios de trayectoria profesional extraordinarios y que han superado muchos retos propios del aprendizaje. Disponemos de ideas profundas procedentes de estos alumnos de escuelas de adultos que son valiosas, independientemente de desde o hacia qué carrera profesional quieras cambiar o lo que estés interesado en aprender. Veremos a personas que llevan a cabo cambios difíciles para pasar del mundo de las humanidades al de las ciencias, o del de la alta tecnología al de las bellas artes. Veremos cómo el superar la depresión comparte atributos con el empezar un nuevo negocio; cómo incluso los científicos más brillantes del mundo pueden verse forzados a reiniciar su carrera profesional; y cómo no ser tan inteligente puede resultar ser un activo cuando estás aprendiendo temas complicados.

Estudiaremos también la motivación de la gente y aprenderemos los trucos que usa para mantenerse en el buen camino durante el proceso, frecuentemente desconcertante, de un cambio importante. Conoceremos a algunos estudiantes adultos y veremos cómo, especialmente en esta era digital, se *pueden* enseñar trucos nuevos a un perro viejo (pista: los videojuegos pueden ser de utilidad). Veremos qué tiene que explicarnos la ciencia de las nuevas perspectivas que nos ofrecen los que cambian de trayectoria profesional y los estudiantes adultos, y aprenderemos ideas prácticas gracias a la neurociencia que nos permitirán comprender mejor cómo podemos seguir creciendo mentalmente incluso bastante después de haber alcanzado la madurez. Asimismo conoceremos a un nuevo grupo de estudiantes: los «superparticipantes en cursos *online* masivos en abierto» (o *superMOOCers*, como se les conoce en inglés), que usan el aprendizaje *online* para moldear su vida de formas inspiradoras.

El cambio de mentalidad es tan importante que hay naciones que están incluso diseñando sistemas para potenciar su crecimiento. Así pues, viajaremos a Singapur, uno de los países más innovadores de entre éstos, para aprender nuevas estrategias que pueden mejorar nuestra trayectoria profesional. Las ideas procedentes de esa pequeña isla asiática nos permitirán conocer nuevas formas innovadoras relativas al problema de la *pasión* frente a la *practicidad* por el que frecuentemente nos vemos afectados.

A lo largo de este libro viajaremos también por todo el mundo para compartir una divertida perspectiva de un iniciado sobre el aprendizaje, tal y como la veo yo desde mi posición elevada en la cima del curso más popular del mundo: un curso dedicado al aprendizaje. ¿Qué pasa cuando se mira a través de la lente de una cámara con millones de estudiantes al otro lado? Encontrarás abundantes consejos prácticos sobre cómo elegir las mejores formas de cambiar y crecer a través del aprendizaje tanto *online* como en cursos presenciales.

Pero no todo es simplemente alta tecnología: conceptos sencillos como la restructuración mental e incluso el aprovecharse de algunos aspectos de una «mala» actitud pueden hacer mucho por hacernos superar los obstáculos que la vida pone en nuestro camino. Los estudiantes no convencionales pueden aportarnos ideas inusuales para superar obstáculos aparentemente insuperables.

Este libro tiende a hacer hincapié en los cambios, de los conjuntos de habilidades artísticas a las matemáticas o las tecnológicas, en lugar de al revés. Esto se debe a que la gente no suele pensar que sea posible un cambio «de artístico a analítico». Y, nos guste o no, en la actualidad existe una mayor tendencia social hacia la tecnología. Pero, independientemente de aquello en lo que estés interesado, aquí encontrarás mucha inspiración: desde la conductora de autobuses que supera una depresión hasta el ingeniero eléctrico que se pasa a la carpintería, y hasta la joven dotada para las matemáticas que se queda muda en público que encuentra en su interior un talento para hablar frente a un auditorio.

Supera los obstáculos para el aprendizaje y descubre tu potencial oculto (el subtítulo de este libro) nos aporta un panorama general. Pero ese panorama es *tu* panorama. Tal y como verás, el alcance de tu capacidad de aprendizaje es mucho mayor del que nunca podrías haber imaginado.

Pese a ello, y por ahora, regresemos a la historia de Graham.

El cambio de Graham

En realidad, lo que provocó el cambio de la trayectoria profesional de Graham fue algo sencillo. Un día le invitaron a tocar la guitarra en un centro de oncología pediátrica local. Esperaba que su querida música levantara el ánimo a los niños. La breve visita se convirtió en otra visita, y luego en otra más. Se vio arrastrado hacia los valientes y jóvenes pacientes, algunas de cuyas historias le partieron el corazón. Le conmovieron tanto que acabó dando una serie de conciertos para pacientes aquejados de cáncer.

A medida que esto se fue desarrollando, empezó a descubrir algo sorprendente. Tocar música todo el día y cada día no le estaba llenando como persona. De algún modo, la idea de cuidar personalmente de los pacientes cuando eran más vulnerables empezó a tener más sentido para él que actuar para personas a las que quizás no volvería a hablar ni a ver nunca más.

De repente, sucedió algo. Algo extremadamente amedrentador: Graham decidió que se convertiría en médico.

Se sintió como un loco: no había nada en su pasado que indicara que pudiera tener éxito con las matemáticas y las ciencias. ¿Qué le hacía pensar que ahora sería capaz de hacerlo?

Al igual que muchos que se esfuerzan por reinventarse, decidió empezar despacio para adquirir las herramientas mentales que necesitaría. Se apuntó a unas clases de cálculo.

Pero no se zambulló directamente y de lleno en ello. Varios meses antes de que comenzaran las clases, adquirió un libro electrónico de precálculo que instaló en su iPhone, de modo que pudiera repasar los conceptos mientras viajaba hacia sus actuaciones o se desplazaba diariamente a la escuela. Al principio lo encontró descorazonador. Había, ya para empezar, muchos conceptos matemáticos básicos que había olvidado o asimilado de forma muy mediocre («¿Me estás diciendo que existen reglas para los exponentes?»). No pudo evitar pensar: «¡Oh, Dios mío! ¿Qué estoy haciendo? Me encuentro en la cima de la música, mi campo, y estoy a punto de empezar desde lo más bajo en medicina».

Sin embargo, era muy consciente de que uno de sus puntos fuertes (que había desarrollado a lo largo de años de práctica con la música) era la simple capacidad de persistir con las tareas difíciles. Si pudo practicar durante todas esas horas para entrar en la Juilliard School, no había razón alguna por la cual no pudiera adquirir estos nuevos conocimientos. Simplemente, le llevaría trabajo duro y concentración.

El hecho de saber que poseía estas fortalezas no disipó sus dudas, y no hizo variar el hecho de que sus estudios eran, frecuentemente, difíciles de verdad. La mayoría de la gente que se había apuntado al curso de cálculo eran estudiantes de cursos introductorios a la medicina y de ingeniería de la Universidad de Columbia que lo habían hecho en el instituto pero que, simplemente, querían mejorar su nota media en ciencias repitiéndolo. Graham se sentía como si estuviera en un kart compitiendo contra conductores experimentados de coches de carreras. Cuando le mencionó a su profesor que era músico, el docente no pudo imaginarse por qué Graham quería matricularse en su curso. Pero, al final, logró sacar una nota excelente. No estaba nada mal para el primer curso universitario de cálculo de alguien que aborrecía las matemáticas y las ciencias.

Parte de las dudas de Graham empezaron a desaparecer; pero sus propias frases nos transmiten la batalla a la que se enfrentaba continuamente:

Recuerdo perder horas de sueño después de casi cada examen, porque pensaba: «Si no saco un sobresaliente no entraré en la facultad de medicina. Acabo de lanzar por la borda mi carrera musical, y si esto no funciona, ¿qué me quedará?».

Y había recordatorios por doquier de aquello a lo que había renunciado. La noche de la Super Bowl estaba estudiando para un doble desafío consistente en exámenes de bioquímica y química orgánica el lunes siguiente. No estaba viendo la Super Bowl, pero sabía, en lo más profundo de mi mente, que uno de mis amigos estaba tocando el saxofón con Beyoncé en el espectáculo que se celebraba durante el descanso del partido. Tuve que dejar de fisgonear en Facebook, ya que todo lo que veía eran las cosas divertidas que estaban haciendo mis amigos: ya fuera estar de gira o unas actuaciones notorias. Había tomado mi decisión y necesitaba mantenerme firme.

Una de las partes más duras fue que había amigos y familiares bienintencionados que intentaban desalentarme. Sabían el éxito que había tenido en el mundo de la música, y no podían comprender por qué estaba haciendo aquello. Otros me recomendaron distintas carreras que quizá no fueran tan difíciles. Estos amigos plantaron las semillas de la duda en mi cabeza que hicieron que me resultara muy complejo superar los momentos más difíciles. Tenía que reafirmarme en por qué estaba llevando a cabo ese cambio recordando momentos concretos de claridad que me habían hecho tomar esa dirección. Al mismo tiempo, no le dije a la mayoría de mis amigos músicos lo que estaba haciendo. Quería que las cosas fueran ambiguas, ya que era importante conservar mis contactos en el mundo del jazz y que me contrataran para algunas actuaciones. Jugaba a ser dos personas distintas.

Al principio, limité mis actuaciones porque pensaba que necesitaba, realmente, aplicarme y ponerme a trabajar en mis estudios. Sin embargo, durante mi segundo semestre empecé a tocar mucho más. Obtuve las mismas notas medias que en el semestre anterior, pero estaba disfrutando mucho más de la vida porque disponía de una válvula de escape de mi rutina diaria. Actuar suponía mi forma de socializar, mi fuente de ingresos y mi válvula de escape, todo en una sola actividad.

Las clases de ciencias eran difíciles. Cuando empecé, tuve que superar el lógico rechazo que me provocaban las matemáticas y las ciencias. Una vez que me metí en harina, la materia resultó entretenida e interesante. De hecho, empecé a disfrutar del proceso de dibujar moléculas de química orgánica y resolver problemas de matemáticas. Me sonreía o reía cuando daba con una solución especialmente inteligente en un libro de texto.

Pese a ello, no estaba acostumbrado al nivel de precisión necesario en las clases de ciencias. Me convencía a mí mismo de que los exámenes eran injustos o de que realmente comprendía un concepto, pero que no sabía plasmarlo en la prueba. No obstante, me di cuenta, rápidamente, de que en clase había alguien que con toda seguridad estaba acertando las preguntas que yo fallaba. Desde luego que debían comprender mejor los conceptos que yo. No era culpa del profesor, sino mía.

Vi que no bastaba con comprender algo una vez. Tenía que practicar, igual que había hecho con la guitarra. Me reuní con profesores y les hice preguntas en clase. En el instituto, nunca buscaba clases de refuerzo, ya que me negaba a aceptar que estuviera experimentando dificultades con los conceptos. Pensaba que sólo los niños «lentos» asistían a las clases de refuerzo. Pese a ello, me di cuenta de que tenía que dejar mi orgullo a un lado. El objetivo consistía en sacar una buena nota en el examen, y no en parecer un genio todo el tiempo.

Tuve la suerte suficiente de haber leído *Los desafíos de la memoria* justo antes de empezar las clases. Utilicé diversas técnicas mnemotécnicas como los *loci* (lugares), el palacio de la memoria, o encomendar la información a la memoria. Sé que algunas personas tienen, por naturaleza, una buena memoria para los números y las ideas abstractas, pero yo no era una de ellas. Era importante que averiguara cuáles eran mis limitaciones desde un buen principio. Una vez que supiera con qué estaba trabajando, podría hacer lo que fuera necesario para superarlas.

Graham decidió asumir el resto de los requisitos de ciencias en un año y un verano. La primera clase fue su antigua némesis: la química.

—Lo creas o no —apuntó—, obtuve una nota de sobresaliente. Había conseguido un aprobado en la versión más sencilla que nos daban en el instituto, pero ahora que me había comprometido conmigo mismo a aprender los contenidos, me había convertido en un estudiante completamente distinto.

A medida que fue progresando, se encontró con sobresalientes en química orgánica, bioquímica y otras materias duras que nunca se hubiera visto estudiando diez años antes. Graham hizo el examen para conseguir el acceso a la facultad de medicina (MCAT, por sus siglas en inglés) una semana después de su último examen final. Ahora está en su tercer año de la carrera de medicina en la Universidad de Georgetown. Le conocí *online* después de que se apuntara al curso «Aprendiendo a aprender» para mejorar todavía más sus estudios en la facultad de medicina.

Los antecedentes de Graham en el mundo de la música han resultado ser de ayuda en su carrera médica, de formas tanto importantes como pequeñas. Por ejemplo, en la auscultación (la realización de diagnósticos por medio de la escucha de los sonidos del corazón), se encontró con que su oído bien preparado, que es sensible a pequeñísimas diferencias de timbre y cadencia, le permite captar esas diferencias más rápidamente que otras personas.

Sin embargo, son los beneficios generales producto de sus antecedentes en el mundo de la música los que han tenido el mayor impacto. Por supuesto, es esencial que los médicos tengan unos buenos conocimientos de la ciencia y la fisiología de la medicina; pero Graham ha comprobado que quizá sea igual de importante ser capaz de escuchar a los pacientes y mostrarse empático. Tocando en grupo con otros músicos, Graham aprendió a escuchar a los intérpretes que tenía a su alrededor y a no intentar imponer de inmediato sus propias ideas musicales. De forma parecida, vio que conceder a los pacientes un espacio para hablar y no interrumpirles de buenas a primeras puede dar lugar a un mejor diagnóstico, además de a establecer una mejor relación entre médico y paciente.

Más que eso, Graham ha descubierto que las características necesarias para actuar como músico son sorprendentemente parecidas a las necesarias para «actuar» durante los encuentros o los procedimientos con un paciente. Está llegando a valorar cómo sus años de práctica con la improvisación musical inundan su nueva vida en el mundo de la medicina. Graham comprueba que se enfrenta bien a las situaciones inesperadas o a las emergencias en las que debe usar su creciente experiencia de nuevas formas. El difícil cambio de la música a la medicina también le ha permitido sentirse más cómodo cuando se ve empujado fuera de su zona de confort.

Los médicos suelen decir a los estudiantes de medicina que en la facultad de medicina se deben memorizar tantas cosas que esto puede conducir, inadvertidamente, a que se generen unas expectativas de que la medicina sea una ciencia clara y simple. Sin embargo, en la práctica, la medicina es mucho más mutable y suele basarse en la intuición y en el «arte» de la curación. Graham ya tiene la sensación de que su carrera médica le resultará algo mucho más natural que a muchos estudiantes de medicina debido al tiempo que ha pasado tocando música.

Pero hay más cosas. Graham me escribió:

> En mi primer año en la facultad de medicina, seguí enfrentándome a dificultades mientras estudiaba. Una de las razones por las que empecé tu curso en Coursera (una página web que ofrece cursos universitarios gratuitos *online*) fue porque sabía que algo sobre mi forma de estudiar era ineficaz. Dedicaba muchas más horas que la mayoría de la gente, pero no estaba, necesariamente, aprendiendo las materias mejor. Tu curso me ayudó a darme cuenta de que es importante hacer que el estudio sea un proceso activo. Pasaba horas releyendo transparencias, pero la mitad del tiempo desconectaba y perdía la concentración. Ya estoy viendo mejoras gracias al uso de la técnica Pomodoro y evaluándome frecuentemente.

Y ahí lo tienes. Puedes conseguir grandes cambios en tu vida: tus pasiones «preprogramadas» o aquello en lo que piensas que eres bueno no tienen, en último término, por qué dictar quién eres o lo que haces. De forma similar, vale la pena apuntar que la gente no sólo quiere cambiar para dedicarse a la medicina. También hay médicos que han abandonado la medicina para dedicarse a campos completamente distintos. Por ejemplo, a pesar de su licenciatura en medicina por la Universidad de Harvard, Michael Crichton, el autor del superventas *Jurassic Park* y de la serie de televisión *Urgencias*, nunca se preocupó por colegiarse para así practicar la medicina. Y Sun Yat-sen, el padre fundador de la República de China, abandonó sus estudios de medicina en Hawái para implicarse en la revolución.

La técnica Pomodoro

La técnica Pomodoro es una técnica de concentración increíblemente sencilla y extremadamente poderosa desarrollada por Francesco Cirillo en la década de 1980. *Pomodoro* significa 'tomate' en italiano y los temporizadores que Cirillo recomendaba solían tener la forma de un tomate. Para llevar a cabo la técnica Pomodoro, todo lo que necesitas es desconectar todos los sonidos y vibraciones, que tienen la capacidad de distraerte, de tu teléfono móvil u ordenador, programar un temporizador para que suene al cabo de veinticinco minutos y luego concentrarte tanto como puedas en aquello en lo que estás trabajando durante esos veinticinco minutos. Cuando hayas terminado (y esto es igual de importante), permite que tu cerebro se relaje durante algunos minutos (navega por Internet, escucha una canción que te guste, charla con amigos: cualquier cosa que te permita distraerte tranquilamente).

Esta técnica es valiosa para lidiar con la procrastinación y para mantenerte en el buen camino, pese a que también incluye períodos de relajación que son igual de importantes para el aprendizaje.

Podrías decir: «Oye, espera un momento. Graham era, obviamente, un tipo muy inteligente, pero nunca se había esforzado antes con las matemáticas y las ciencias».

Pero, ¿cuántos de nosotros somos así con las materias, habilidades o áreas de experiencia especial de las que nunca nos hemos ocupado en serio?

¿Cuántos de nosotros, por la razón que sea, nos salimos del buen camino en nuestra vida? ¿Y cuántos de nosotros acabamos dando con formas de cambiar las cosas mediante el aprendizaje de nuevas habilidades y enfoques? ¿Cuántos otros parecen estar en el buen camino desde el punto de vista de su carrera profesional, pero tienen el anhelo de algo nuevo y a veces amedrentadoramente distinto?

Mucha gente normal y extraordinaria ha realizado cambios fantásticos en su vida manteniéndose abierta al aprendizaje. Verás cómo la experiencia anterior en campos muy distintos no tiene por qué suponer un encadenamiento a un pasado del que estás intentando escapar. En lugar de eso, puede servir como punto de partida para sendas de carreras profesionales creativas en tu presente y tu futuro. Tal y como descubriremos en los siguientes capítulos, la ciencia tiene mucho que decir sobre por qué escogemos los campos que elegimos, cómo podemos escabullirnos de las ataduras de la biología, y cómo podemos seguir aprendiendo de forma eficaz, incluso a medida que envejecemos.

Bienvenido a bordo del nuevo mundo del cambio de mentalidad.

¡AHORA PRUEBA TÚ!

Amplía tu pasión

¿Te has limitado innecesariamente acatando el consejo común de que tienes que *perseguir tu pasión*? ¿Has hecho aquello en lo que eres bueno por naturaleza? ¿O te has puesto a prueba con algo que era realmente difícil para ti? Pregúntate: ¿Qué podrías hacer o ser si decidieras, en lugar de todo eso, *ampliar tu pasión* e intentaras conseguir algo que exigiera lo máximo de ti? ¿Qué habilidades y conocimientos podrías traerte contigo de tu pasado que pudieran servirte mientras te pones a prueba de verdad?

Lo que es sorprendentemente frecuente es que captar tus pensamientos y escribirlos en un papel puede ayudarte a descubrir lo que piensas de verdad y puede ayudarte a emprender acciones más eficaces. Toma una hoja de papel, o incluso mejor un cuaderno de notas que puedas usar junto con este libro, escribe un encabezado que diga «Amplía tu pasión», y luego describe tus respuestas a las preguntas anteriores, independientemente de si tus respuestas consisten en un par de frases o en varias páginas.

Incluiremos numerosos ejercicios activos breves como éste a lo largo de todo el libro: tal y como verás, estos ejercicios suponen formas destacables de ayudarte a sintetizar tu pensamiento y a aprender a un nivel muy profundo. Revisar tu cuaderno de notas o tus hojas de papel cuando llegues al final de este libro te proporcionará unas perspectivas generales inestimables sobre ti mismo, tu estilo de vida en cuanto al aprendizaje y los objetivos en tu vida.

Capítulo 2

Aprender no consiste sólo en estudiar

Todo empezó a cambiar cuando Claudia fue incapaz de orinar.

La vida antes de ese punto de inflexión basado en ser incapaz de orinar no había sido agradable. De hecho, había sido realmente dura. Allí se encontraba ella, sexagenaria, y apenas podía recordar cuándo se había sentido bien durante más de unas pocas semanas seguidas.

El problema era la depresión. Durante toda su vida había sufrido de un trastorno depresivo mayor. A pesar de eso, se enorgullecía de actuar «con normalidad» frente a los demás. Esto significaba que a veces pensaba: «Tengo que levantarme... tengo que levantarme de este sofá». Pero esto no era suficiente. Para llevarlo a cabo era necesario que se lo dijera en voz alta: «Puedo mover las piernas».

Pero luchando contra esa voz otra le decía: «¿Qué importa? No vale la pena».

Su depresión no estaba desencadenada por nada en concreto. Aunque los síntomas ya estaban ahí desde un buen principio, se la diagnosticaron por primera vez cuando se marchó a la universidad con dieciocho años. Esto no supuso sorpresa alguna. La depresión extendió sus tentáculos por su familia: su padre también había padecido una depresión grave, al igual que algunos de los hermanos de Claudia.

Estaba en sus genes. ¿Qué podía hacer ella?

Claudia generalmente era capaz de desempeñar su trabajo a tiempo parcial: trabajaba como conductora de autobús en la hora punta para la compañía de transportes metropolitanos del condado de King, en Seattle. También podía cocinar la comida y cuidar de su familia, a la que quería mucho. De vez en cuando, sus médicos le recetaban un nuevo fármaco. Éste podía funcionar durante algún tiempo, pero el resultado era siempre el mismo. Al cabo de algunos meses (un año como máximo) sus efectos desaparecían y la dejaban como antes: ausente.

Claudia vive en Seattle desde hace más de cincuenta años.
Se considera una nativa de la exuberante y verde «Ciudad Esmeralda».

Sentía la necesidad de salirse de esa carrera de locos, pero luego recordaba que era una perdedora tan grande que ni siquiera se encontraba *en* esa carrera de locos. Experimentaba un tipo de dolor generalizado que siempre estaba presente. Pese a ello, sabía que no podía suicidarse. Su familia significaba mucho para ella. No podía ni quería hacerles daño. Paul, que era su terapeuta, decía que para ellos resultaría «devastador». En cualquier caso, criada, con una culpabilidad irónica, en la tradición católica, se dio cuenta de que su muerte no supondría sino un desastre que otras personas tendrían que arreglar. En su trabajo, Claudia conducía un autobús de doce metros o uno articulado de veintitrés metros. Conducir un autobús le iba bien, ya que la paga era decente y podía hacerlo incluso cuando estaba deprimida. Su trabajo estaba protegido por la Ley

Estadounidense de Licencia Laboral por Razones Familiares y Médicas de 1993, y se incorporaba a conductores sustitutos en el sistema. Principalmente llevaba, por la mañana o por la tarde, a la gente que se desplazaba de su hogar a su trabajo o viceversa. Estos trabajadores eran una clientela muy distinta a la gente que cogía el autobús a mediodía o de madrugada. Los numerosos trabajadores útiles que leían o dormitaban en los días laborables no desencadenaban su depresión y, en cualquier caso, ella evitaba las rutas que sabía que implicaban problemas y a gente afligida.

Pese a ello, seguía viviendo en el límite. La mayor parte de la gente no se da cuenta de lo difícil que es ser un conductor de autobús en una gran área metropolitana. Los autobuses son grandes, anchos y pesados. Otros conductores (por no hablar de los ciclistas y los peatones) no suelen comprender que cuesta mucho más detener un autobús que un coche, así que se lanzan despreocupadamente y como una flecha hacia el peligro. Cada año se producen accidentes relacionados con los autobuses en todas las ciudades importantes. Los conductores de autobuses son considerados los responsables casi siempre, y suelen perder su empleo después de un accidente grave.

La mañana del accidente, Claudia apagó la alarma del despertador, se puso su uniforme, tomó un desayuno rápido con el café que había sobrado el día anterior y se encaminó a iniciar su jornada.

Fichó en su empleo, la consideraron apta para trabajar, se subió al autobús que le habían asignado y realizó una inspección de seguridad. Los conductores seguían la misma ruta, pero llevaban un autobús distinto cada día. Esa mañana, Claudia conduciría un autobús de doce metros de la línea 308.

Una vez en la ruta, resultaba fácil seguir el ritmo del trabajo. Parar, abrir la puerta, esperar a que los pasajeros subieran, cobrar los billetes... El autobús tiembla al avanzar. Echar un vistazo a los pasajeros mientras miras la carretera. Frenar, detenerse en la parada. Repetir.

Pronto el autobús se llenó, con los pasajeros que permanecían de pie en el pasillo. Claudia dirigió el autobús con mano experta hacia carril rápido de la autovía I-5. El tráfico era denso, y su autobús seguía el flujo del tráfico.

Se estaba acercando a la salida de Stewart Street, que lleva al centro de la ciudad, cuando sucedió: todo fue tan rápido que después Claudia apenas pudo comprender la secuencia.

De repente, el coche que se encontraba delante del autobús de Claudia derrapó hasta quedar parado. El conductor dirigió su vehículo hacia el borde del arcén de la autovía (una estrecha franja de asfalto). Claudia podría haber virado y haber evitado el coche por poco, excepto por una cosa.

Por alguna razón que Claudia nunca fue capaz de dilucidar, el conductor del coche que se había parado abrió su puerta, que ocupó parte del carril de tráfico en el que se encontraba Claudia, y empezó a salir del vehículo. Justo delante del autobús.

Claudia echó un rápido vistazo al retrovisor que tenía a su lado, viró hacia la izquierda y pisó el freno a fondo. Era como intentar hacer girar y detener a una ballena de veinte toneladas manteniendo el equilibrio encima de un carrito de la compra. De repente se encontró en el carril contiguo, en el que otro coche acababa de detenerse.

Se estrelló contra ese coche.

La rápida reacción de Claudia para reducir la velocidad del autobús significó que, sorprendentemente, ninguno de los pasajeros sufrió daños. Pero tras bajar del autobús para echar un vistazo al coche contra el que se había estrellado, se dio cuenta de que los efectos colaterales estaban por llegar.

Cientos de conductores y pasajeros estaban furiosos en los coches detenidos detrás del autobús de Claudia. Después de que la policía llegara, Claudia siguió, mecánicamente, los procedimientos necesarios que deben realizarse tras un accidente. Se supone que los conductores de autobuses deben conducir de forma defensiva, estar listos para enfrentarse a cualquier contingencia (incluso a eventualidades como que la gente frene en seco y salga de su coche en medio del tráfico), así que la multaron por no respetar la distancia de seguridad.

Fue como si le hubieran dado un puñetazo en el estómago.

Claudia había estado gestionando su depresión, pero fue consciente de que este incidente la haría caer de la estrecha cornisa que se había creado, haciéndola descender hacia profundidades incluso más oscuras. La idea le resultaba insoportable.

Mientras tanto, uno de los supervisores de la compañía de autobuses se la llevó para someterla a un análisis de drogas. A pesar del hecho de que estaba «limpia» (como una patena), Claudia estaba tan estresada que, sencillamente, era incapaz de orinar en el vasito de plástico que le había entregado el técnico de laboratorio de la compañía encargada de hacer el análisis de drogas.

Después del tercer intento, el técnico del laboratorio anotó en el registro que Claudia «había rehusado proporcionar una muestra de orina». Aterrorizada, rogó que le dieran otra oportunidad. El técnico de laboratorio aceptó a regañadientes y Claudia regresó al cuarto de baño. Desesperada, apremió a su cuerpo para que se relajara.

«Hasta aquí hemos llegado –se dio cuenta–. Se me ha acabado el conducir autobuses. Ya me ocuparé de la multa en la jefatura de tráfico. Se acabó».

Con esas dos ideas en mente, la orina de Claudia empezó a fluir, llenando el vasito de plástico.

Así pues, Claudia evitó el embrollo legal de un análisis de drogas no superado. Cumplió con su promesa y dejó su trabajo. Pero abandonar su trabajo tenía su lado malo: *significaba que carecía de un empleo.*

Tan predecible como las mareas, apareció la depresión severa. Claudia ya tenía experiencia: se conocía y sabía exactamente qué le esperaba durante los siguientes meses. El pensamiento de pasar por tanto dolor sin ni siquiera un empleo que la distrajera era angustioso.

Se acabó. Aquélla era la derrota de Claudia.

Fue en este momento cuando fue consciente de que, si quería evitar el dolor, iba a tener que cambiar. No iba a tener, simplemente, que cambiar de medicamentos o empleo, ni el pequeño mundo en el que vivía. Ella iba a tener que transformar su cerebro, su cuerpo, sus hábitos y sus creencias.

Claudia estaba desesperada, y lo decía muy en serio. Se dijo a sí misma que no tenía más opción que arreglárselas por su cuenta, ya que la medicina y la terapia no lograban que su vida resultara soportable. Iba a experimentar con todo lo que pudiera: libros de autoayuda, profesores, *coaches*, neurociencia cognitiva y puro sentido común. Se dio cuenta de que estaba siendo melodramática, pero que iba a aprender a ponerse bien, a no ser que eso la matara, en un último gran esfuerzo desesperado por su vida. Debería pasar por un proceso de descubrimiento, experimentando consigo misma y manteniéndose firme en ello hasta que pudiera ver pequeñas señales de luz allá donde se suponía que se encontraba el final del túnel.

Alegre es el que hace cosas alegres

Alrededor de un mes antes de dejar su trabajo, Claudia participaba en una excursión a una cafetería que su terapeuta le había persuadido a hacer cuando se encontró con una vieja amiga que compartía mesa con otra mujer. La cafetería estaba bastante llena, así que pidió permiso para unirse a ellas, a lo que asintieron de inmediato. Sus compañeras de mesa acababan de asistir a su clase diaria de danza jazz en un local cercano, y tenían un «subidón» debido al ejercicio. A Claudia, el ejercicio le parecía tan divertido como clavarse un clavo en un pie, pero el comportamiento de las mujeres plantó una semilla.

El día después del accidente, en lugar de ir al trabajo, Claudia asistió a una clase de ejercicio. Para la católica responsable de un accidente de autobús, parecía como una penitencia adecuada inducida por la culpabilidad.

Para participar en esa clase, Claudia tuvo que pagar treinta y ocho dólares por todo el mes. Se prometió a sí misma que sacaría rendimiento a su dinero yendo a las clases todos y cada uno de los días en los que hubiera estado trabajando. Así pues, a medida que su primera clase se fue desarrollando, se mantuvo en la parte posterior de la sala, moviendo el esqueleto e inclinándose sin vigor, observando cómo los demás bailaban con un entusiasmo cargado de sudor. Después, el alegre profesor le preguntó a Claudia si le había gustado.

—En realidad no me muevo tan rápido –explicó Claudia; a lo que el instructor respondió:

—Simplemente intenta seguirle el ritmo a la clase –y se fue dando un brinco.

Pero el profesor la estaba controlando.

En la siguiente clase, empezaron a contonearse. Claudia no sabía cómo hacerlo: después de todo, las chicas católicas no se contonean… ¿o sí?

Claudia había entrado en un nuevo mundo. En la clase no sólo se contoneaban, sino que sacaban pecho y movían las caderas mientras un hombre cantaba con una voz sonora y vigorosa: «Dámelo todo, nena». Movían sus puños en el aire al ritmo de «No voy a dejar que nadie me hunda», y serpenteaban al ritmo de «Es un día claro, claro y soleado».

No pasó mucho antes de que Claudia decidiera que todo aquello le gustaba.

El ejercicio: una herramienta poderosa (aunque no todopoderosa)

Claudia lo había intentado antes con el ejercicio para mantener la depresión a raya, y no había funcionado. ¿Qué le había hecho pensar antes que iba a funcionar y por qué iba a ser diferente esta vez?

Los neurocientíficos antes pensaban que uno nacía con todas las neuronas que se tendrían, y que luego, a medida que envejecía, las neuronas se iban muriendo gradualmente. Ahora, por supuesto, somos conscientes de que esto es del todo falso. Nacen neuronas nuevas cada día, especialmente en el hipocampo cerebral, un área vital para el aprendizaje y la memoria.

Charles Hillman, investigador del campo de la kinesiología, apunta:

—Hemos visto que el ejercicio aporta muchos beneficios a la cognición, especialmente a las funciones ejecutivas, incluyendo mejoras en la capacidad de atención, la memoria operativa y la capacidad multitarea.[1]

«El ejercicio es más potente que cualquier medicamento que pudiera recetar», le dijo a Claudia su psiquiatra. De hecho, el ejercicio parece servir como botón de reinicio universal para el cerebro. En parte, consigue esto estimulando la producción de una proteína, el FNDC (factor neurotrófico derivado del cerebro), que promueve el crecimiento de las células cerebrales preexistentes y las recién nacidas. Este efecto es tan potente que puede revertir el declive de la función cerebral en la población anciana. El neurocientífico Carl Cotman, que llevó a cabo el exitoso trabajo inicial en este campo en la Universidad de California en Irvine, ha comparado el FNDC con un fertilizante cerebral que «protege las neuronas de las lesiones y facilita el aprendizaje y la plasticidad sináptica».[2] El ejercicio también estimula la producción de neurotransmisores:

mensajeros químicos que transmiten señales de una célula a otra y de una parte del cerebro a otra (¿recuerdas cuando Claudia encontraba tan difícil animarse a levantarse del sofá?). La simple mejora en el flujo de sangre como resultado del ejercicio también puede tener un efecto en las capacidades cognitivas además de en la función física.

A medida que las personas envejecemos, perdemos sinapsis (los puntos de conexión entre las neuronas) de forma natural. Es algo parecido a unas tuberías que se corroen, que van teniendo pérdidas de agua y que no logran que ésta llegue allí donde es necesario. El FNDC parece ralentizar y revertir ese efecto «corrosivo». Además de eso, el ejercicio mejora nuestra capacidad de generar recuerdos a largo plazo, aunque no estamos seguros de cómo sucede esto exactamente. Esto resulta ser un aspecto clave de la capacidad de aprender. Así pues, y en especial, para los cerebros que están envejeciendo, el ejercicio puede llevar a cabo la magia propia de un hada madrina agitando su varita.[3]

Pero es importante equilibrar este relato. Si el ejercicio fuera la única cosa necesaria para aprender mejor y pensar de forma más optimista, entonces los atletas olímpicos deberían ser, todos ellos, unos genios felices. Además, mucha gente que no puede hacer ejercicio como consecuencia de dolencias físicas puede seguir aprendiendo y razonando muy bien (a Stephen Hawking parece haberle ido muy bien). Para los ancianos, caminar a ritmo rápido durante setenta y cinco minutos semanales tiene el mismo efecto positivo sobre la cognición que caminar doscientos veinticinco minutos por semana[4] (el estado de forma mejora más con unos niveles de ejercicio altos). Así pues, ¿qué hacer con esto?

Parece que el ejercicio puede activar una cascada de neurotransmisores junto con numerosos cambios neurales más que pueden cambiar tu mente cuando intentas aprender algo nuevo o piensas de formas distintas. Lo que el ejercicio hace es preparar el terreno para potenciar otros cambios relacionados con cómo funciona tu mente. En otras palabras, puedes aprender de forma más eficaz si estás siguiendo un programa de ejercicio. Esto significa que, si te tomas en serio llevar a cabo un cambio mental en tu vida, puede resultar inestimable incluir el ejercicio en el cuadro.

El ejercicio era parte de lo que Claudia sabía que necesitaba para salir de su mentalidad depresiva. Pero sabía que necesitaba más.

Un papel activo para modificar el cerebro

Claudia había pasado por la rutina de los episodios depresivos muchas veces. En esta ocasión, fue consciente de que, si de verdad quería salirse de ese patrón, tendría que profundizar mucho más de lo que lo había hecho hasta entonces. Todo cuanto había leído sobre el funcionamiento del cerebro y lo que había oído de boca de sus terapeutas le tocaba una fibra sensible. Necesitaba un cambio de mentalidad para reprogramar su cerebro de verdad. Paradójicamente, tenía que ser ella misma, pero también cambiar de forma fundamental. Para hacerlo, debía conseguir que su cambio de mentalidad fuera de suma importancia en su vida.

Una buena amiga de Claudia le dijo en una ocasión:

—Me han sucedido muchas cosas por las que hubiera podido deprimirme. He decidido no deprimirme por ellas. Y punto.

«Sí, muy bien –fue la reacción de Claudia–. Ojalá pudiera».

La idea de que la medicina, por sí sola, resuelve el problema y nos libra de la depresión es predominante entre los médicos y los enfermos deprimidos: después de todo, dar una píldora es algo tan condenadamente fácil. La misma Claudia había caído en esa trampa: en una ocasión había aparecido en un artículo sobre los efectos positivos de la medicación sobre la depresión después de que las píldoras la hubieran mantenido a flote durante casi un año. Pero poco después de la publicación del artículo, su mente cambió, y regresó, de nuevo, a su arraigada perspectiva con respecto a la vida.

Por lo tanto, el enfoque de Claudia para salir de su oscuro agujero se convirtió en algo con múltiples facetas y lleno de determinación. Al igual que el realizar cambios musculares, los cambios neurales exigirían un trabajo duro, y mucho.

Claudia Meadows parecía destinada a una vida a la sombra de la depresión, pero su papel activo para remodelar su forma de pensar cambió su destino.

Claudia llevó a cabo algunos experimentos, obligándose a salir y hacer otras cosas que sabía que la gente hacía para divertirse. «No eres tan distinta», se dijo. Su mente intentaba hacerle su antiguo numerito, previendo un resultado sombrío para cualquier cosa que hubiera planeado. Sin embargo, sabía que no siempre podía confiar en su mente, ya que a veces le decía cosas estúpidas. Empezó a llevar registros de su experimentación de una forma que le permitía automonitorizarse. Antes de hacer algo que se suponía que era divertido, se preguntaba: «En una escala del uno al diez, ¿cuán divertido creo que será?». Después se volvía a valorar a sí misma, y muchas veces se sorprendía de ver lo frecuentemente que el resultado superaba sus expectativas iniciales. Con el tiempo, empezó a averiguar lo que funcionaba en su caso, y repetía lo que funcionaba, tanto si le apetecía como si no.

Las percepciones de Claudia:
La diversión como camino espiritual

La vida está llena de paradojas. Por ejemplo: sé auténticamente tú, pero cambia. Y no sabes tanto como crees que sabes. Lee libros de autoayuda. Necesitas toda la ayuda que puedas conseguir.

- No confíes siempre en tu mente. A veces te dice que hagas cosas estúpidas. Encuentra consejeros de confianza y lleva a cabo cualquier decisión drástica siguiendo su criterio.
- Escoge y adquiere conscientemente hábitos saludables. Pasarte hilo dental por los dientes no requiere de fuerza de voluntad si es un hábito.
- Es mucho más fácil imitar una acción que iniciarla. Por lo tanto, busca consejo y sigue las indicaciones. Adáptala a tus propias circunstancias. Hasta que puedas liderar, sigue a la persona que tengas enfrente. Haz lo que haga.
- Prepara tu mochila, monedero o bolsa para el gimnasio la noche antes. Lo más probable es que te sientas mejor con respecto al ejercicio la noche antes que la mañana en que vayas a practicarlo.
- Pasa tanto tiempo fuera de casa y en plena naturaleza como puedas. La luz te hará bien, y te encontrarás con cosas maravillosas como plantas que respiran y rocas que están orgullosas de ser rocas.
- Aporta tanta luz al lugar en el que vives como sea posible. Abre las cortinas. Coloca espejos enfrente de las ventanas. Usa reflectores y vidrios de colores. Sé como un cuervo. Colecciona objetos brillantes.
- Sigue acudiendo a las clases de ejercicio físico. Al final tendrás un mejor aspecto y te sentirás bien.
- Rodéate de pequeñas cosas encantadoras que puedas permitirte y que hagan que tu entorno sea hermoso. El entorno cuenta.
- Haz listas. Te sentirás mejor si lo haces. Y es posible que incluso te sientas mejor si haces las cosas incluidas en la lista.

- Haz y cuelga carteles, notas autoadhesivas y fotografías de personas a las que quieras en tu pared, y caricaturas e imanes en tu nevera que te recuerden los buenos tiempos.
- Nunca sabes quién va a ser tu amigo, así que actúa de forma amigable con todo el mundo a no ser que exista alguna buena razón para no hacerlo. Apréndete los nombres de la gente.
- Deja de quejarte.

Claudia siguió tomando sus medicamentos, pero en el fondo se dio cuenta de que si no empezaba a dar pasos con respecto a la reconexión de sus pensamientos, su mente daría, poco a poco, con la forma de regresar a los viejos patrones. Reconectar su cerebro tenía que ser un proceso diario continuo.

Como era muy sensible, uno de sus detonantes era ver el sufrimiento de otras personas en los telediarios. Por lo tanto, y aunque le resultó difícil, se obligó a dejar de ver las noticias nocturnas y a dejar de oír la radio si un programa de entrevistas o debates o la música se veían interrumpidas por las noticias. Éstas, al fin y al cabo, consisten básicamente en malas noticias. Empezó a obtener información de cualquier noticia y asunto político necesarios a través de un amigo de confianza que comprendía su problema.

Sabía que sus sentimientos de dolor, tanto si se golpeaba un dedo del pie como si oía de los males de otra persona, surgían sólo debido a las percepciones de su cerebro. Con una sorprendente frecuencia, su dolor procedía de una historia de miedo que se contaba a sí misma sobre sucesos que estaba observando. En lugar de verse consumida por el dolor de otras personas, aprendió que tenía que trabajar para considerar el problema de la otra persona de una forma racional y a preguntarse si y cómo podía ayudar.

Tres años después del accidente de autobús, una Claudia enérgica de sesenta y seis años escribía:

Algunas cosas positivas me llegaron juntas después de dejar mi trabajo: menos estrés al no conducir el autobús, más tiempo para dormir y cuidarme, una oportunidad para entablar amistades íntimas, estimulación intelectual y, probablemente y lo más importante y difícil para mí, practicar ejercicio vigoroso cuatro veces por semana mediante la danza jazz, que incluye música alegre con letras positivas.

Tres años después del accidente de autobús estoy bastante orgullosa de mí misma. No podría haberme imaginado lo bien que me he puesto. No me he hecho rica, no he escalado ninguna montaña, no he obtenido ningún título académico ni he hecho ningún descubrimiento transcendental; pero ahora puedo levantarme de la cama de forma habitual. Ya no siento una depresión incapacitante. No he padecido ningún episodio de depresión mayor en tres años, y suma y sigue. Puedo decir, con certeza, que he aprendido a vivir mi vida sin una depresión crónica y recurrente grave.

Realmente creo que he aprendido a modificar mi forma de percibir el mundo de un modo menos doloroso, y esa perspectiva ha conllevado y conlleva un aprendizaje y esfuerzo continuos. Sé que justo ahora no está de moda enfatizar el esfuerzo necesario para conseguir lo que queremos. Lamentablemente, para muchos de nosotros es necesario el esfuerzo y la concentración.

Llevar un estilo de vida saludable se ha convertido en mi afición y mi trabajo. Llevo un estilo de vida saludable no porque quiera vivir más años, sino para sentirme mejor durante el tiempo que esté viva. No quiero sufrir. ¿Cómo sé que mis acciones intencionadas me han llevado a tener una mejor salud? No lo sé. Tal y como he aprendido de mis lecturas, no es fácil reconectar nuestro cerebro frente a los circuitos neuronales arraigados. Desconozco qué parte de mi esfuerzo consciente está afectando a mi percepción. Decido creer que mis acciones marcan una diferencia con respecto a mis experiencias. La diversión se ha convertido en mi camino espiritual.

Creo que lo que la depresión me ha enseñado es que necesito escuchar y cuidar, en primer lugar, de mis propias necesidades. Hoy me elijo a mí. Luego, y gracias a mi abundancia, puedo preocuparme por otras personas, otros seres vivos y otras cosas. El aprendizaje fue largo y doloroso, pero en realidad es bastante sencillo. Todo tiene que ver con las prioridades del amor.

A mi viejo yo le hubiera resultado difícil creer esto, pero recientemente, un amigo íntimo me dijo que yo era la persona más positiva que conoce.

De hecho, conocí a Claudia en una reunión celebrada en Seattle para estudiantes del curso «Aprendiendo a aprender». Entre la veintena de alumnos que se congregaron en la cafetería, la alegre actitud dinámica y enérgica de Claudia destacó. Hicimos buenas migas de inmediato.

El aprendizaje de Claudia durante toda su vida

Claudia ha realizado enormes cambios en la forma en la que funciona su mente: cambios que mucha gente pensaría que eran imposibles para alguien con sus bases biológicas y sus claros patrones a lo largo de toda su vida. Claudia señala que el aprendizaje es clave:

—Aprende por ti mismo. Aprende que superar tu estado actual es posible. Aprende a cambiar tu cerebro y tu experiencia de la vida.

El ejercicio apuntaló la capacidad de Claudia de aprender y cambiar.

Sin embargo, hubo un gran cambio que Claudia llevó a cabo y que todavía no hemos sacado a colación. Fue una clave vital para su cambio de mentalidad.

Llegaremos a ello.

¡AHORA PRUEBA TÚ!

Dando pasos activos

Parte del reto de Claudia consistió en que la depresión de la que quería huir hizo que le resultara difícil querer hacer lo que necesitaba para escapar de ella. Se encontraba en un ciclo de predicción negativa de lo agradables o lo mucho que valdrían la pena los sucesos cuando estaba deprimida. Pero se encaminó hacia la salud dando pasos activos. Éstos incluían monitorizarse a sí misma e intentarlo con nuevos comportamientos, como hacer ejercicio y mantenerse en un ciclo positivo que se autorreforzara. Esto le permitió conseguir y mantener una actitud mental más sana.

¿Qué cambio de mentalidad estás intentado conseguir? ¿Cómo podrías usar la automonitorización en tu cambio de mentalidad? ¿Qué pensamientos te obligan a permanecer estancado? ¿Te estás encerrando en ti mismo pensando que estás «predispuesto genéticamente» a ser incapaz de aprender idiomas o matemáticas? ¿Te dices a ti mismo que eres demasiado mayor para hacer un cambio en tu trayectoria profesional? ¿Te encuentras, inconscientemente, inmerso en un ciclo que se autorrefuerza en el que te sientes más cómodo permaneciendo en tu estado actual pese a que ello te deje insatisfecho? ¿Qué pasos positivos podrías dar y qué autocomprobación podrías llevar a cabo para desplazarte hacia un ciclo de autorrefuerzo que empiece llevando a tu mente hacia donde deseas que esté? ¿Qué nuevos comportamientos podrías iniciar para conseguir tu cambio de mentalidad? ¿Qué necesitas para «levantarte del sofá y erguirte»?

Anota tus respuestas a estas preguntas en una hoja de papel o en tu cuaderno de notas bajo el encabezado «Dando pasos activos».

Capítulo 3

Culturas cambiantes

La revolución de los datos

Imagina que es el año 1704 y que eres un guerrero comanche inteligente y ambicioso de trece años en las llanuras de lo que más adelante se llamará Texas. Estás alcanzando la mayoría de edad en un mundo en el que todos (*todos*) se desplazan a pie: nada de aviones, coches, caballos, ni… La vida transcurre lentamente, pero no eres consciente de ello porque nunca has comprendido que pudiera existir nada distinto.

Pero, súbitamente, un día, ves a unos seres grandes y estrafalarios que galopan a cuatro patas: parecen antílopes enormes sin cuernos. Lo que resulta todavía más raro es que hay personas que están montadas sobre ellos.

Lo que estás viendo es lo que acabarás llamando *tuhuya* (caballo). En un instante te das cuenta de que existen criaturas en este mundo que pueden acelerar enormemente tu vida y todo lo que hay en ella. ¡Caramba! ¡Los cambios que supondría a la hora de cazar y de asaltar!

Lo que quieres, más que ninguna otra cosa en el mundo, es un caballo.

Después de tu primera expedición para robar caballos, tu regreso a casa parece raudo como el vuelo de un pájaro: ¡es tan rápido! Esos pocos centímetros extra de altura desde el lomo de un caballo hacen que todo el mundo parezca mayor. Practicas lanzando flechas desde el lomo del caballo, y al poco tiempo puedes clavarlas, desde arriba, en el pecho de un búfalo, justo tras su caja torácica. Tu poni trabaja contigo: parece

41

intuir exactamente dónde tiene que situarse para que lances la flecha. Tus amigos y tú estáis modernizando la tecnología de vuestro pueblo: fabricando unos arcos más cortos, que son más manejables a lomos de un caballo, e improvisando unas sillas de montar con estribos, que aportan una puntería más estable.

Con tus deslumbrantes nuevas habilidades, puedes abatir rápidamente a media docena de búfalos. Puedes agarrarte con una pierna a la cruz de tu caballo y deslizarte hacia un lado del animal mientras galopas superando a tu enemigo, resguardándote de las flechas con el cuerpo de tu caballo.

Para cuando eres ya un guerrero adulto, tú y tus amigos sois unos magníficos maestros de la equitación en una era en la que los caballos lo son todo. De hecho, los comanches llevaron la cultura del caballo a uno de los niveles más altos en la historia de la humanidad: su experiencia con estos animales sorprendió a todos los que los conocieron.[1]

Las eras y las culturas cambian: el cambio es la única cosa constante. Nos encontramos también en otro de los muchos puntos de inflexión en la historia de la humanidad. El «caballo» actual que se abre paso en el mundo nuevo de la civilización es el ordenador.

La gente que pasa por el embudo del sistema tradicional de títulos académicos no suele darse cuenta de lo importantes que pueden ser los ordenadores, por no hablar del razonamiento matemático subyacente a su funcionamiento. No son conscientes de ello hasta que empiezan a buscar un empleo y comprenden las habilidades de las que carecen. (Tanto en Estados Unidos como en Europa se están prediciendo grandes carencias en desarrolladores de software).[2]

Pese a ello, para cuando los licenciados universitarios se dan cuenta de que necesitan nuevos talentos, suele resultar demasiado fácil creer que no pueden reequiparse. Regresar a la universidad para obtener otro título no suele, sencillamente, ser algo posible. Pocos disponen del tiempo o el dinero. Sin embargo, de lo que muchos siguen sin darse cuenta es de que el software y los ordenadores nuevos e innovadores no permiten un reciclaje por un precio bajo ni gratuito.

Seamos claros: el objetivo de este capítulo no es que todos los lectores deban convertirse en expertos en informática. En lugar de ello, la idea clave, de forma muy parecida a la idea central de esta obra, es que, independientemente de lo que creas que eres, eres, de hecho, más que eso. Puedes dar con una forma de llegar más allá. Y con frecuencia puedes empezar (o incluso completar una transición completa de carrera profesional) reinventándote a través del mundo constantemente actualizado de los materiales *online*.

Al observar a personas prototípicas que han cambiado de carrera profesional, puedes dar con ideas sobre cómo puedes hacerlo para cambiar tus propios esquemas. Y tú también puedes dar con posibilidades más allá de los límites que te has puesto inconscientemente.

> *Independientemente de lo creas que eres, en verdad,*
> *eres más que eso: puedes dar con una forma de llegar más allá.*

Ali Naqvi y las matemáticas: «Es complicado»

Ali Naqvi creció en Pakistán, donde fue el mejor de su clase a lo largo de la escuela primaria y la secundaria. Disfrutaba con la literatura inglesa, la historia y los estudios sociales. Pero había más: el padre de Ali le dio a conocer el golf cuando tenía siete años y quedó enganchado al instante. Su carrera como golfista amateur se disparó: ganó el campeonato nacional amateur de Pakistán mientras iba a la escuela secundaria, y empezó a representar a su país en torneos internacionales. Empezó a soñar con jugar al golf como profesional en torneos de la PGA (la principal serie de torneos de golf en Norteamérica).

Pero había una sombra en parte del aprendizaje de Ali. Las matemáticas siempre habían sido la materia que peor se le daba, y no le iba mucho mejor en química ni en física. Cuando llegó a la escuela secundaria, las notas de Ali en matemáticas y ciencias cayeron por debajo de la media. Ali intentó obtener ayuda de sus profesores, pero su única respuesta fue: «haz más ejercicios prácticos» y «trabaja más duro». Sus progenitores le enviaban a clases con profesores particulares por la tarde, pero Ali sólo conseguía imitar las soluciones a los problemas que su profesor particular le planteaba: en realidad, no comprendía los conceptos subyacentes.

Ali Naqvi es un socio comercial de Neo@Ogilvy, la agencia global de medios de comunicación y la red de marketing de alto rendimiento para el gigante del marketing Ogilvy & Mather.

Ali estaba intentándolo, realmente, con todo su empeño, pero uno de sus mayores problemas era que simplemente no podía establecer una conexión entre lo que aprendía en clase de matemáticas y lo que veía a su alrededor en «el mundo real». Quizás, y como consecuencia de ello, no se le quedaba grabado nada en el cerebro. Cada vez iba quedando más rezagado en su clase, y la imagen que tenía de sí mismo como estudiante se fue compartimentando: era un estudiante de sobresaliente en inglés, historia y ciencias sociales, pero a duras penas aprobaba matemáticas y ciencias.

Para cuando Ali llegó al instituto, tenía graves problemas: apenas aprobaba las matemáticas. Alrededor de esa época trasladaron a su padre, y su familia se mudó a Singapur. Allí Ali fue inscrito en una escuela internacional con un programa de estudios estadounidense (Pakistán sigue el sistema británico, un legado del gobierno colonial). Al principio, sus notas en matemáticas mejoraron ligeramente. Su nuevo profesor de matemáticas era un antiguo hippy aficionado al heavy metal que le embaucó para que aprendiera conceptos matemáticos usando canciones de Metallica: el estribillo «exit light, enter night» («sal de la luz, entra en la noche»), por ejemplo, daba lugar a despejar las variables de una ecuación. Pero en su segundo año tuvo un grupo distinto de profesores, y la curva del aprendizaje, con un aspecto aterrador y empinado, en introducción al cálculo y en física le hizo regresar a su antigua caída en barrena.

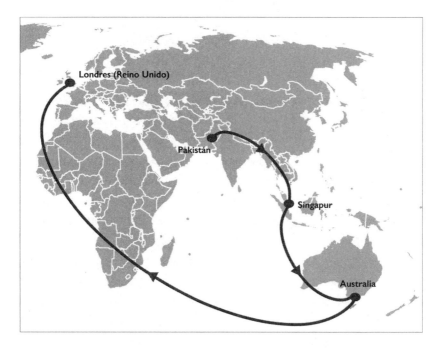

Cuando era joven, Ali nunca hubiera imaginado cómo se desarrollaría su carrera profesional y a dónde le conduciría.

Llegado a este punto, Alí dejó, básicamente, de intentarlo. Apunta:

—No estoy orgulloso de ello, pero acepté que era una de esas personas predestinadas a no ser buenas en matemáticas. Me consolé diciéndome que era «creativo». Acabé suspendiendo matemáticas y aprobé física y química por los pelos. No pude graduarme con mi clase del instituto.

A Ali le llevaría tres años alcanzar su realización académica.

Conocimientos de la neurociencia

Convertirse en experto en algo nuevo, independientemente de la materia, implica acumular pequeñas porciones de conocimientos mediante la práctica diaria y la repetición. Gradualmente, estas porciones pueden unirse para alcanzar la maestría. Puede parecer natural hacer esto al aprender una habilidad física, como por ejemplo tocar la guitarra. Al fin y al cabo, perder incluso un solo día de práctica con la guitarra puede hacer que los dedos se muestren torpes al día siguiente.

Puede que resulte menos obvio que el mismo concepto de práctica y repetición se pueda aplicar a las matemáticas y las ciencias. En estos «deportes» más cerebrales, también se necesita practicar y repetir pequeñas porciones mentales. Por ejemplo, después de trabajar en unas tareas o un problema complicados, puedes practicar solucionando el problema de nuevo, empezando desde cero, sin mirar la solución para obtener pistas. Al día siguiente, vuelve a intentar esta práctica «empezando desde cero» (puedes hacerlo varias veces). Si el problema es difícil, puedes practicarlo repetidamente a lo largo de algunos días. Te sorprenderá comprobar que aquello que el primer día te parecía del todo imposible, parece fácil después de practicarlo durante una semana. La «práctica deliberada» de los aspectos más difíciles de una materia te permite desarrollar pericia de una forma mucho más rápida.[3]

Por supuesto, no puedes hacer esto con cada problema, pero si escoges algunos de los problemas clave para aprendértelos de memoria, de forma muy parecida a como se aprenden unos acordes para dominarlos, te servirán como base y estructura para el resto de las materias que estés aprendiendo. Resolver, simplemente, muchos problemas fáciles en lugar de retroceder de forma sistemática para comprender, practicar y repetir los problemas más duros, es como tocar la «guitarra invisible» para aprender a tocar una guitarra real.

¿Por qué es esto así? Los conocimientos proceden en forma de esta imagen de microscopia óptica del bioquímico Guang Yang, del Centro Médico Langone, de la Universidad de Nueva York, sito en esta misma ciudad. Cuando aprendemos algo nuevo y luego nos vamos a dormir, empiezan a formarse nuevas sinapsis (conexiones neuronales vitales que nos ayudan a captar y dominar nuevas materias).[4] Los triángulos de la ilustración señalan las conexiones creadas durante la noche..

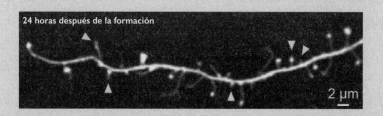

24 horas después de la formación

2 µm

Centrar tu atención en aprender algo, seguido del sueño, es una combinación mágica que permite la formación de nuevas conexiones sinápticas (indicadas en la ilustración mediante triángulos). Estas nuevas conexiones sinápticas son la estructura física que apuntala tu capacidad para aprender algo nuevo.

Sin embargo, sólo puede formarse un número limitado de neuronas durante una única noche de sueño. Ésta es la razón por la cual es importante espaciar el aprendizaje día tras día. Los días adicionales de práctica permiten que se desarrollen más vías neuronales (y más fuertes).

Los practicantes avanzados de las disciplinas de ciencias, tecnología, ingeniería y matemáticas son conscientes de que aprender conceptos nuevos y a veces difíciles no implica simplemente un momento de tipo «eureka» instantáneo de asimilación.[5] Los momentos de percepción, que surgen de las conexiones sinápticas nuevas, pueden esfumarse (marchitándose las conexiones) si no se repiten poco después de que se formen las conexiones originales.

El golf: el influyente sueño secundario de Ali

A fecha de hoy, Ali no puede recordar cómo lo hizo, pero de algún modo logró superar el examen (incluyendo los problemas de matemáticas) que le permitió acceder al primer año de un curso de estudios de medios y comunicación en Singapur. Ese curso le sirvió a modo de puente para acceder a la Universidad de Monash, en Melbourne (Australia), donde acabó licenciándose con honores en dos años y medio.

Entretanto, Ali no renunció al golf. Mientras se encontraba en Australia, tuvo la oportunidad de recibir clases en la Academia de Golf de Melbourne de manos del mejor instructor de golf australiano: un hombre que entrenaba a algunos de los mejores jugadores del mundo. Hacía falta ayuda para desarrollar la parte *online* de su negocio, y Ali se encontró, de repente, con un trabajo como gestor de contenidos web.

Las gratificaciones convirtieron esto en un trabajo de ensueño. Como la oficina de Ali se encontraba al lado del campo de prácticas, podía practicar golf antes y después de desempeñar su trabajo, además de durante las pausas para la comida. Los fines de semana competía. Al cabo de poco tiempo, se convirtió en uno de los mejores jugadores de su club, e incluso competía en campeonatos estatales.

Pero para alcanzar los niveles más altos en el mundo del golf, se necesita practicar constante e incesantemente. No se puede tener un trabajo a tiempo completo, como en el caso de Ali, Lamentablemente, y más adelante, su carrera en el mundo del golf no dio sus frutos. Sin embargo, con el tiempo Ali descubriría que sus conocimientos sobre el golf le resultarían muy útiles.

Empieza un amedrentador cambio de trayectoria profesional

Era el momento de efectuar otro movimiento. En esta ocasión, Ali decidió mudarse al Reino Unido para iniciar una nueva vida y una nueva carrera profesional en marketing digital (una de las pocas opciones que tenía tras obtener una licenciatura en medios y comunicación). Dos meses después de su movimiento, cuando sus ahorros estaban agotándose, Ali se aferró a la oportunidad de unirse a una agencia novel (*start-up*) como ejecutivo de cuentas de optimización de motores de búsqueda (OMB), a pesar de su falta de experiencia en ese campo.

La necesidad le aportó un buen empujón. De todas las disciplinas del marketing, la OMB era, posiblemente, la que era menos probable que Ali hubiera escogido. Se trata de una de las áreas más técnicas del marketing, ya que exige las capacidades en matemáticas y ciencias que tan difíciles le habían resultado. Por ejemplo, un ejecutivo de OMB necesita unos buenos conocimientos sobre servidores y bases de datos, que son los ladrillos y el cemento de Internet. También requiere de un conocimiento enciclopédico de los factores de clasificación en la OMB, entre los que se incluyen los títulos de las páginas, las palabras clave y los enlaces de retroceso. Asimismo, es importante tener conocimiento de los análisis de la web, que usan datos estadísticos que conlleva un gran esfuerzo recopilar para así intuir lo que están pensando los usuarios y para descubrir los «puntos débiles» comunes de éstos que pueden traducirse en forma de búsquedas en la red.

Lo más importante es que ser un ejecutivo de la OMB requiere de conocimientos sobre cómo funcionan los algoritmos de los motores de búsqueda.

Cambios de paradigma

Optimización de motores de búsqueda. Codificación. Ordenadores.

Cambio.

Cuando se trató de la revolución del caballo, hemos visto cómo se produjo algo especial en la cultura comanche, alguna apertura extraordinaria a la innovación y al cambio que permitió a los comanches sacar partido al caballo más rápidamente que otras culturas. ¿Fue acaso un pequeño grupo de innovadores con flexibilidad mental y aptitudes físicas el que difundió la riqueza de la nueva «tecnología» del caballo y las ideas? Es posible. ¿Se trató de un pragmatismo nacido de la lucha en el borde de una existencia difícil en el que la mejora que aportó el caballo fue extraordinariamente clara? Es difícil saberlo.

Pero una cosa sí está clara: algunas culturas y subculturas se aferran más, para mejor o peor, a legados pasados. Esto puede hacer que sea difícil que ideas nuevas y útiles se difundan a través del campo de minas de la decencia para que su uso sea algo público. Otras culturas parecen más abiertas a las nuevas ideas. Pero, incluso en estas culturas más innovadoras, las personas más inteligentes pueden rechazar los cambios con cada fibra de su ser, tal y como se pone de manifiesto entre los científicos con la acérrima resistencia a la idea de la neurogénesis en las personas adultas y con la oposición frente a la idea de que las bacterias podrían provocar úlceras.[6] Tal y como dicen los académicos expertos, hacer cambiar a una universidad es como hacer cambiar a un cementerio: no puedes esperar ninguna ayuda por parte de sus moradores.

La historia de la ciencia puede formar una especie de mapa en relieve que nos permita ver los contornos sobre cómo las ideas nuevas en la ciencia, los negocios y la cultura en general pueden formarse y fluir. Uno de los grandes analistas de la historia de la ciencia fue el físico, historiador y filósofo de la ciencia Thomas Kuhn, con sus sempiternas gafas. Al examinar los aspectos de los avances científicos innovadores (lo que él llamaba «cambios de paradigma»), Kuhn advirtió de la existencia de un patrón.[7] Se percató de que los descubrimientos más revolucionarios solían ser realizados por uno o dos tipos de personas. El primer grupo era el de las personas jóvenes (aquellas que todavía tenían que ser adoctrinadas en la forma estándar de ver las cosas). Estas personas conservaban frescura e independencia de pensamiento.

Si no perteneces al grupo de la «gente joven», probablemente estés pensando: «Bueno, eso me descarta. No soy un adolescente ni un veinteañero, así que nada de descubrimientos para mí».

Pero, espera. Había un segundo grupo de personas: gente que era mayor, pero que era tan innovadora como la gente joven: personas que habían *cambiado de disciplina o de trayectoria profesional*.

Fue la modificación del objetivo (el cambio de carrera profesional) lo que permitió a este segundo grupo, el de la gente mayor, ver con una nueva perspectiva. Frecuentemente, esto también les permitió poner sobre la mesa sus conocimientos anteriores, que aparentemente no guardaban ninguna relación, de formas nuevas que les ayudaron a innovar.

Seas mayor o joven, puede que sientas que tienes una torpeza infantil al cambiar de disciplina. Esto es algo normal. Pero recuerda que los sentimientos de incapacidad acabarán desapareciendo, y el poder que tienes en virtud de tu voluntad para cambiar será inestimable.

Cambio de mentalidad clave

Cambiar de disciplina o de trayectoria profesional aporta valor

Es normal que te puedas sentir torpe cuando empieces a intentar comprender una nueva materia o a ampliar tu carrera profesional o cambiarla. Incluso, aunque lo que estés haciendo sea difícil, estás aportando unas perspectivas nuevas a tus estudios y tu trabajo, lo que puede no sólo ser útil para tus nuevos colegas, sino que también puede refrescar tu perspectiva personal. *No pases esto por alto.*

Dirigiéndote hacia un nuevo horizonte

La historia de Ali nos proporciona una imagen ideal de un cambio de carrera profesional en pleno vuelo, mientras está sucediendo. Tal y como verás, el proceso de cambiar de disciplina y de explorar nuevas materias rara vez es sencillo.

Ali y yo nos conocimos en una cena en Londres con su inimitable colega, el ejecutivo publicitario Rory Sutherland: habíamos admirado mutuamente nuestro trabajo. En esa época, Ali se había dedicado a jornada completa al marketing digital durante unos cinco años. Disfrutaba con lo que hacía. Sin embargo, tenía cada vez más la sensación de que quería *más*. No quería, simplemente, dar consejos superficiales a sus clientes sobre cómo crear mejores páginas web que lograran que sus visitantes hicieran lo que el dueño del portal tenía como objetivo. Él quería comprender, por sí mismo, lo que sucedía debajo de la superficie. Llegó a considerar, cada vez más, su trabajo cotidiano como algo que era un poco como una provocación: un empleo que le mostraba, a diario, las sorprendentes cosas que quienes por lo menos poseían un mínimo de conocimientos de programación informática pueden conseguir.

Ali empezó a preguntarse: «Por qué ellos, Por qué yo no».

Entonces, decidió que no iba a morir haciéndose esa pregunta: se convirtió, oficialmente, en parte del movimiento popular «aprende a programar».

En nuestra primera reunión, Ali me contó que había estado haciendo sus pinitos con cursos de programación *online* como Codecademy, en el que muchos estudiantes tienen plena confianza. Pero al igual que muchos que empiezan a volver a capacitarse, se encontró con su buena ración de falsos comienzos. Para Ali empezó a ser un ciclo familiar, que le traía sensaciones desagradables procedentes de sus batallas en el pasado con las asignaturas de ciencias, tecnología, ingeniería y matemáticas: Empezar con entusiasmo → Hacer un buen progreso inicial → Encontrarse con una curva del aprendizaje empinada en la que las cosas empiezan a avanzar con demasiada rapidez → Compararse a sí mismo con otros que están progresando con mucha más rapidez → Empezar a sentirse desinflado y encontrar excusas para la procrastinación → Regresar al cabo de un tiempo sólo para encontrarse con que había olvidado la mayor parte de los conocimientos y que había vuelto a la casilla de salida.

Pero entonces tropezó con un libro: *Abre tu mente a los números: cómo sobresalir en ciencias aunque seas de letras*, escrito por Barbara Oakley (sí, ésa soy yo). Ali quedó impactado no sólo por las ideas sobre el aprendizaje que aparecían en el libro, sino también por mi historia. Describí cómo había pasado de sentir fobia por las matemáticas a ser profesora de ingeniería volviendo a entrenar mi cerebro para que captara las matemáticas y las ciencias. A medida que Ali fue leyendo acerca de mis primeros forcejeos con las matemáticas, sintió que podría muy bien haber estado hablando sobre él. Ali pasó a completar el curso *online* masivo en abierto «Aprendiendo a aprender» en Coursera y obtuvo una perspectiva más amplia en cuanto al aprendizaje en relación con su carrera profesional.

El dominio de Ali de los aspectos esenciales del aprendizaje y luego de la programación le permitió sentirse mucho más cómodo con las «interioridades» sobre cómo funcionan los ordenadores. Después pasó a estudiar desarrollo de redes. Quizá, subconscientemente, estaba forjando el amplio conjunto intelectual que necesitaría para apuntalar la carrera más envolvente que deseaba de verdad.

Las pistas prácticas de Ali Naqvi para volver a capacitarse de forma eficaz

Aquí incluyo las técnicas que me han resultado especialmente útiles:

- Tengo una aplicación Pomodoro en mi teléfono. Esto me permite trabajar durante intensos períodos de veinticinco minutos seguidos de un descanso de cinco minutos. Esta sencilla técnica es increíblemente eficaz para ayudarme a concentrarme en el *proceso*, en lugar de en los resultados. La sensación de logro después de haber completado mi número diario planeado de períodos Pomodoro es muy gratificante. No soy perfecto, pero fijándome en mis estadísticas en la aplicación Pomodoro a lo largo de los meses, he comprobado que he librado una guerra exitosa contra la procrastinación.

- He visto que la **fragmentación** (comprender y practicar técnicas mentales clave hasta que las sepa como una canción) es el vínculo clave en mi búsqueda de la verdadera posesión de lo que sea que esté aprendiendo. Darme un *anticipo* de la lección, los conceptos clave y el resumen prepara a mi cerebro para lo que le espera, y es como un conjunto de pasamanos de apoyo que enmarcan mis sesiones de estudio. Aprender un concepto nuevo y luego *cerrar los ojos y recordar* lo que acabo de asimilar no me permite encontrar un lugar en el que esconderme. Ya no puedo fingir. Lo he aprendido de verdad, y seré capaz de recordarlo. Y si no es así lo repetiré.

- He empezado **a hacer encajar mis actividades de ocio en torno a mi programa de estudio.** Siento que puedo disfrutar de mis programas favoritos en Netflix, tocar la guitarra, escuchar música, etc., sin sentirme culpable siempre que me lo haya ganado con algo de aprendizaje concentrado de antemano. La mejor parte de ello es que me dedico a mi tiempo de ocio sabiendo que mi cerebro sigue trabajando para conseguir mis objetivos gracias a la «magia» del modo difuso o disperso («estados de reposo» neuronales en los que no piensas en nada en especial). Durante estos momentos de «relajación» sigo aprendiendo: mi cerebro está procesando lo que he aprendido antes.
- He conseguido disfrutar de la práctica de aplicar **metáforas a los conceptos** en cualquier cosa que esté aprendiendo. Siempre he tenido un cerebro bastante visual y un oído musical: ¡inventarse imágenes coloridas con una banda sonora divertida puede hacer que incluso las ecuaciones cuadráticas sean amenas!
- He adquirido el hábito **de pensar sobre los conceptos nuevos que he aprendido justo antes de irme a dormir.** No se trata de una sesión de estudio en la que me concentre (si no, nunca me dormiría), sino más bien una versión relajada de recuerdo. Pienso en ella como en «abrir delicadamente la puerta a mi modo disperso». En el último par de semanas he tenido, en por lo menos dos ocasiones, momentos de claridad en los que algunos conceptos difíciles se me aparecían por la mañana. No creo que se trate de una coincidencia.
- Otra técnica que me ha funcionado bastante bien es la práctica de **instruirme a mí mismo en voz alta:** es decir, explicarme a mí mismo un concepto como si yo fuera un completo novato. Puede que parezca un loco que habla consigo mismo, pero pronto te das cuenta de lo bien que comprendes o no algo cuando tienes que enseñarlo de forma concisa y sencilla.

Avancemos un año. Ali ha realizado varios cursos *online* masivos en abierto relacionados con la programación y el desarrollo empresarial, y en su vida se han dado algunos avances fascinantes. Le han ascendido dos veces en su agencia de publicidad: primero a director comercial y ahora a socio de la empresa. Se ha enamorado de la mujer de sus sueños y se ha comprometido con ella. Un asunto clave en su vida ahora es la conciencia de sí mismo. Dice:

—Pronto cumpliré los treinta y dos. Está claro que la mejor forma de que tenga éxito consiste en concentrarme en mis puntos fuertes, mientras escojo con cuidado los puntos débiles en los que quiero trabajar. Con mi boda y con la vida de casado en el horizonte, también estoy gestionando las responsabilidades añadidas que tendré como principal proveedor de mi familia.

Ali ha adquirido un conocimiento decente del desarrollo de redes y del análisis de datos en virtud de sus estudios como segunda ocupación. Ahora, por fin, ha quedado claro que su verdadera fortaleza yace en la fusión de esos conocimientos adquiridos recientemente junto con lo que quizá sea su mayor valor añadido: la consolidación de relaciones. Está comprometido con la motivación de su talentoso equipo para empujar juntos y así conseguir su objetivo compartido. Tiene también unas metas empresariales a largo plazo en el comercio electrónico que fusionarán su experiencia deportiva y su talento en marketing digital.

Durante mucho tiempo, a Ali le resultó difícil perdonarse por lo que consideró fracasos en sus anteriores proyectos, incluyendo su fallido objetivo de convertirse en un golfista profesional. Desde entonces, ha llegado a darse cuenta de lo afortunado que es de haber tenido unas experiencias tan enriquecedoras. Las lecciones que ha aprendido y las habilidades que ha adquirido son útiles no sólo en su trabajo actual, sino en el crecimiento general de su trayectoria profesional.

Centrándote en el presente

Una de las lecciones más valiosas que el entrenador de golf de Ali le enseñó fue controlar sus emociones y su actitud. El golf puede ser un deporte exasperante: un bote desafortunado aquí, una pequeña pérdida de concentración allá, y tus probabilidades de ganar empiezan a desvanecerse. En los torneos, cuando las cosas no salían como Ali quería, se esforzaba por contener su frustración.

El mejor consejo que le dio su entrenador fue: «El pasado es el pasado. No puedes cambiarlo. Lo que puedes controlar es tu actitud en el siguiente golpe. Lo único que importa en el mundo ahora mismo es el siguiente golpe».

Aplicando este conocimiento al aprendizaje *online*, Ali apunta:

—El aprendizaje *online* es un increíble privilegio al alcance de nuestra generación. Sin embargo, aprender una materia compleja como la estadística avanzada o la programación por tu cuenta puede, frecuentemente, ser una experiencia exasperante. Aprendí esta lección durante mi programa de codificación: te olvidas de una coma aquí y tu código no se ejecuta. Un paso en falso en tu método y tus números son erróneos. Es en momentos como ésos cuando intento seguir el mismo procedimiento estándar que aprendí en mi época jugando al golf: es decir, reconocer mi irritación, luego respirar hondo, pensar en qué pasos puedo dar para resolver los problemas y concentrarme en ellos.

¡AHORA PRUEBA TÚ!

La «fragmentación» es una importante metahabilidad en el aprendizaje

Las culturas están cambiando, y nuevos conjuntos de habilidades están volviéndose importantes. Aprender cómo aprender es una importante metahabilidad que puede ayudarte a estar a la altura de los conjuntos de habilidades que evolucionan rápidamente. Ali descubrió que dominar fragmentos o porciones de conocimiento (cómo escribir un módulo de código breve y legible, por ejemplo) era una importante pieza que le faltaba en su capacidad de ganar experiencia en una nueva área.

¿Cuál es una buena porción pequeña con la que puedes practicar a lo largo de varios días? Dale una oportunidad y nota cómo cada vez es más fácil recordarla. Si lo deseas, anota tus progresos día a día con una frase o dos en tus papeles o tu cuaderno de notas.

Capítulo 4

Tu pasado «inútil» puede ser una ventaja

Colándote por puertas traseras hacia una nueva carrera profesional

A lo largo de la historia, gente aparentemente normal ha aparecido repentinamente de la nada para alzarse con el poder y revolucionar el mundo. Tomemos, por ejemplo, a Ulysses S. Grant. Era un leñador de los bajos fondos que fue expulsado del ejército por beber, pero pese a ello se convirtió en uno de los grandes generales de la Guerra de Secesión estadounidense. En tiempos más actuales, una modesta diseñadora de gráficos para la televisión procedente de Rhode Island emergería para convertirse en Christiane Amanpour, una de las mejores periodistas televisivas del mundo. Un niño adoptado llamado Steve Jobs surgiría de entre la oscuridad de la clase media-baja para ser la competencia de Bill Gates, quien gozó del lujo de una educación de primera categoría desde su infancia.

Pero hay más gente con unos orígenes humildes (cientos de millones más) que nunca se ha hecho famosa. Aun así, dotados de unos conocimientos aparentemente inútiles procedentes de su pasado a su presente, aquellos que cambian de carrera profesional y los que empiezan a estudiar cosas nuevas permiten que la sociedad progrese, satisfaciendo necesidades con una capacidad inicialmente no valorada.

Tanja de Bie, una coordinadora de proyectos de la Universidad de Leiden, en los Países Bajos, llama a este tipo de gente «personas que han tenido una segunda oportunidad». Ella debería saberlo muy bien, ya que es una de ellas.

Tanja, que es una mujer dinámica con una sonrisa astuta, un halo de cabello y un elegante y ligero acento holandés, rezuma competencia y confianza. Pero esto no siempre fue así. La gente se sale del camino educativo universitario convencional por varias razones. Tanja había sido una estudiante exitosa, pero acabó abandonando sus estudios de historia en la Universidad de Leiden para respaldar las necesidades económicas de la creciente familia de ella y de su pareja (un niño y dos niñas), pese a que su pareja también estaba intentando conseguir sus metas educativas.

La administradora holandesa Tanja de Bie se dio cuenta, lentamente, de que sus conocimientos «inútiles» procedentes de los años de experiencia con su afición le proporcionaron poderosas nociones que le ayudaron a acabar en el trabajo de sus sueños.

Hablé por primera vez con Tanja en medio de los ruidos de una cafetería del sur de California. Ella había volado hasta esta parte del mundo desde Holanda para asistir a la conferencia sobre el aprendizaje *online* en la que ambas nos encontraríamos. Tanja tenía la misma mirada ligeramente soñadora que yo tiendo a mostrar cuando padezco de *jet lag* y me encuentro en un país extranjero, pero su entusiasmo era contagioso.

Tanja trabaja en la rama de la Universidad de Leiden que se encuentra en La Haya, al tiempo que es una habitante comprometida de la cercana ciudad de Leiden.

Estoy sorprendida por lo similares que son las historias de nuestros primeros años de vida. Al igual que yo, Tanja había sentido una temprana pasión por las humanidades y había tenido una cierta actitud obstinada ante la vida. Como principal proveedora económica de su familia, trabajó como secretaria en diversos sectores: una agencia de prensa, para su municipio y para el ámbito de la sanidad. Aunque carecía de un título universitario, fue trabajando y ascendiendo desde el puesto de secretaria hasta la gerencia. Finalmente regresó a la Universidad de Leiden, en esta ocasión como trabajadora, gracias a su filosofía avanzada de «Eres lo que muestras, no lo que sabes». Como miembro del departamento de políticas de la Universidad de Leiden, ayudó a llevar a cabo varios proyectos. Pero, pese a ello, no fueron suficientes para su mente activa. En casa, por las tardes, seguía con una afición por la cual había desarrollado una pasión casi una década antes: los videojuegos *online*.

Los videojuegos

Los videojuegos *online* suponen un ecosistema muy distinto al del «mundo real». Implican una yuxtaposición simpar de capacidades de análisis, conocimientos propios del mundo real y habilidades sociales. Tanja se sintió especialmente atraída por el *play by post*: un tipo de juegos de rol que se centran en la redacción de historias en foros. Su conocimiento de la historia daba a sus narraciones un peso extraordinario: se convirtió en la vicepresidenta de una de las comunidades de recursos de videojuegos. También había creado sus propios juegos *online* de historia y fantasía, repletos de recursos visuales y emocionantes escenarios históricos. El mundo *online* en el que habitaba estaba pidiendo un videojuego que requería de profundos conocimientos de HTML, la capacidad de abrirse camino entre el entorno legal *online*, conocimientos sobre los *spambots*, la capacidad de crear encuestas, cerrar temas, hacer anuncios globales y muchas cosas más.[1]

Tanja podía dedicarse a su afición en casa por las tardes, al tiempo que también era capaz de dejar algo de lado al instante para estar a disposición de sus hijos pequeños. Encontró emocionante interactuar, mediante los foros, con gente que vivía en una desconcertante variedad de husos horarios distintos de alrededor de todo el mundo. A veces se quedaba despierta hasta altas horas de la noche, escribiendo historias con entusiasmo: «"Imbécil", musitó el rey francés. Los miembros de su familia estaban volviendo a provocarle dolores de cabeza una vez más, borrando todo su duro trabajo para animar a su primo de la realeza inglesa a que se uniera a su cruzada católica para mayor gloria de Francia y del Rey Sol...».

Los videojuegos *online* le proporcionaban a Tanja el entusiasmo adicional y la válvula de escape creativa que necesitaba en su vida. Tanja es escritora por naturaleza, y los videojuegos *online* le proporcionaban una inusual válvula de escape creativa para su combinación de talentos narrativos y analíticos. El entusiasmo y la alegría de vivir de Tanja con los videojuegos *online* se desbordaban sobre su trabajo. Esto era, de hecho, el tema de provocaciones bienintencionadas alrededor de la máquina del café mientras Tanja explicaba, en ocasiones, travesuras relacionadas con los videojuegos la noche anterior.

Un aspecto reconfortante del mundo *online* en el que Tanja estaba implicada es la numerosa gente agradable que participa en él. En el mundo real, éste es el tipo de personas que donan sangre, que sirven como bomberos voluntarios, o que se detienen en la carretera para ayudar a los conductores. En la red publican comentarios útiles en los foros, ayudan a probar versiones beta de un software nuevo y aportan valoraciones perspicaces de productos. Es el tipo de cosa que refuerza la creencia en la decencia innata de la humanidad.

Pero el mundo *online* tiene su otra cara: el pequeño porcentaje de gente con rasgos malévolos. Estos tipos siniestros pueden tener un impacto muy grande debido al enorme megáfono que es Internet. Lo que es peor todavía es que el mundo *online*, frecuentemente anónimo, dispone de menos de las limitaciones sociales que regulan los discursos en persona. La gente normal, que espera unas interacciones normales con estos tipos más siniestros, son como unos cachorros que deambulan, moviendo su cola, frente a osos salvajes.

Los tipos conocidos como *troles* (provocadores) y *haters* (odiadores) disfrutan creando problemas en las comunidades *online*. Se regocijan enormemente publicando, deliberadamente, materiales agitadores (publican bombas incendiarias) y acosando y hostigando a otros. También son expertos en crearse identidades falsas («muñecos de trapo») que se meten en la conversación para hacer ver que mucha gente respalda sus opiniones. Los *troles* también pueden conseguir defensores genuinos (frecuentemente haciendo ver que son víctimas incomprendidas, mientras elogian a usuarios *online* más empáticos y bondadosos en *chats* privados). Los *haters*, por otro lado, son sólo eso: pueden despotricar con malevolencia mientras permanecen impertérritos ante los argumentos en contra.

Estas actividades pueden tener un impacto psicológico devastador no sólo sobre víctimas individuales, sino sobre comunidades *online* enteras, que pueden implosionar hacia la negatividad, haciendo que sus usuarios huyan.

Es necesario un don especial (desarrollado a lo largo del tiempo) para comprender a los *troles*, los *haters* y otros que puedan provocar conflictos y para ocuparse de ellos eficazmente.

Tanja desarrolló este don gracias a su participación en los videojuegos.[2]

Las necesidades exigentes y cambiantes del puesto de trabajo

A pesar de las a veces despiadadas políticas en el ámbito académico, las universidades pueden ser lugares agradables en los que trabajar. Los profesores titulares viven en un mundo seguro, reinando sobre los estudiantes universitarios, que suelen comprender los beneficios de «portarse bien» con sus maestros. En las conversaciones cara a cara, pocos estudiantes soñarían con pronunciar los comentarios incendiarios que pueden lanzarse anónimamente en Internet.

Además, muchos profesores (especialmente aquellos pertenecientes a disciplinas muy complejas y técnicas como la medicina o la ingeniería) son los equivalentes modernos de los monjes que llevan una vida de ermitaño. Estos campos exigen años de dedicación total que pueden hacer que los que se encuentran en ellos no sean conscientes de tendencias importantes en la cultura popular. Esto significa que los académicos (incluyendo a muchos de los atareados expertos de primera línea que son invitados para dar cursos *online* masivos en abierto) puedan tener curiosos puntos ciegos (todos tenemos puntos ciegos, y los profesores muy inteligentes no suponen una excepción).

Un día, Tanja se encontró cerca de la máquina de café de la oficina inmersa en una conversación con uno de los administradores de la Universidad de Leiden.

¿El tema?: los foros de discusión en Internet.

Los foros de discusión han desempeñado, durante mucho tiempo, un papel benigno en la educación *online*. Son el equivalente electrónico de una máquina de café: un centro en el que los estudiantes pueden reunirse y hablar sobre el significado del material. Foros así se han usado durante décadas en clases sencillas y locales de treinta o cuarenta alumnos en las que no existía el anonimato.

Los foros de discusión de los cursos *online* masivos en abierto son, no obstante, muy distintos. En lugar de haber docenas de estudiantes publicando mensajes en los foros, puede haber miles (e incluso decenas de miles) de todo el mundo. Puede que pequeños porcentajes de estos estudiantes se comporten inadecuadamente (acosando a otros, colgando contenido pornográfico y formulando amenazas). Otros ocultan todo tipo de intereses particulares, incluso el fanatismo, que puede socavar el libre intercambio de ideas.

Tanja era muy consciente del potencial de los foros en Internet de los cursos *online* masivos en abierto para generar problemas incendiarios para una universidad. Incluso un único *trol* o *hater* podía modificar todo el tono de una discusión. Tanja también se dio cuenta de que el tamaño de los cursos *online* masivos en abierto era tal que podían surgir muchos *troles* (*troles* que podían vigilar a otros *troles* y, como consecuencia de ello, unirse para dar a su comportamiento perturbador una sensación de normalidad).

Tal y como hablaron Tanja y el administrador esa mañana al lado de la máquina del café, la razón del interés por los foros de discusión resultó obvia. El terrorismo es un asunto vital, y la Universidad de Leiden estaba actuando a modo de líder mundial en cuanto a abordar el tema desde una perspectiva *online*. Pero el terrorismo, especialmente, puede servir a modo de imán para la gente con unas opiniones mordaces y fijas (gente poco dispuesta escuchar cualquier otro punto de vista y dispuesta a hacer lo que sea para difamar a quienes disienten de ellos). Así pues, un curso *online* masivo en abierto sobre el terrorismo podría servir como un imán para los *troles* y los *haters*: aquellos con los que Tanja tenía tanta experiencia en el mundo de los videojuegos *online*.

Tanja no pudo evitar preguntar: ¿cómo, en el inminente curso sobre terrorismo, iba a planear ocuparse la universidad de los *troles*?

Quedó alarmada ante la respuesta:

—¿Qué es un *trol*?

Una discreta acotación sobre el género

Tanja siente un amor innato por la historia y tiene un don natural para el lenguaje; pero también tiene unas aguzadas capacidades de análisis que se revelan en forma de su amor por la mecánica de los juegos y en su participación en el mundo de los videojuegos *online*. Incluso ha sido capaz de diseñar juegos *online*: una habilidad que va mucho más allá de los niveles de principiante en el uso de ordenadores. Aunque tiende a pensar en sí misma como en una persona orientada hacia las humanidades, está claro que, si le hubiera apetecido, podría haber desempeñado una trayectoria profesional más analítica.

Ningún libro que hable de la elección de una carrera profesional o de un cambio de ésta y del aprendizaje como adulto sería completo sin abordar las diferencias entre los hombres y las mujeres en lo referente a las «pasiones naturales». La vida de Tanja de Bie y su propensión por las humanidades, a pesar de sus obvias capacidades analíticas, ilustra algunas de las formas en las que las habilidades y los intereses de las mujeres pueden, a veces, diferir de aquellos de los hombres.

Existen pocas diferencias en el desarrollo entre las capacidades de los niños y las niñas con las matemáticas a medida que van madurando.

Los chicos, en general, se quedan atrás en su desarrollo verbal en comparación con las chicas: en la infancia, los niños empiezan a hablar más tarde y son menos habladores que las niñas de la misma edad (esta imagen exagera las diferencias medias para hacerlas más claras en la siguiente ilustración).

Aunque, en general, los chicos y las chicas tienen, en gran medida, las mismas capacidades en matemáticas, una chica concreta puede encontrarse con que se le den mejor las destrezas verbales que las matemáticas, mientras que un chico suele encontrarse con que es mejor con sus capacidades matemáticas que con las verbales. Estas tendencias surgen de la testosterona, que actúa a modo de freno en el desarrollo de las capacidades verbales de los niños. Los chicos cargados de testosterona pueden, así pues, manifestar unas habilidades verbales inferiores a las de las niñas de su misma edad[3] (ten presente que ésta no es más que una media: los distintos individuos pueden variar bastante al respecto; y aunque los chicos pueden recuperar el terreno perdido más adelante, para entonces la imagen que tienen de sí mismos ya ha empezado a consolidarse).

La imagen de la izquierda pretende proporcionar una sensación de la diferencia en cuanto al desarrollo de las capacidades matemáticas de los chicos y las chicas. Obviamente, no existe una diferencia real, pero la imagen de la derecha aporta una idea de las diferencias medias que existen en las capacidades verbales. Aquí queda claro que los chicos quedan por detrás de las chicas.[4]

Así pues, desde la infancia las niñas están (en promedio) más avanzadas que los niños desde el punto de vista verbal. Por otro lado, el chico medio suele encontrarse con que sus habilidades matemáticas superan considerablemente sus capacidades verbales. Si colocas las dos tablas juntas, tal y como se ve en la página siguiente, puedes ver por qué los niños suelen afirmar que son mejores en matemáticas y las niñas dicen ser mejores con las habilidades verbales. Ambos tienen razón, incluso pese a que sus capacidades en matemáticas son, en promedio, las mismas.

Muy a menudo desarrollamos pasiones alrededor de aquello en lo que somos buenos. Resulta que frecuentemente parece que a las chicas les resulta más fácil ser buenas en materias que requieren de unas buenas destrezas verbales. En el caso de los chicos, las materias cuantitativas pueden parecerles más fáciles que las que implican habilidades verbales. La testosterona puede, por supuesto, ayudar al desarrollo muscular haciendo, además, que los deportes también resulten atractivos.[5]

Lamentablemente, las frecuentes grandes ventajas de las mujeres (sus avanzadas destrezas verbales) pueden también, inadvertidamente, suponer una desventaja. Las mujeres llegan a creer, en ocasiones, que sus pasiones yacen sólo en las áreas orientadas hacia el lenguaje

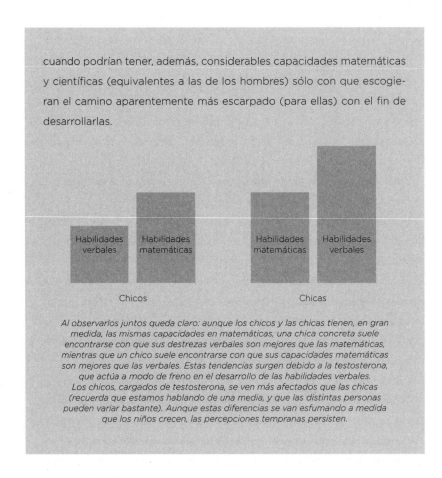

cuando podrían tener, además, considerables capacidades matemáticas y científicas (equivalentes a las de los hombres) sólo con que escogieran el camino aparentemente más escarpado (para ellas) con el fin de desarrollarlas.

Habilidades verbales | Habilidades matemáticas | Habilidades matemáticas | Habilidades verbales

Chicos | Chicas

Al observarlos juntos queda claro: aunque los chicos y las chicas tienen, en gran medida, las mismas capacidades en matemáticas, una chica concreta suele encontrarse con que sus destrezas verbales son mejores que las matemáticas, mientras que un chico suele encontrarse con que sus capacidades matemáticas son mejores que las verbales. Estas tendencias surgen debido a la testosterona, que actúa a modo de freno en el desarrollo de las habilidades verbales. Los chicos, cargados de testosterona, se ven más afectados que las chicas (recuerda que estamos hablando de una media, y que las distintas personas pueden variar bastante). Aunque estas diferencias se van esfumando a medida que los niños crecen, las percepciones tempranas persisten.

Tanja es la experta

—¿Qué es un *trol*?

Tanja no podía creer lo que estaba oyendo. ¿La universidad estaba a punto de organizar un curso *online* masivo en abierto sobre terrorismo y no tenía ni idea sobre los *troles*?

De repente, las cosas cambiaron: Tanja ya no era la modesta empleada administrativa, que estaba ahí para respaldar a los académicos con años de experiencia ganada duramente. *La propia Tanja era la experta.*

Esa mañana, Tanja empezó a explicarle al administrador los aspectos básicos de la dinámica de las comunidades *online* y cómo las reacciones en ellas son parecidas y también diferentes a las interacciones en persona. La preocupación de Tanja era por la Universidad de Leiden, la universidad más antigua y, en varios sentidos, la más prestigiosa de los Países Bajos. Sabía que sin moderadores que supervisaran los foros, las acciones de algunos *troles* y *haters* podrían provocar que estos espacios degeneraran para convertirse en cloacas que no sólo transmitirían una mala imagen de la universidad en la prensa, sino que también podrían ahuyentar a futuros estudiantes.

Afortunadamente, los administradores de Leiden habían aprendido que era mejor no ser melindrosos a la hora de encontrar un experto con credenciales académicas. Tan sólo querían respuestas: de alguien que en verdad conociera el ámbito. Al poco tiempo, Tanja se convirtió en la persona a la que acudir para las cuestiones relacionadas con los foros de Internet para los cursos *online* masivos en abierto (COMA). Pronto le pidieron (como papel importante en su trabajo) que fuera la gestora de las redes sociales de los foros de los COMA de la Universidad de Leiden. Esto significaba contar con mentores voluntarios y formarles para asegurarse de que las decenas de miles de estudiantes de los COMA de Leiden tuvieran una experiencia educativa de calidad. Los profesores también empezaron a confiar en su experiencia. ¿Uno de los primeros consejos que les dio? No alimentes a los *troles*. En otras palabras, no respondas a los mensajes incendiarios cuya intención es provocar. Y si los comentarios son realmente desagradables, elimínalos antes de que transmitan malas vibraciones a través de la comunidad.

Al llevar a cabo este trabajo, Tanja se vio influida por las actitudes de su abuela, una clásica gran mujer de la década de 1930 que había recibido una educación excepcional (algo bastante extraordinario en aquella época). Su abuela le dijo en una ocasión:

—No me importa si te metes en líos. Espero que así sea, de vez en cuando, ya que sabes hablar con franqueza, pero que nunca me entere de que has sido descortés al hacerlo.

El enfoque en desarrollo de la Universidad de Leiden consistente en usar el sentido común para ocuparse de forma eficaz de los creídos y los vanidosos inmersos en la misión de imponer su forma de ver la vida puede parecer obvio en retrospectiva, pero muchas universidades podrían beneficiarse del ejemplo de Leiden. Dicha universidad también ha sido visionaria en la creación de un nuevo puesto que reconoce las necesidades únicas del aprendizaje *online*. El título formal de Tanja es ahora el de coordinadora de proyectos y gestora de redes sociales de los COMA de la Universidad de Leiden.

—Tanja creó su propio puesto de trabajo —dijo su jefa, Marja Verstelle, cuando visité la Universidad de Leiden en La Haya—. Está muy comprometida. Empezó pasando un día a la semana moderando por los foros, pero luego averiguamos que estaba haciendo más (mucho más). Cuando buscas la innovación, te encuentras muy necesitado. Ésa es la situación en la que nos encontramos, y Tanja estuvo ahí cuando la necesitamos.

Cambios de mentalidad clave
El valor de las aficiones

Las aficiones aportan una valiosa flexibilidad mental y conocimientos. Si eres afortunado, esos conocimientos pueden desbordarse y mejorar tu trabajo; pero, incluso aunque no lo hagan, tu cerebro puede estar beneficiándose de su ejercitación.

Asentándose en un mundo nuevo

La actitud alegre de Tanja sumada a sus habilidades de sensatez para encargarse y tomar decisiones eficaces en el nuevo mundo *online* en el que estaba asentándose la universidad la convirtieron en alguien destacado a pesar de carecer de un título universitario. Tal y como reveló la experiencia de la Universidad de Leiden con Tanja, el sistema actual de títulos universitarios, con grados de licenciaturas, máster y doctorados, no es en ocasiones lo suficientemente ágil para abordar las necesidades rápidamente cambiantes del puesto de trabajo actual, con sus exigencias *online*. En favor de la Universidad de Leiden debemos decir que ha tomado la iniciativa, con valentía, en la creación de nuevos puestos de trabajo, ocupándolos con las personas adecuadas. Esto ha evitado que la

Universidad de Leiden haya experimentado el descenso gradual en las inscripciones a los COMA al que sí se han enfrentado universidades con una menor sintonía. En lugar de sufrir un declive en las matriculaciones, la Universidad de Leiden se ha situado, de hecho, en la vanguardia en Europa en cuanto a la provisión de experiencias *online* de calidad para un número enorme de estudiantes. Los COMA están generando puestos de trabajo que requieren de expertos con nuevos talentos: las universidades inteligentes son conscientes de esto.

Tanja siente a veces que está viviendo su sueño. En su trabajo cotidiano consigue «jugar» en Facebook y Twitter, recibiendo un sueldo por hacer lo que le gusta. También recibe el beneficio adicional de viajar por todo el mundo. Sus opiniones son valoradas: se ha convertido en una figura clave a la hora de ayudar a la universidad y a importantes proveedores *online* a facilitar eventos que van desde COMA hasta grandes conferencias internacionales.

Al igual que los comanches descubrieron con su repentino salto hacia la experiencia en el mundo de los caballos, y tal y como Ali Naqvi descubrió con su paso hacia el marketing digital, están apareciendo nuevos empleos y habilidades mientras que otros están desapareciendo. Pero estos nuevos puestos de trabajo no son etiquetados como tales, y con frecuencia ni siquiera existen formalmente. Las instituciones a veces ni siquiera se dan cuenta de que necesitan a gente con ciertas habilidades nuevas, que suelen ser tan novedosas que nadie ha recibido formación sobre ellas en ningún programa educativo formal.

Tanja es una persona que ha tenido una segunda oportunidad y que no se queda anclada en sus videojuegos o su aprendizaje. En los últimos años se ha reunido con amigos en Londres, Maryland, Pensilvania y California. También juega *offline* con dados con sus hijos y sus amigos, fortaleciendo los vínculos familiares y desempeñando un papel divertido e inspirador en la vida de sus hijos.

¿Quién sabe qué segundas (y primeras) oportunidades está incorporando al futuro de sus hijos?

¡AHORA PRUEBA TÚ!

¿Tienes habilidades especiales o puedes desarrollarlas?

A lo largo de muchos años, Tanja de Bie desarrolló una habilidad valiosa en la gestión de comunidades *online*. No temía usar la comunidad de videojuegos *online* como un tipo de zona de prácticas de su carrera profesional en la que aprender no sólo distintos aspectos sobre la programación y la mecánica de la construcción de un portal web, sino lo que era todavía más importante, la forma en que las grandes comunidades *online* se desarrollan e interactúan. Por fortuna, la Universidad de Leiden fue lo suficientemente previsora como para reconocer que las capacidades de Tanja eran justo lo que necesitaban, con independencia de sus títulos académicos.

Piensa en tus propias experiencias. ¿Posees una habilidad especial que se te ha pasado por alto pero que podría ser valiosa? ¿Existen nuevas áreas técnicas que podrías empezar a aprender gradualmente ahora relativas a lo que anteriormente habías subestimado por tratarse de algo que no eras capaz de hacer? Anota tu pensamiento en tu cuaderno de notas o en una hoja de papel bajo el encabezado: «Habilidades especiales».

Dejar un trabajo suele conducir a obtener una mayor satisfacción

Sorprendentemente, la peor pesadilla de la gente (tener que dejar un trabajo que se quiere conservar) acaba siendo una de las mejores cosas que les han sucedido. Ésta fue la experiencia de Kim Lachut.

Kim era una «persona sociable» que había encontrado el trabajo de sus sueños en su *alma mater* como gestora de programas y servicios para los alumnos. Conoció a gente maravillosa, a veces incluso a celebridades, les organizó fiestas, y le pagaban por hacerlo. ¿Qué podía tener eso de malo? Por supuesto, su empleo requería de muchas habilidades distintas: hacer presupuestos, encontrar y concertar locales, organizar los servicios de *catering*, marketing, inscripciones, la programación del elenco de conferenciantes (y tenía que disponer de planes de respaldo para estar preparada en caso de que se produjeran contingencias inesperadas). Todo esto requería de mucha atención por los detalles junto con un gran don de gentes. Kim medraba con ello.

Entonces la gerencia cambió. El entorno laboral de Kim se volvió tenso y estresante, y empezó a tener miedo de despertarse los días laborables. Se dio cuenta de que se imponía un cambio de empleo, pero las ofertas de trabajo para organizadores de eventos no abundaban. Sin embargo, ¿qué más podía hacer, sobre todo teniendo en cuenta que no había hecho nada más que organizar eventos a lo largo de la última década?

Kim Lachut se sorprendió al descubrir que el mundo de las tecnologías de la información encajaba a la perfección con su buena mano para las relaciones públicas.

Pero, precisamente, porque Kim tenía don de gentes disponía de muchos contactos. Se reunió con el director del programa del máster en Administración de Empresas a tiempo completo, que estaba buscando a un coordinador de programas que se ocupara de la asesoría, las contrataciones y las gestiones con los estudiantes del programa. Esto pertenecía al ámbito de Kim, especialmente porque ya estaba familiarizada con la universidad y su forma de funcionamiento. Al empleo le acompañó la responsabilidad de ser la administradora del sistema de tecnologías de la información.

Sin embargo, existía un gran reto: Kim no tenía nada de experiencia con las tecnologías de la información ni con el software informático, pero estaba decidida a encaminarse hacia un entorno laboral alegre, por lo que cuando le ofrecieron el empleo lo aceptó. Tras los primeros estresantes días de asentamiento, descubrió algo inesperado: las habilidades necesarias que requerían las tecnologías de la información eran similares a las que había usado en la organización de eventos.

Por ejemplo, había unos pasos que seguir cuando estaba planeando un evento, lo que se parecía mucho a los procesos que seguía para la programación. Todo lo que necesitaba pensar era en cómo gestionar las distintas posibilidades que se desplegaban. La atención por los detalles era crítica. Kim sostiene:

—Si un proceso no es correcto o si el sistema no está funcionando adecuadamente, esto afecta a nuestros estudiantes de una forma negativa. En mi trabajo instruyo a nuestros usuarios no sólo sobre el software, sino también sobre cómo este software afecta a la gente que más importa: los estudiantes.

Kim descubrió que al campo de las tecnologías de la información, que maneja grandes volúmenes de datos, le encantan las «personas con don de gentes», que pueden conectar los puntos entre los sistemas y la variedad de personas que usan estos sistemas y se ven afectadas por ellos. En opinión de Kim:

—Me he convertido en un autoproclamado genio informático que es capaz de incorporar mi don de gentes enseñando a otros cómo funciona el sistema de modo que todos puedan entenderlo.

Cambio de mentalidad clave

El valor de las «catástrofes» en las carreras profesionales

Aquellos que poseen una amplia experiencia en el mundo laboral suelen apuntar que el hecho de verse forzado a abandonar un empleo hace que la gente sea mucho más feliz con el nuevo trabajo que con el antiguo, independientemente de lo imposible que esto pueda parecer al principio.

Capítulo 5

Reescribiendo las normas

El aprendizaje no tradicional

Zach Cáceres era un chico que había abandonado los estudios pero que ahora estudiaba el noveno grado y que había iniciado su periplo en el mundo laboral limpiando aseos a los catorce años. Ahora está a mitad de su veintena, y tiene una confianza tranquila en sí mismo que le hace parecer mucho mayor. La confianza no puede sino suponérsele. A pesar de, o quizá debido a sus difíciles inicios, Zach se ha convertido en el director del Michael Polanyi College en la Universidad Francisco Marroquín, en Ciudad de Guatemala.

Me encuentro en Antigua, que en otros tiempos fue la capital de Guatemala, sentado al lado de Zach en el restaurante 7 Caldos. Zach no aprendió español hasta que llegó a Guatemala hace muchos años, pero pide una cerveza de manera informal, charlando en español con el camarero mientras miro el menú con perplejidad. El *kak ik*, me explica Zach, es una sabrosa sopa de pavo. El *pepián* es un estofado picante con carne.

En el edificio contiguo se encuentra mi hotel, Casa Santo Domingo, un excelente alojamiento construido en los terrenos de lo que antaño fue uno de los mayores conventos de las Américas. Los enormes muros de piedra del convento se desmoronaron durante el terremoto de Santa Marta de 1773, por lo que caminar entre las ruinas que se encuentran en los terrenos del hotel te hace sentir como si te hallaras en Pompeya.

Zachary Cáceres, director de una floreciente facultad de la Universidad Francisco Marroquín, en Ciudad de Guatemala, consiguió encontrar su camino a través de una serie de obstáculos educativos, tomando el control de su propia educación a una edad temprana.

Estoy en Guatemala para asistir a una conferencia, pero mi verdadera misión consiste en conocer a Zach. Esto no es tan fácil como pudiera parecer, incluso pese a estar sentada justo enfrente de él. Resulta que hacer que Zach hable sobre economía, filosofía, historia o prácticamente cualquier otra materia es fácil. Sin embargo, hacer que Zach hable sobre *Zach* es una tarea más difícil.

El padre de Zach perdió su empleo durante el año en que él nació, pasando de ser un muy respetable y exitoso ingeniero convertido en ejecutivo de negocios a gestionar un camping para caravanas en la Maryland rural. El sistema escolar de Zach, al igual que muchos otros, no lograba satisfacer las necesidades del variado grupo de estudiantes incluido en él. Las grandes diferencias económicas en el condado, empeoradas por las circunstancias que se daban en una ciudad turística cercana, no hicieron más que dificultar las cosas a los alumnos y los profesores. Se podrían hacer abundantes acusaciones sobre las causas, pero lo cierto es que algunos sistemas escolares públicos de Estados Unidos son realmente nefastos. Por decirlo con delicadeza, el distrito escolar de Zach no satisfacía sus necesidades.[1]

Los efectos negativos eran reales y personales. Los profesores solían llegar con retraso y los alumnos pasaban buena parte del tiempo sin supervisión en «aulas» consistentes en contenedores reutilizados con muy pocos pupitres. Zach, que tenía trece años, y algunos de sus compañeros solían sentirse desdichados, y se infligían su desdicha los unos a los otros. Era un poco como *El señor de las moscas*: para mantenerse entretenidos los chicos organizaban peleas, como en *El club de la lucha*.

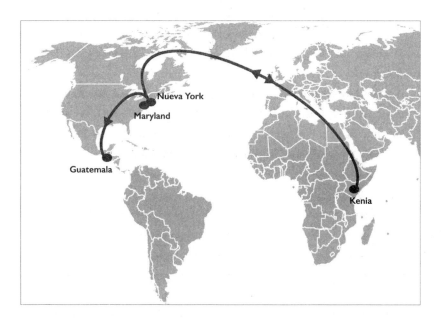

El viaje del aprendizaje de Zach Cáceres (hasta la fecha).

Zach sufrió de acoso escolar desde una tierna edad. Era más pequeño que los otros chicos, estudioso y empollón. El principal problema, por lo menos para Zach, era la cultura basada en el miedo, en el que maestros manipuladores y agresivos, con algunas raras excepciones, hacían que la vida fuera un infierno para cualquiera que pensara de forma diferente. Y Zach, desde luego, pensaba de forma diferente.

—Siempre he sido un rebelde —dice Zach, mientras toma un trago de cerveza con el sonido de las marimbas de fondo.

—Allá donde fuera mientras estaba creciendo, la gente estaba cabreada porque discrepaba de ella. Me sentía alienado. Pensaba: «Sigo viendo todas estas cosas que están tan mal y que otras personas parecen pensar que están tan bien. Debo de ser tonto, una mala persona».

La forma de pensar independiente, talentosa y creativa de Zach era la raíz del problema. Cuando era niño, por ejemplo, con su veloz forma de escribir, rendía mucho más que los otros niños; pero los exámenes estandarizados eran escaneados y sólo disponían de un espacio concreto para evaluar, lo que significaba que solía obtener malas calificaciones. Pese a ello, tal y como apunta la madre de Zach, muchos de sus escritos en clase eran usados como ejemplos en los talleres de profesores de todo el distrito.[2]

Sintiéndose optimista porque quizás encontrara *algún* camino positivo para ayudar a otros, Zach se unió desde bien pronto a un grupo de mediación en disputas entre compañeros en el que él y sus pares tenían que resolver discusiones. Resultó que la mediación implicaba destapar problemas de los estudiantes, lo que, a su vez, se convirtió en alimento para los cotilleos. Zach recuerda:

—Asistimos a una conferencia sobre la resolución de disputas y les dije lo que pensaba: que sólo estaban propagando cotilleos. Aquello no sentó bien. Esa tarde, un chico acabó lanzándome cubitos de hielo en la habitación del hotel en la que estábamos alojados. Lo siguiente que recuerdo es que estábamos peleándonos.

Una pelea a puñetazos en una conferencia para la resolución de conflictos.

Zach se unió a los *boy scouts* con entusiasmo. Para su proyecto de servicio a la comunidad creó un programa extraescolar de música para los niños de primaria que incluía un sistema de donación de instrumentos para recibir donaciones de personas de la comunidad local. Pero como, fue descubriendo gradualmente, su proyecto seguía un camino muy distinto al de los proyectos usuales de los *boy scouts*, como por ejemplo construir y mejorar parques infantiles. Los proyectos eran evaluados por un comité de padres, uno de los cuales pareció considerar a Zach como una amenaza para el éxito de su hijo. Después del duro trabajo que había hecho para que el programa musical estuviera listo para su inauguración, le dijeron a Zach que gestionar y enseñar una actividad musical no mostraba suficiente «capacidad de liderazgo» y que, por lo tanto, no era válido como su proyecto del grupo de las águilas de los *boy scouts*. Desilusionado, Zach abandonó el grupo.

El interés de Zach por la música le iba a ocasionar problemas parecidos en la Iglesia. Fue seleccionado para viajar a Utah junto con su grupo juvenil para competir en una convención de talentos jóvenes con una composición de jazz que incluía la canción «Amazing Grace». Le dijeron (¡a mitad de la década de 2000!) que «El jazz no tiene lugar en la Casa del Señor», y fue descalificado. La música poco convencional no era el único problema de Zach: su pastor del ministerio de jóvenes acabó por llevárselo aparte y le dijo:

—Tienes que dejar de señalar siempre todas las incoherencias en las cosas que decimos.

La inteligencia, independencia y creatividad de Zach (todas las cuales habrían sido admiradas en otro entorno) no le provocaron más que problemas. Al alcanzar la adolescencia, sus acciones tomaron un giro a peor. Junto con otros chicos, irrumpía en obras y rompía ventanas, lanzaba pintura a las paredes y robaba material. Junto con su «pandilla de chicos malos» lanzaba piedras a los coches, huevos a los vehículos de la policía y en una ocasión intentó incendiar una casa abandonada. Seducía y se liaba con chicas en los viajes a los centros de convivencias cristianas. En pocas palabras, se estaba convirtiendo en un pequeño imbécil, en alguien enfadado con la vida.

—Me entristece pensar en esa época –dice Zach–. Muchas de las personas que conocí en esos tiempos murieron en accidentes o de sobredosis. Ahora sólo se encuentran en mi lista de amigos de Facebook.

Pero todas estas acciones eran, en esencia, pasos de práctica para reivindicarse, incluso aunque sus elecciones no hicieran sino intensificar su frustración. La relación de Zach con sus padres y su familia, las verdaderas piedras angulares en su vida, se tensaron. No se comprendía lo suficientemente bien a sí mismo ni a sus relaciones como para darse cuenta de lo que estaba sucediendo.

Un día complicado, mientras estaba en noveno grado, todo cambió.

El bosque contiguo a la parada del autobús se había convertido en el refugio de Zach. Se escondía en él cada día, dejando pasar el autobús. Luego se dirigía a casa o simplemente deambulaba por el vecindario como el lánguido alumno que hace novillos que era. Día tras día su desdicha (y su audacia) iba en aumento. Un día, su madre se retrasó al prepararse para ir al trabajo. A Zach, que ni siquiera podía armarse de valor para esconderse, le pillaron con las manos en la masa.

La historia empezó a salir a borbotones. Zach no sólo había faltado a la escuela ese día, sino que hacía novillos prácticamente cada día. Y cuando iba a clase se sentía desdichado.

Esa noche, cuando la familia se sentó a la mesa para cenar, se desató una discusión similar a las que se ven en los programas de televisión de entrevistas y debates. Todos estaban sentados, con expresiones serias, hablando sobre el «problema con los estudios» de Zach, como si el problema sólo estuviera centrado en Zach. Una cosa quedó clara: él quería irse del colegio. El acoso y la mala enseñanza le estaban llevando a una senda oscura.

La solución que propuso era valiente… y amedrentadora.

Cambio de mentalidad clave

El a veces solitario camino de la gente creativa

En ocasiones, la creatividad puede dejarte sintiéndote fuera de sintonía con aquellos que hay a tu alrededor. Millones de personas de todo el mundo han experimentado esta sensación de «bailar al son de otra música», así que, si en tu vida pasas por períodos en los que estos sentimientos son especialmente notorios, es bueno que sepas que no estás solo.

Hallando la autosuficiencia

Zach hubiera quedado fascinado, incluso como adolescente, al saber que había investigaciones que le podían haber aportado luz sobre su situación. Resultó que la excelente investigadora sociológica Joan McCord había estado involucrada, durante mucho tiempo, en un estudio sobre jóvenes en situaciones de riesgo. Se trataba del Estudio Cambridge-Somerville sobre la Juventud, que se llevó a cabo originalmente a finales de la década de 1930 y a principios de la de 1940. El estudio examinó cómo los chicos se descarrían en su vida, y cómo se les puede dirigir hacia un mejor camino.

McCord era una académica vivaz y talentosa que había pasado por circunstancias difíciles. Mientras realizaba su posgrado, su relación con su esposo, que era un maltratador y un alcohólico, había acabado en un divorcio, lo que la había dejado en la situación de ser una madre soltera en aprietos con dos niños bulliciosos. A principios de la década de los noventa, cuando se esperaba de las mujeres que fueran amas de casa en lugar del sostén de la familia, la vida de McCord se convirtió en una rutina de poner notas y dar clases para mantener a sus hijos. Pero, pese a ello, siguió con sus estudios, consiguiendo su doctorado en sociología por la Universidad de Stanford en 1968. En un momento dado, se sintió atraída por la investigación en criminología. La pregunta que no dejaba de surgirle era: «¿Por qué la gente se aparta del buen camino en su vida?».[3] El trabajo de McCord con el Estudio Cambridge-Somerville sobre la Juventud le proporcionaría unas respuestas inesperadas a su pregunta.

El estudio, que era uno de los programas más ambiciosos nunca desarrollados para prevenir la delincuencia, fue iniciado en la década de 1930 por un investigador llamado Richard Clark Cabot. Había sido diseñado cuidadosamente para cuantificar qué tipo de asistencia para los jóvenes, en forma de asesorías, tutorías y otras formas de respaldo, resultaba más óptimo para mejorar la vida de los chicos a largo plazo.

El estudio incluía a más de quinientos chicos de la zona de Boston: formaron parte de él tanto muchachos «difíciles» (es decir, delincuentes juveniles), como «corrientes». Los jóvenes fueron ubicados, en primer lugar, en parejas igualadas que tenían en cuenta el tamaño y la estructura de la familia, el vecindario, los ingresos, la personalidad, la inteligencia, la fuerza física y muchas otras características. Entonces, un individuo de cada pareja igualada era escogido aleatoriamente para recibir el tratamiento, mientras que el otro era ubicado en el grupo de control. El grupo que recibió el tratamiento obtuvo numerosos recursos, mientras que el grupo de control no recibió atención ni apoyo en absoluto.

La influyente criminóloga estadounidense Joan McCord no temía cuestionar los conocimientos dominantes sobre estrategias de intervención para ayudar a los jóvenes en situaciones de alto riesgo.

Se asignó a los asesores al grupo del tratamiento. Los asesores asistieron con los jóvenes que tenían a su cargo a eventos deportivos, les enseñaron a conducir, les ayudaron a conseguir un empleo e, incluso, les ayudaron con la terapia familiar y los cuidados de los niños de menor edad.[4] Muchos de los niños tratados también recibieron tutorías sobre materias académicas, se les proporcionó atención médica o psiquiátrica, y se les envió a campamentos de verano y se les invitó a participar en otros programas comunitarios. El grupo de control, por otro lado, simplemente siguió con su vida normal.

En 1949, aproximadamente cinco años después del final del experimento, los investigadores realizaron un seguimiento de los individuos que participaron en el estudio. Para sorpresa de los investigadores, no hallaron efectos beneficiosos apreciables en el grupo de los chicos tratados.[5] ¿La conclusión obvia para los investigadores? Era demasiado pronto para evaluar los efectos del programa. Los investigadores pensaban que los beneficios del programa se manifestarían una vez que se volviera a evaluar a los chicos, una década después.

En 1957, cuando todavía estaba estudiando su carrera, McCord entró por primera vez en escena: le ofrecieron una pequeña suma de dinero por seguir el rastro de los efectos del experimento en los muchachos.

El trabajo de McCord fue tedioso, pero también gratificante, ya que el Estudio Cambridge-Somerville sobre la Juventud se había llevado a cabo con una atención exquisita por los detalles. Los expedientes incluían informes realizados dos veces al mes durante más de cinco años, por lo que proporcionaban varios cientos de páginas de detalles sobre cada muchacho. Después de meses de meticuloso escrutinio, McCord obtuvo los mismos resultados que los investigadores anteriores: no apareció ninguno de los beneficios esperados del estudio. No hubo, por ejemplo, diferencia alguna en los porcentajes de detenciones, el número de delitos graves cometidos, o la edad a la que se cometieron los delitos. Estaba claro que era demasiado pronto para que los investigadores dijeran si los chicos experimentarían beneficios a largo plazo como resultado del programa.[6]

Los datos del estudio estaban ahí, burlones. Algo del estudio Cambridge-Somerville seguía llamando la atención de McCord, pero no podía dilucidar de qué se trataba. ¿Tal vez los estudios de seguimiento habían pasado por alto algunas pistas vitales? Había algunos pequeños indicios de que el tratamiento podía haber sido ciertamente beneficioso, a pesar de que los hallazgos previos señalaban que «no se había producido efecto alguno». Por alguna razón u otra, algunos de los muchachos creían que la asistencia había valido la pena.

Los Institutos Nacionales de Salud se quedaron intrigados. Acordaron proporcionar un respaldo económico, de modo que McCord pudiera contratar a un pequeño equipo para que volviera a seguir el rastro a los participantes en el estudio.

Como habían participado más de quinientos chicos en el estudio, que para entonces ya hacía treinta años que se había realizado, McCord y su equipo se enfrentaron a la enorme tarea de dar con los participantes originales y comparar cómo había transcurrido su vida. Los miembros del equipo se vieron forzados a actuar como detectives amateurs, obteniendo pruebas de cualquier lugar (guías telefónicas de la ciudad; registros de vehículos, de bodas y de defunciones; juzgados; instituciones psiquiátricas y centros de tratamiento del alcoholismo). Aunque buscaban a las personas que habían participado en un estudio realizado hacía unos treinta años, localizaron la increíble cifra de un 98 por 100 de ellas. Lo que resulta todavía más sorprendente es que alrededor de un 75 por 100 de los hombres, que entonces tenían cuarenta y muchos y cincuenta y poco años, respondieron a las preguntas del equipo.

Los comentarios de estos hombres fueron directos. Las dos terceras partes de ellos pensaban que el programa había sido útil: creían que les había «mantenido alejados de las calles y lejos de los problemas». Asimismo, informaron de que habían aprendido a llevarse mejor con los demás, a tener fe y a confiar en otras personas, y a superar los prejuicios. Algunos hombres pensaban que sin sus asesores habrían delinquido.

El programa debería haber supuesto una gran diferencia en la mejora de las vidas de aquellos que habían sido incluidos en el grupo del tratamiento. *Pero fue al contrario.* El grupo tratado era sorprendentemente diferente.[7] Aunque las diferencias eran obvias, resultaba fácil pasarlas por alto, ya que habían estado presentes en las revisiones de los datos, porque los efectos fueron muy inesperados. Quienes habían sido incluidos en el programa de tratamiento tenían más posibilidades de cometer delitos, de mostrar signos de alcoholismo o padecer trastornos mentales graves, de morir más jóvenes, de sufrir más enfermedades relacionadas con el estrés, de tener unos empleos con un menor prestigio y de reportar que su trabajo no era satisfactorio. Y no sólo eso, sino que cuanto más tiempo hubieran permanecido los chicos en el programa y cuanto más intenso hubiera sido el tratamiento, peores eran los resultados a largo plazo. El programa fue del todo perjudicial: esto resultó cierto tanto en el caso de los chicos de alto riesgo como de los corrientes. Otro aspecto crucial del estudio de McCord fue el hallazgo de que los informes subjetivos por parte de los propios participantes en el estudio eran poco fiables.

¿Por qué había sido el tratamiento (bienintencionado y diseñado cuidadosamente en todos sus aspectos) tan perjudicial para tantos de estos chicos?

El reinicio de Zach

A lo largo de muchas conversaciones francas, se acordó que Zach completaría su noveno grado y que luego pasaría el verano estudiando programas alternativos. Zach visitó, junto a sus padres, escuelas privadas que o no se podían permitir o no suponían una alternativa viable a las escuelas públicas locales.

Cuantas más vueltas le daban, Zach más veía sólo una solución: dejar la escuela en noveno grado. Se lo dijo a sus padres, que al principio no le tomaron en serio. Al final, Zach les persuadió explicándoles que no iba a dejar los estudios, sino que iba a tomarse su educación de forma que le permitiera *aprender* algo más, en lugar de estar ahí sentado, sufriendo, todo el día en el colegio mientras le menospreciaban. Les dijo que había programas *online* que aportaban una solución.

Zach sigue recordando el primer día en que no tuvo que ir a la escuela:

—Di un largo paseo por un bosque cercano y tuve una experiencia que sólo puedo describir como espiritual.

Se dio cuenta, por fin, de que tenía la oportunidad de ser él mismo, un bicho raro independiente, sin sentir miedo ni vergüenza.

Los padres de Zach trabajaban muchas horas, y no podían educarle. Por lo tanto, y en lugar de eso, le dieron unas normas: debía hablar con ellos regularmente para mostrarles que estaba aprendiendo algo y debía conseguir un empleo: no le permitirían que se escondiera en casa sin más. En ocasiones, el padre de Zach le dejaba preguntas escritas en una servilleta, de modo que se la encontrara por la mañana al tomar el desayuno.

El día que Zach abandonó la escuela, su orientador le dijo que estaba «a punto de perder toda esperanza de tener un buen futuro». Todos sus parientes también criticaron la elección de Zach, diciéndoles a sus padres que estaban arruinando su vida al permitirle abandonar el colegio. Como ya no estaba matriculado en la escuela, Zach no podía formar parte de la banda musical, realizar ninguna actividad extracurricular en el instituto local, usar la biblioteca ni acceder a becas universitarias. Aquélla fue una época difícil.

Pero también fue una época en la que todos sus malos comportamientos anteriores desaparecieron. Las válvulas de escape nuevas y más positivas que desarrolló para sí mismo difuminaron su frustración y le sirvieron a modo de canales constructivos para su energía. La relación con sus padres mejoró de inmediato y dejó de mentir con respecto a dónde estaba y qué hacía. Al final, Zach acabó creyendo que dejar la escuela salvó su educación y que quizá fuera la decisión más importante que había tomado nunca. Estar fuera del nido constrictivo de la educación convencional y lejos de las influencias a veces malignas de sus compañeros le permitió empezar a encontrar su «auténtico» yo, pese a que hizo que las negociaciones con las instituciones fueran más difíciles debido a su falta de títulos y credenciales convencionales.

La primera educación de Zach relativa al mundo real consistió en tener un trabajo, usar su carnet de la biblioteca e Internet, y poner a trabajar una buena cantidad de curiosidad. Hizo algunos cursos *online* en los que sobresalió, con lo que pudo mostrar el poder de su nuevo entorno de aprendizaje. Se convirtió en un ávido lector, un hábito que le ha sido de utilidad en su aprendizaje desde entonces. La experiencia educativa de Zach fuera del sistema también tuvo el efecto involuntario de situarle en una senda empresarial: reparaba aparatos electrónicos que encontraba en contenedores de basura detrás de tiendas para venderlos en eBay. La educación errática e inusual de Zach le ha deparado un gran arrepentimiento: carecía de la base sólida en matemáticas y ciencias que le hubiera permitido luchar en el campo de la tecnología; pero, pese a ello, logró hacerlo bastante bien. Un factor que mejoró su capacidad de aprendizaje fue su implicación en la música, que le resultó algo más fácil cuando sus días se volvieron más flexibles después de abandonar la escolarización convencional.

Un día, el padre de Zach le invitó a asistir al concierto que un grupo de jazz daba esa tarde en la universidad. Cuando el concierto acabó, el profesor explicó que la banda estaba abierta a todo el mundo. Zach confió en la palabra del profesor y le telefoneó. Como no recibió contestación, volvió a llamar, y así otro día. Al final, su perseverancia dio sus frutos: programaron una reunión. Zach recuerda haber preguntado:

—¿Qué puedo hacer por usted si me enseña?

Ése fue el primer aprendizaje de Zach. Se enamoró de la música.

Zach fue un consumidor precoz de lecciones de música virtuales, años antes de que Skype se usara de forma generalizada. Incluso reunió cien dólares para pagar una única lección de vídeo *online* del gran guitarrista Jimmy Bruno.

Aprender a tocar jazz con la guitarra le enseñó cómo ser un «bicho raro más estructurado». En los años pasados, su forma de pensar y sus estudios habían sido frecuentemente aleatorios y caóticos, pero la guitarra exigía un pensamiento meticuloso. Zach se fue volviendo consciente, gradualmente, de la importancia de la fluidez procedimental.[8] Es decir: se dio cuenta del valor de un régimen de práctica diaria para generar patrones neuronales sólidos que podía traer a su mente con soltura.[9]

Zach también aprendió la importancia de la práctica intencionada, en la que se centraba repetidamente en los aspectos más difíciles, para así ayudar a expandir su aprendizaje más allá de la zona de confort.[10] Existen elementos culturales en el mundo del jazz que empujan a los músicos hacia estos aspectos importantes del aprendizaje. Zach apunta:

—Si apareces en un ensayo y tocas los mismos punteos, la gente se burla de ti. Lo llaman «esforzarse»; como, por ejemplo, cuando te dicen: «¿Por qué no te esfuerzas? ¿Por qué no practicas?».

Cuando Zach tenía dieciséis años, se matriculó en un instituto local con el objetivo de hacer cursos para conseguir créditos con su mentor musical, que era profesor allí. Transcurrido un año, pudo ir a la Universidad de Nueva York (NYU). Se matriculó como estudiante transferido desde un instituto, lo que significaba que nadie escudriñó su historial académico.

Pero en su cuarto año de carrera universitaria, durante una revisión final de la documentación antes de la graduación, le pidieron que enviara una copia de su diploma del instituto. Por supuesto, no disponía de él: había obtenido su promedio general de 3,98 sobre 4,0 (dicho sea de paso, mientras trabajaba a jornada completa e invertía cada día dos horas en el transporte de casa al trabajo). Una vez más, Zach se vio frustrado por la burocracia: se vio forzado a obtener un diploma de bachillerato de forma retroactiva mediante el programa *online* de bachillerato de la Universidad de Texas.

Por fin obtuvo su licenciatura *summa cum laude* por la NYU con un grado combinado en ciencias políticas, filosofía y económicas. Además, fue propuesto para el Founder's Club, un galardón por obtener el mejor percentil de calificaciones académicas otorgadas por la universidad. Asimismo, pasó a ser asistente de investigación de un historiador de la NYU, y además recibió una beca para viajar por Kenia con una federación de comerciantes para estudiar las economías informales. A Zach le fascinó el espíritu emprendedor en aquel mundo en vías de desarrollo.

Un día, mientras trabajaba en la puesta en marcha de una empresa novel (*start-up*) llamada Radical Social Entrepreneurs en Nueva York, recibió un email de un hombre llamado Giancarlo Ibarguen, el presidente de la prestigiosa universidad guatemalteca Francisco Marroquín.[11] Giancarlo invitó a Zach a visitarles y a estudiar la posibilidad de colaborar en algunos proyectos. A la edad de veinticinco años, Zach se hizo cargo del Michael Polanyi College, en esa universidad, y creó un programa experimental radical y rentable para los estudios de humanidades. En este programa, los estudiantes diseñaban sus propias licenciaturas.

Todo recuerda a la forma en que Zach anduvo por la vida, con éxito, durante sus primeros años. Las empresas llaman a la puerta para contratar a los licenciados creativos y dinámicos de este nuevo programa: el 100 por 100 son contratados o han fundado su propia empresa. Está claro que el trabajo de Zach con el Michael Polanyi College no es sino una rampa de lanzamiento para proyectos más grandes que están por llegar, tanto para la facultad como para él.

A Zach le encanta lo que hace en el mundo en vías de desarrollo. Los países del Tercer Mundo tienen todas las desventajas que pudieras esperar: pobreza y la falta de una infraestructura educativa —dice. Pero también encuentra algo muy liberador en trabajar en este campo.

La conclusión es que Zach es muy emprendedor. Para él fue duro acabar aceptando que su inclinación hacia los negocios (cosa que siempre era descrita, en plan bromista, por otros, como su «segunda ocupación» o su «última idea loca») es, de hecho, su vocación. Estudió económicas en la universidad porque eso le permitía contemplar el espíritu emprendedor y sus efectos desde una perspectiva general. Sentía que las materias usuales en las clases de gestión de empresas, como la contabilidad y el marketing, estaban enseñando a la gente a ser administradores burócratas más que formarla para lograr crear nuevas empresas exitosas.

—Para un empresario es más difícil hacer cosas interesantes o tener ideas interesantes si dispone exactamente del mismo conjunto de experiencias y conocimientos que los demás —sostiene Zach—. Obtener un máster en Administración de Empresas (MBA) puede ser un proceso homogeneizador. Además, los conocimientos como la contabilidad o el marketing pueden aprenderse sobre la marcha. Debes recibir formación emocional y psicológica, y no sólo racional, para el emprendimiento. La naturaleza abstracta de tantas clases académicas de empresariales no genera los hábitos mentales adecuados para crear algo de la nada, sino que frecuentemente se consigue mediante el esfuerzo poco glamuroso consistente en resolver pequeños y aburridos problemas cada día agravados a lo largo del tiempo.

Muchos empresarios de gran éxito, apunta Zach, no son intelectuales en absoluto. Como no son intelectuales, reciben una intensa retroalimentación por parte de la realidad (no de las teorías; de hecho, a veces no disponen de la formación) o de la memoria a corto plazo (para las teorías intelectuales altamente abstractas y sofisticadas).

—Los empresarios de éxito empiezan a hacer cosas como, por ejemplo, optimizar las rutas de recogida de la basura, y después de diez años, son los dueños de muchas de las rutas de recogida en una pequeña región. Han resuelto un problema aparentemente mundano, pero pese a ello muy importante. Su incapacidad para comprender conceptos convencionales y muy sofisticados les permitió concebir algo que es extraordinariamente útil y, a su propia manera, muy sofisticado. Se convierten en algo así como en expertos mundiales en la optimización de las rutas locales de recogida de basura.

Zach sonríe mientras apunta:

—Sé que suena cursi, pero creo que la genialidad existe en todas las personas. Con demasiada frecuencia, la educación elimina nuestras diferencias en lugar de proporcionar a la gente la autonomía para hacer algo grande.

McCord escarba todavía más

Al igual que Zach, Joan McCord siguió sus propias aptitudes interiores: las rutas de investigación que exploraba eran bastante distintas a los de los académicos convencionales. Al principio encontró difícil publicar sus hallazgos de que un programa aparentemente útil de apoyo familiar había resultado ser nocivo. El programa había empleado muchos de los enfoques que se defienden incluso en la actualidad, casi ochenta años después. Sus resultados fueron rechazados una y otra vez, pero al final acabó publicándolos. El artículo de McCord en la revista *American Psychologist* «Un seguimiento, al cabo de treinta años, de los efectos de un tratamiento» («A Thirty-year Follow-up of Treatment Effects») suscitó una enorme controversia.[12] También provocó que los investigadores comenzaran a fijarse más en los programas de tratamiento bienintencionados pero beneficiosos sólo en apariencia. Pronto empezaron a acumularse pruebas de otros programas de tratamiento que hicieron más mal que bien o que, en todo caso, no aportaron un beneficio real a pesar de los considerables gastos que supusieron.

Existían algunas posibles explicaciones de los malos resultados que observó McCord. Pudiera haber sido que la intervención por parte de la agencia hiciera que los chicos fueran dependientes, de forma malsana, de otras influencias externas. O puede que, después de que los muchachos se acostumbraran a recibir una continua atención, empezaran a pensar de sí mismos que necesitaban ayuda.

El hijo de Joan McCord, Geoff Sayre-McCord, ha seguido los pasos de su madre en sus investigaciones académicas: es catedrático distinguido, de entre los Exalumnos Receptores de la Beca Morehead-Cain, de Filosofía, y director del Programa de Filosofía, Política y Economía de la Universidad de Carolina del Norte en Chapel Hill. Sayre-McCord me dijo:

—Mi madre sospechaba que una parte importante de la explicación tenía que ver con que los chicos adoptaran, con el tiempo, las normas y los valores (de clase media-alta) de los asesores, que no se adaptaban bien a sus vidas y sus expectativas.[13]

Joan McCord fue una pionera iconoclasta que estaba dispuesta a cuestionarse si los programas bienintencionados y aparentemente beneficiosos en verdad lograban el objetivo de ayudar a los sujetos participantes. McCord comprobó que los programas sociales casi nunca creaban los procedimientos necesarios para evaluar de manera fiable su éxito. De hecho, vio que quienes trabajaban en intervenciones sociales solían sentirse agraviados por cualquiera que quisiera evaluar sus programas, ya que creían que la buena atención por sí sola debía ser una garantía de su eficacia.[14] Los diseñadores de programas evitan, regularmente, recopilar los datos que proporcionarían unas pruebas válidas de la eficacia de sus intervenciones. Sayre-McCord, que ha publicado abundante material sobre la teoría moral, la metaética y la epistemología, me transmite los hallazgos de su madre cuando me dice:

—La mayoría de las veces pienso que la gente confía plenamente en sus instintos viscerales y en los informes subjetivos, a corto plazo, de aquellos incluidos en su programa. Por supuesto, el Estudio Cambridge-Somerville sobre la Juventud muestra que son muy poco fiables, pero es difícil hacer que la gente varíe la confianza que tiene en sí misma. Además, creo que muchas personas (convencidas del valor de lo que ofrecen) piensan que establecer grupos de control implica fallarle a la gente que debería recibir ayuda. Usarían, en lugar de eso, el dinero para ayudar a más personas que en organizar algún estudio científico para confirmar lo que ya «saben».

McCord prosiguió con su carrera para acabar convirtiéndose en la primer mujer presidenta de la Asociación Estadounidense de Criminología. Discutió, con fervor, la eficacia de todo tipo de admiradas instituciones de ayuda: clubes para chicos, campamentos de verano, visitas a reformatorios, educación para evitar el consumo de drogas y otros programas populares; e inició un proceso, al que todavía le cuesta asentarse en las ciencias sociales, para llevar a cabo acciones más cuidadosas sobre si un programa social logra realmente los objetivos propuestos.[15]

La obra de toda la vida de Angela Duckworth, ganadora del Galardón MacArthur, ha implicado mejorar nuestro conocimiento sobre cómo fomentar un comportamiento resuelto, persistente y perseverante.[16] Duckworth apunta a las investigaciones del psicólogo Robert Eisenberger en la Universidad de Houston, quien ha comprobado que el hecho de proporcionar a los chicos tareas sencillas con abundantes recompensas reduce su laboriosa perseverancia.[17] La asistencia que hace que las cosas resulten demasiado fáciles puede, en otras palabras, resultar contraproducente y suprimir su instinto interior. Duckworth considera que el mejor combustible para la gente resuelta incluye unas relaciones tanto firmes como cariñosas.

Cuando escarbamos un poco en muchos programas e instituciones, puede resultar sorprendente ver lo muy alejados que están sus resultados de sus objetivos declarados.[18] Los programas para formar a buenos profesores son, en sí mismos, quizá tan imprecisos como los programas sociales genuinamente beneficiosos. La maestra de escuela Lynn Fendler ha realizado la destacable observación de que «parecen no existir investigaciones científicas concluyentes de ningún tipo que corroboren el efecto de cualquier curso del programa de formación de docentes sobre la calidad de la enseñanza».[19] Puede que queramos que los alumnos encuentren el éxito mediante caminos convencionales, pero debemos aceptar que estas sendas pueden ser muy problemáticas: a veces debido a razones que todavía no comprendemos. Todo esto puede reprimir el espíritu de los individuos más visionarios y creativos de la sociedad.

Cambio de mentalidad clave

Evita engañarte a ti mismo

Tal y como muestra el trabajo de Joan McCord, a veces podemos sentirnos tan *seguros* de que nuestro enfoque es correcto que no tenemos en cuenta otras posibilidades. Parte del aprender bien consiste en ser capaz de permanecer abierto a las ideas de los demás y a trabajar, intencionadamente, para generar situaciones en las que podamos descubrir si estamos o no equivocados.

Los mentores de Zach

La senda de Zach es especialmente interesante, ya que, desde una edad temprana, al final de la educación secundaria, intuyó que el principal programa social (la educación convencional) no estaba funcionando en su caso. Al final optó por un camino inusual autodirigido que puede que le proporcionara mayores probabilidades de éxito que la escolarización convencional o que muchos de los programas de tutoría y orientación disponibles. El camino de Zach «fuera de la senda de la escuela convencional» no fue perfecto: fue duro para alguien en su situación obtener la práctica diaria que puede proporcionar unas capacidades especiales forjadas a una edad temprana en matemáticas, música o lengua: pero fue perfecto para él.

Zach reconoce el mérito del papel desempeñado por no sólo la música, sino también los buenos mentores y el trabajo de formación en su vida. Su primer mentor fue el profesor de música.

—Hice todo tipo de tareas domésticas: limpiaba su oficina. Aquello no era muy glamuroso, pero era una forma de dar las gracias por acceder a sus conocimientos.

Cuando Zach fue a la NYU, ayudó al profesor de historia de la economía acudiendo a los archivos y leyendo miles de páginas de aburridos documentos gubernamentales sobre la crisis económica de la ciudad de Nueva York en la década de 1970 y fotocopiando documentos clave.

—Se trataba, en realidad, de encontrar relaciones de beneficio mutuo —señala Zach—. Devolver, y no sólo recibir.

Los mentores, cree Zach, ofrecen la mayor parte de su tiempo gratuitamente. Para Zach, pues, la clave se convirtió en cómo podía ser de utilidad para el mentor. Apunta:

—¿Cómo respaldo lo que mi mentor hace? Porque su conocimiento se te contagia debido a la proximidad, como la ósmosis.

La tutoría a través de los programas sociales del grupo de estudio de Boston no pareció funcionar, mientras que la tutoría que Zach recibió funcionó bien. La intuición de Zach le dice que su tutoría funcionó precisamente porque no estaba institucionalizada. No formaba parte de un programa ni de una organización de tutorías, y no dispuso de asesores formados para ser mentores profesionales. En lugar de ello, las tutorías consistían en las relaciones personales que surgieron de una forma espontánea a partir de la búsqueda de oportunidades en la vida cotidiana.

Zach añade:

—Estas tutorías no se produjeron al azar ni en torno a algún sentido general de «influencia positiva» en la gente joven. Yo participaba en estas relaciones porque quería aprender música, o económicas. Creo que esto es categóricamente distinto a la tutoría genérica de «influencia positiva» porque ambas partes están poniendo algo sobre la mesa.

»Mis mentores no me llevaban a sitios ni me daban muchos consejos para la vida. Me decían cosas como: «Así es como se analiza una composición clásica. Vete a casa, analiza ésta, vuelve la semana que viene y muéstrame cómo lo has hecho». O: «Ésta es la teoría subjetiva del valor y el porqué es importante. Vete a casa y léete el ensayo XYZ, regresa la semana que viene y hablaremos sobre ello». En realidad, no eran mis amigos. Era, más bien, tal y como imagino que trabajaría el aprendiz de un herrero medieval, en lugar de las interacciones que promueve un asistente social bienintencionado del siglo xx.

La investigación de Joan McCord reveló que los programas sociales no son necesariamente una panacea. La propia vida de Zach mostró que el mejor «programa social» de un sistema educativo convencional a veces no encaja, ya sea porque el sistema convencional tiene fracturas, porque el joven es demasiado poco convencional como para encajar, o ambas cosas. Al final, los esfuerzos de una persona para labrarse su camino de forma independiente en el mundo también pueden conducir a una vida satisfactoria y que valga la pena.

Lo que Zach encontró mediante las tutorías y sus propios estudios fue una confianza en sí mismo y en su capacidad para hacer frente a situaciones difíciles. En una palabra: agallas. Y da igual cómo lo presentes: la mejor persona de la cual aprender a ser valiente eres tú mismo.[20]

¡AHORA PRUEBA TÚ!

Caminos positivos para el aprendizaje

La historia de la vida de Zach es inspiradora porque nos recuerda que no existe una fórmula válida universal para la educación y el éxito. Zach usó su aprendizaje para alejarse de una senda de delincuencia y pasar a un camino más positivo. Dar con tu propio sendero positivo para aprender puede ayudarte a mejorar tus expectativas de numerosísimas formas. Éste es un buen momento para reflexionar sobre tus caminos de aprendizaje y los objetivos hacia los que te conducen. ¿Cuáles son tus metas en el aprendizaje? ¿Cómo puedes alcanzarlas de la mejor manera? Refleja, por escrito, algunos de tus pensamientos bajo el encabezado: «Metas en el aprendizaje».

Capítulo 6

Singapur

Una nación preparada para el futuro

Patrick Tay es uno de los hombres más alegres y optimistas que he conocido, pero también tiene muchas más cosas además de una personalidad positiva.

Patrick desempeña dos papeles importantes. Como abogado, es miembro electo del Parlamento de Singapur, representando a la Costa Oeste del país. Su otro papel formal tiene el importante título de secretario general adjunto, director de Servicios Legales y de la Unidad Profesional, Directiva y Ejecutiva del Congreso Sindical Nacional (NTUC, por sus siglas en inglés). Procede de una familia humilde de clase media-baja, y trabajó como policía durante años antes de unirse al NTUC en 2002.

A pesar del tamaño de Singapur (toda su población de cinco millones y medio de habitantes vive en una isla con una anchura media de veintinueve kilómetros), comprender este país no es una tarea fácil. Sus fronteras, en forma de agua, dejan a la pequeña ciudad-estado como un perentorio punto final de una frase en el extremo de la península de Malasia, de algo más de mil cien kilómetros de longitud. Singapur tiene una variada población de chinos, malayos, indios y otros grupos étnicos, todos unidos por la idea común de que son singapurenses. Aunque la lengua de enseñanza en las escuelas es el inglés, la mayoría de los singapurenses son bilingües o trilingües, y hablan inglés, chino mandarín y uno de los muchos dialectos chinos, malayos o el tamil (una lengua drávida).

Singapur también es peculiar, ya que no tiene más recursos naturales que un profundo puerto oceánico. La ciudad-estado ni siquiera dispone de suficiente agua potable para su población. Parte del agua se importa, y procede del otro lado de la carretera elevada, de la a veces poco amistosa Malasia. Su población obtiene más agua mediante inteligentes procesos de desalinización desarrollados en Singapur y que ahora se usan en todo el mundo.

En 1965, el desempleo en Singapur alcanzaba las dos cifras. La alfabetización de la mano de obra era sólo del 57 por 100.[1] Atascada en un páramo cultural, Singapur podría haber sido como muchas de las otras colonias en apuros que se vieron escindidas del Imperio Británico después de la Segunda Guerra Mundial.

Pero Singapur resultó ser diferente.

Singapur, que es un desbordante hervidero de actividad, tiene ahora una tasa de desempleo del 2,0 por 100 (entre las más bajas del mundo).[2] Su producto interior bruto per cápita es de un espectacular 321 por 100 de la media mundial.[3] Los niños de Singapur suelen situarse regularmente entre los mejores estudiantes del mundo de acuerdo con el informe PISA (una evaluación internacional de las capacidades de los estudiantes de quince años en matemáticas, capacidad lectora y conocimientos científicos).[4] Los índices de criminalidad son tan bajos que los padres se sienten cómodos permitiendo que sus hijos adolescentes callejeen por el centro de la ciudad en plena noche. Cuando las mujeres singapurenses llegan temprano a una reunión para comer en un restaurante local, dejan sus bolsos sobre la mesa para señalar que su sitio está ocupado mientras se van tranquilamente al cuarto de baño. Al igual que mucha gente, los singapurenses se quejan de su ajetreada vida laboral y del elevado coste de la vida, pero se ven libres de muchos de los males de los que se queja la gente en otros países.

Una parte importante de lo que Singapur está haciendo podría estar relacionada con cómo enfoca los estilos de vida propios del aprendizaje y la adaptabilidad en la carrera profesional. Para explorar esto y saber más sobre las ideas de Patrick Tay, me reuní con él en sus oficinas, en la duodécima planta del edificio del NTUC, que tiene treinta y dos metros de altura y que se encuentra en el corazón financiero de Singapur. Se encuentra a un tiro de piedra de la legendaria arquitectura colonial del pomposo Hotel Raffles, en el que cada habitación cuenta con su propio mayordomo exclusivo. El rascacielos del Centro del NTUC, con su fachada que parece un espejo, se encuentra cerca del borde del río Singapur, y ofrece una extensa vista a través de la ensenada hasta el icónico hotel Marina Bay Sands, con la silueta como la de un barco en su parte superior.

Patrick tiene la postura erguida y la constitución robusta de alguien que sabe que la buena forma física conduce a la buena forma mental. Su amplia y amistosa sonrisa me hace sentir cómoda al instante. Inicia la conversación explicando que está casado y tiene tres hijos. Las becas le auparon hasta la universidad, tras lo cual completó una licenciatura de cuatro años en derecho en la Universidad Nacional de Singapur. Los requisitos de las becas gubernamentales implicaron que tenía que trabajar para el país durante seis años. Escogió la policía en lugar del papel más habitual como fiscal. Durante este servicio al país, Patrick obtuvo su máster en Derecho, y se especializó en derecho y comercio internacionales.

Sin embargo, Patrick tiene algo de activista: siempre busca ejercer un impacto positivo en la vida de los demás. Durante un tiempo estuvo involucrado en el trabajo comunitario y el compromiso legal con la comunidad en un esfuerzo por luchar por la justicia para los desfavorecidos.

Después de haber finalizado su servicio al país, su intención era la de ejercer como abogado, pero el NTUC le reclutó porque era una persona activa en el trabajo comunitario voluntario, *y* tenía lo que él llama «un gran talento» como abogado.

Patrick Tay, miembro del Parlamento de Singapur, además de figura influyente en el Congreso Sindical Nacional, ha hecho mucho por ayudar a Singapur a luchar de formas nuevas y creativas con la adaptabilidad en la trayectoria profesional. Patrick aparece aquí en el gimnasio: es también cinturón negro de taekwondo.

Patrick se unió al NTUC en 2002. Sacude la cabeza, incrédulo ante lo rápido que pasa el tiempo.

—Catorce años después sigo trabajando para el NTUC. Obtengo mucha satisfacción al ver que aquello que defiendes da sus frutos y beneficia a los demás: no sólo a cinco o diez personas, sino a veces a miles o a cientos de miles. Eso es lo que me hace seguir día tras día.

Las tareas de Patrick en el NTUC le han llevado a una amplia variedad de industrias, incluyendo la construcción de buques, la seguridad privada, la asistencia sanitaria, y ahora el sector financiero.

—Cuando echo la vista atrás –apunta Patrick– veo que todo se reduce siempre a promover los intereses y el bienestar de los trabajadores. El empleo y la empleabilidad parecen brotar como hongos día sí y día también. Necesitamos traer inversiones a Singapur, para así generar buenos trabajos con buenos sueldos. Pero también necesitamos empleos que satisfagan a nuestra mano de obra, ya que el perfil de ésta está cambiando rápidamente.

Singapur es un pionero con respecto a las carreras profesionales en cuanto a lo que está sucediendo en buena parte del mundo desarrollado. El énfasis puesto en la educación ha conducido a tener una fuerza laboral inclinada hacia los profesionales, gerentes y ejecutivos. Como la población general ha ido incrementando su media de edad, lo mismo ha pasado con la mano de obra. El fantasma de la obsolescencia de los empleos se muestra continuamente amenazante. Las técnicas, las tecnologías e incluso las habilidades para establecer relaciones que tanto han costado conseguir pueden perder su valor gradualmente. La gente debe dominar el software nuevo, unas herramientas diferentes e incluso formas distintas de interaccionar con los demás. Tradicionalmente, las carreras profesionales han sido peldaños en los que uno permanecía durante un tiempo en cada escalón. Sin embargo, las actuales se parecen más a una cinta transportadora. Debes seguir moviéndote y aprendiendo, independientemente de la etapa en la que te encuentres.

La preocupación de Patrick por sus votantes se pone de manifiesto mientras explica:

—Necesitamos rediseñar nuestros empleos, y debemos mejorar las cualificaciones profesionales de la gente para que asuma estos nuevos empleos. Todos debemos desempeñar un papel en esto: el trabajador, el empleador, el gobierno y, desde un punto de vista más global, la propia sociedad.

Lo que une las cosas en Singapur es el «tripartismo»: los acuerdos entre el gobierno, los sindicatos y los empresarios.

—Esto es clave y singular de Singapur –explica Patrick–. El tripartismo no es nuevo: ha existido desde hace mucho tiempo en el marco de la Organización Internacional del Trabajo; pero creo que Singapur tiene su propia mezcla singular de tripartismo. De hecho, esta misma mañana, antes de llegar aquí, estaba desayunando con nuestros socios del tripartito, tal y como hacemos cada miércoles. Hemos estado hablando de los mismos asuntos sobre los que estamos comentando aquí tú y yo justo ahora. Somos uno de los pocos países que hace esto: que los empleadores, el gobierno y los sindicatos conversen en la misma sala. Tenemos un importante objetivo a compartir, que consiste en hacer crecer el pastel de la economía, en lugar de intentar dividirlo. Todos somos conscientes de que no deberíamos perdernos en la sensación sobre quién se lleva la mayor porción del pastel o las mayores migajas.

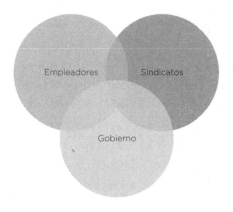

Singapur tiene un singular enfoque «tripartito» en el que el gobierno, los sindicatos y los empresarios trabajan juntos para mejorar la fuerza laboral. Las reuniones frecuentes entre estos grupos dispares les ayudan a asentar relaciones personales y encontrar puntos en común.

Todos desempeñan un papel en esto, señala Patrick. Reuniéndose y hablando desapasionadamente en una sala, los asuntos se examinan desde variedad de perspectivas. ¿Qué tiene que hacer el trabajador? ¿Qué tipo de responsabilidad tiene una empresa a la hora de rediseñar los empleos, automatizar, innovar y ser más productiva? ¿Cómo puede el gobierno permitir a los trabajadores desarrollar todo su potencial? ¿Y cómo puede la sociedad respaldar el cambio en términos de los modelos sociales y políticos? Singapur sabe muy bien que la solución a estas cuestiones es vital si quiere seguir siendo relevante frente a una fuerza laboral que está envejeciendo y que tiende a los empleos administrativos.

El secreto de Patrick Tay es que dispone de soluciones sencillas pero elegantes.

Los enfoques «T» versus «π» en cuanto al desarrollo profesional

Tradicionalmente, se ha pensado que el desarrollo profesional tenía una trayectoria en forma de «T». Una persona adquiere conocimientos para convertirse en experto en una materia, ya sea en el campo de la contabilidad, la ingeniería mecánica o la literatura británica del siglo XX.

Esta gran pericia se veía entonces equilibrada por varias otras habilidades «horizontales» menores: destrezas informáticas, don de gentes, la afición por la carpintería. Patrick, no obstante, empezó a presionar hace muchos años en favor de lo que llama un enfoque en forma de «π» en cuanto al desarrollo profesional: dos áreas de grandes conocimientos equilibradas por una pizca de conocimientos y capacidades en otras áreas.

Tradicionalmente, las carreras profesionales han sido como peldaños en los que uno se quedaba detenido durante un tiempo. Sin embargo, las actuales se parecen más a una cinta transportadora. Tienes que seguir avanzando y aprendiendo, independientemente de la etapa en la que te encuentres.

T

Siempre se ha pensado que el desarrollo profesional en Singapur, al igual que en cualquier otro lugar del mundo, tenía una trayectoria en forma de «T», con un área de «grandes» conocimientos y muchas áreas de conocimiento e intereses menores.

En la nueva economía, a Patrick le quedó claro que uno no debería tener sólo un campo de especialización. Incluso aunque pasaras por los inconvenientes que supone adquirir dos pequeños campos de especialización, entre los millones disponibles para la gente, eso seguiría siendo el doble de lo que había anteriormente. Dos campos proporcionarían muchas más opciones y flexibilidad.

Patrick se dio cuenta de que, en una economía moderna, la «segunda especialización» es necesaria para la adaptación en la trayectoria profesional: te aporta opciones y flexibilidad. Naturalmente, si ya dispones de una considerable habilidad, profunda y difícil de adquirir, como por ejemplo ser médico, no puedes, simplemente, dar un giro con facilidad y elegir otro segundo talento igualmente difícil de adquirir, como por ejemplo ser abogado. Pero independientemente de cuál sea tu primera habilidad, si dispones de un segundo talento te proteges más que con una simple incursión en otra área. Esa segunda habilidad puede complementar la primera o bien aportar un camino alternativo si tu situación personal cambia. En el enfoque de Patrick está implícito que todos podemos aprender más de lo que podemos creer.

$$\pi$$

Patrick Tay ha defendido un enfoque en forma de «π» en el desarrollo profesional: dos campos de especialización equilibrados por una pizca de conocimientos y capacidades en otras áreas. También conocido como «segunda especialización», este enfoque en las carreras profesionales incorpora adaptación y flexibilidad frente al rápido crecimiento y los cambios de la sociedad.

Se suele cometer el error de pensar que las economías del Primer Mundo como la de Singapur permiten a su población darse el lujo de cambiar de carrera profesional, pero ésa es una percepción errónea. La economía de Singapur, de forma muy parecida a muchas del Primer Mundo, ha pasado por numerosos altibajos, incluso a lo largo de la vida de Patrick. Hubo una crisis económica en 1998, y luego otra en 2003 debido a la epidemia del síndrome respiratorio agudo grave (conocido como SARS, por sus siglas en inglés), que redujo los viajes a Asia a niveles insignificantes. Asimismo, se desencadenó otra crisis en 2008 debido a los préstamos hipotecarios de alto riesgo (*subprime*).

—Con la obsolescencia de los empleos, puede que poseer un único gran talento no sea relevante en dos o tres años. Las cosas están cambiando muy rápidamente —apunta Patrick—. Continuamente se llevan a cabo recortes de personal, reestructuraciones y deslocalizaciones de las empresas. En esta nueva economía actual, no puedes disponer de un único gran talento. Es bueno que te prepares para el futuro con dos grandes talentos.

—Por ejemplo, la gente puede trabajar en un banco y tener un conocimiento detallado de una cierta área concreta del trabajo, o de un tipo de software y cómo usarlo; pero si ese producto financiero o tipo de trabajo concretos se vuelven obsoletos o se deslocalizan, entonces te quedarás fuera.

Le pregunto si es posible que todos los trabajadores puedan poseer dos habilidades. ¿Podría, digamos, un trabajador de la banca tener un segundo talento?

—En este caso el trabajador necesita dos talentos —me explica Patrick—. En el volátil negocio de la banca un ejecutivo puede ser el primero al que le den la patada si no logra sus objetivos de ventas. Una segunda habilidad puede resultarle vital; y desarrollar ese segundo talento puede ser sorprendentemente sencillo: a veces hay habilidades incipientes que están esperando ser desarrolladas.

Existe, por ejemplo, un nicho de mercado concreto que Patrick llama «actividades bancarias de trato personalizado». Este tipo de trabajador no sólo tiene capacidades bancarias, sino también don de gentes. El don de gentes es, además, valioso en otras áreas: la asesoría y el trabajo social. En Singapur existe una gran demanda de personas que trabajen en estos campos debido a que su población está envejeciendo y a otros desafíos sociales. Si un trabajador de la banca que ofrece servicios personalizados puede desarrollar un segundo talento en, por ejemplo, el campo de la asesoría, podrá acceder al sector de los servicios sociales, que tiene en la actualidad una gran demanda. En otras palabras: si se produjera una crisis financiera, dispondría de un plan B.

Singapur financia programas para respaldar la adquisición de segundos talentos tanto en trabajadores jóvenes como en mayores. De hecho, las personas de cuarenta o más años pueden obtener una mejor financiación si participan en la obtención de un título en programas de asistencia, incluso aunque estos títulos relacionados con la asistencia no resulten relevantes para su trabajo. Es decir, al contrario de lo que sucede con los programas financiados por el empleador, que ofrecen financiación sólo para formar a los empleados en determinadas habilidades relevantes para su trabajo, el gobierno también financia programas de iniciativa individual que quizá no estén relacionados directamente con el empleo actual que desempeña una persona en concreto. En todo el país se trabaja en la formación continuada de los adultos.

«Recuerdo que en una ocasión me encontré en la situación de tener que contratar a un grupo de personas en una empresa para la que trabajaba cuando me pasaron un artículo en que se sostenía la idea de que no solía haber mucha diferencia entre alguien que hubiera permanecido en el mismo empleo durante seis meses o seis años. La adquisición de un segundo talento no tiene por qué ser tan difícil como mucha gente cree. Las curvas de desarrollo son normalmente logarítmicas, y no lineales. Esto significa que, aunque desarrollar una gran pericia pueda llevar mucho tiempo, con frecuencia el proceso de aprendizaje se puede acelerar rápidamente hasta llegar al punto de un rendimiento decreciente en un período de tiempo bastante corto. Esto acostumbra a ser lo suficientemente bueno para obtener un punto de apoyo en un nuevo campo. Yo disfruto adquiriendo muchos talentos debido a la emoción que me proporciona la fuerza inicial de avance».

BRIAN BROOKSHIRE
Especialista en marketing *online* de Brookshire Enterprises

Gracias, en parte, a la presión de Patrick, Singapur es un país práctico con respecto a cómo enfoca la financiación. Mediante el programa SkillsFuture (Futuro de los Talentos), todo singapurense mayor de veinticinco años recibe quinientos dólares singapurenses (unos trescientos ochenta dólares estadounidenses o unos trescientos euros)* en forma de una cuenta de crédito virtual. Este dinero se usa para compensar los gastos de formación en cualquier campo que desee, y no sólo en el que su empresa quiera.

—Podrías pensar que quinientos dólares singapurenses no son mucho –dice Patrick–. Sin embargo, muchos programas reciben una financiación del 80 o el 90 por 100. Por lo tanto, los quinientos dólares pueden usarse para pagar los tramos no financiados que, anteriormente, teníamos que poner de nuestro bolsillo.

---

* Todos los cambios de divisas que aparecen en el libro han sido calculados de acuerdo con las cotizaciones de enero de 2018. *(N. del T.)*

¿Por qué financiar la adquisición de un segundo talento en interés de la persona y no del empresario? Esto potencia que el empleado incremente sus habilidades (que las mejore, se recicle, adquiera múltiples talentos u obtenga una segunda destreza), y así se aporta a los empleadores la financiación para incentivar este proceso.

Cambio de mentalidad clave

La adquisición de un segundo talento

La adquisición de un segundo talento es una buena idea en el entorno actual de las carreras profesionales, que cambia rápidamente. Una segunda habilidad puede permitirte ser más diestro si surge lo inesperado en tu trabajo cotidiano.

¿Sentido práctico, pasión o la seducción del dinero?

Patrick explica que la adquisición de una segunda destreza tiene dos dimensiones. La primera es la del trabajo. Aquí, tu segunda habilidad puede permitirte desplazarte hacia el interior, a través o hacia arriba, ya sea para ascender en tu trayectoria profesional o porque has perdido tu empleo. Tu segundo talento también puede surgir debido a tu pasión o tu interés.

Por ejemplo, un amigo de Patrick que trabaja en el campo de las tecnologías de la información siente una gran pasión por el diseño visual y los gráficos. Aunque realiza labores de soporte técnico interno de tecnologías de la información, decidió formarse en diseño en 3D y diseño gráfico. Por lo tanto, a pesar de que ahora sigue trabajando en el campo de las tecnologías de la información, tiene también un lucrativo empleo paralelo como autónomo en el área de los medios y el diseño.

—Así pues, tienes el ángulo del trabajo y el ángulo de la pasión —explica Patrick—. Por supuesto, si puedes combinar ambos, es lo ideal.

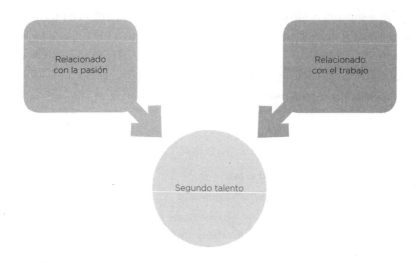

Un segundo talento puede surgir de las necesidades relacionadas con el trabajo o de la pasión. Una segunda destreza óptima puede surgir de ambos.

En cuanto al ángulo del trabajo, puede que sea mejor fijarse en las tendencias y previsiones de empleo, para así saber en qué campo profesional se darán las contrataciones. En Singapur, las áreas de crecimiento para los próximos cinco-diez años incluirán la fabricación avanzada, los cuidados de la salud y el mundo aeroespacial (en Singapur, la fabricación más sencilla se está deslocalizando hacia China y otras partes del mundo en las que puede realizarse de una forma barata). La población, que está envejeciendo, está provocando un aumento de los servicios de atención sanitaria, y el país ahora intenta construir un centro aeroespacial.

—¿Y qué tal le iría en este aspecto al típico ingeniero mecánico? –le pregunto–. ¿Cómo lograría él adquirir un segundo talento?

—Como la mente de los ingenieros es lógica y está orientada hacia los procesos, podrían adquirir una segunda destreza en cualquiera de las áreas con una alta demanda –dice Patrick–. Así pues, si eres un ingeniero con experiencia en la construcción de túneles y la minería subterránea, podrías, con la formación necesaria para adquirir un segundo talento, mejorar la calidad de la cadena de suministro en el campo de la asistencia sanitaria, por ejemplo.

Por supuesto, el momento en el que la adquisición de una segunda habilidad se vuelve importante suele coincidir con el momento en que formas una familia. ¿Cómo pueden las personas gestionar la adquisición de un segundo talento cuando van justas de tiempo? Patrick me puso dos ejemplos de amigos suyos que habían hecho esto. Ambos sentían pasión por la fotografía.

El amigo de Patrick que era agente de policía incluía a su familia en su afición. Tomaba fotografías y filmaba unos vídeos preciosos de sus hijos y recibía comentarios alentadores cuando los publicaba en Facebook. Aunque había servido en el cuerpo policial durante quince años, decidió abandonar su carrera profesional e iniciar un negocio, como autónomo, en el campo de la fotografía.

Otro amigo que trabajaba en el área de las tecnologías de la información también empezó a hacer fotografías por diversión y abandonó el sector de la informática después de haber trabajado en él durante siete años. Al igual que el policía, se convirtió en un fotógrafo profesional, tomando fotos de eventos, bodas, bodegones y de la naturaleza. Ahora organiza viajes por todo el mundo para que la gente haga fotografías.

—Lo que hacía como *hobby* se convirtió en una pasión que transformó su carrera profesional –dice Patrick–. A mí también me ocurrió algo parecido.

Patrick solía dirigir, por pura diversión, talleres sobre derecho y legislación laborales, y relaciones industriales en algunos de los programas para estudiantes de licenciatura en universidades locales. También es monitor de natación titulado y entrenador de taekwondo.

Le expreso a Patrick que el enfoque que adopta con respecto a su trayectoria profesional no tiene forma de «π», sino más bien de peine. Pero comprendo lo que Patrick me comenta: que si vas mal de tiempo y dinero deberías intentar adquirir tu segunda habilidad a partir de aquello con lo que ya estés familiarizado. Con frecuencia, uno posee más talento y capacidad en su interior de lo que cree. La adquisición de un segundo talento no tiene que ver necesariamente con un trabajo, sino que también consiste en ser consciente de tu capacidad polifacética para ser bueno en distintas cosas.

Los enfoques geométricos a la hora de pensar en las carreras profesionales pueden resultar útiles. Otra posibilidad, más allá de «T» y «ϖ» es un enfoque en forma de seta: con un tronco grueso y un amplio paraguas. El empresario estadounidense de las ventas Rodney Grim, por ejemplo, mantiene su concentración puesta en su larga carrera profesional en la venta de aparatos electrónicos, pero también conserva sus aptitudes en muchos aspectos relacionados con su negocio, saltando de un área a otra cuando aparecen las oportunidades. Rodney ha sido mecánico marino, técnico en reparación de teléfonos móviles, comercial y fabricante en el área de la telefonía móvil. Sin embargo, ahora dirige su propia compañía, tiene clientes en muchas industrias distintas y sus habilidades «secundarias» para la programación suelen resultarle de utilidad.

Existen más formas, además de los enfoques en forma de «T» y «π», que pueden usarse para imaginar trayectorias profesionales. Un enfoque en forma de «seta» significa disponer de muchas aptitudes, todas ellas respaldadas por un ancho «tallo» de experiencia.

Esto equivale al enfoque del «montón de talentos» bosquejado por el famoso humorista Scott Adams, creador de *Dilbert,* el personaje de las tiras cómicas.[5] No es que Adams sea un virtuoso que posee muchos talentos, sino que dispone de una combinación de numerosas capacidades frecuentemente mediocres que se combinan para dar lugar a un formidable montón o pila de talentos. Tal y como lo describe él mismo,

Adams es un artista de segunda fila con unas aptitudes razonables para la escritura, los negocios, el marketing y las redes sociales. Sin embargo, si juntas todas estas habilidades regulares, se ve con más claridad por qué Adams goza de éxito como humorista gráfico.

Scott Adams, creador de Dilbert, el famoso personaje de las tiras cómicas, describe el enfoque del «montón de talentos» para comprender el éxito en la carrera profesional. Es fácil olvidar que una trayectoria profesional exitosa implica mucho más que la experiencia en un área concreta.

Son numerosas las personas que se centran en adquirir una habilidad concreta (digamos un cierto lenguaje de programación), pero se olvida de que otras habilidades, como ser capaz de hablar con humor y de forma fluida, pueden añadir un enorme valor a su montón de talentos.

Aunque Patrick comprende y aprecia el valor de ganarse bien la vida, una de las cosas que más le molesta es la gente que realiza la elección de su carrera profesional basándose sólo en obtener la mayor paga posible.

—La gente suele pensar que el negocio de los bancos y las finanzas es una profesión muy atrayente, ya que ve cómo estas personas conducen grandes coches (Ferraris, Lamborghinis) y llevan un estilo de la vida propio de la *jet set*.

Apunta también que en el mundo de la banca se dispone de aire acondicionado (lo que supone una ventaja importante en el bochornoso clima de Singapur), y los que forman parte de él juegan al golf y comen y beben en buenos restaurantes.

Sin embargo, resulta que en este sector todo no es tan de color rosa como muchos podrían pensar.

—Diría que quizás uno de cada mil empleados logre conducir un Lamborghini y un Ferrari —comenta Patrick—. Se espera de ellos que alcancen unos indicadores clave de rendimiento semanales, mensuales y trimestrales, y la puerta de salida siempre está ahí. Es un entorno duro.

»La mitad de las personas que se licencian en ingeniería por la Universidad Nacional de Singapur no acaban trabajando como ingenieros —señala Patrick—. Como, gracias a su formación, la gestión y el análisis de grandes volúmenes de datos les resultan más sencillos, los ingenieros pueden conseguir un empleo de una forma fácil y cómoda en la banca y las finanzas. Tienen una oficina estilosa con un buen salario inicial que es mucho más elevado que si hubieran trabajado como ingenieros: gozan de un estilo de vida como el de los ricos y famosos, por decirlo de alguna forma. Pero nunca es tan fácil y cómodo como creen en un principio.

Aquí, el problema (como suele suceder en varias carreras profesionales) es que las expectativas de color de rosa suelen darse un tortazo contra la cruda realidad. Por otro lado, y por simple definición, no todos aquellos que trabajan en un determinado campo pueden formar parte de ese 2 por 100 superior; y no todos necesitan pertenecer a la élite para encontrar esa área gratificante.

Evitar fracasos al principio de la trayectoria profesional

Cuando tienes veintidós años, ¿puedes acaso decidir todo el curso del resto de tu vida? Las carreras profesionales a veces se salen de su camino por la simple razón de que la gente tiene que tomar decisiones al respecto a una edad temprana. Es muy fácil pensar que retrasar la elección de la carrera profesional hasta que una persona sea mayor resolverá los problemas; pero, en vez de eso, estos retrasos pueden dar como resultado un conjunto de problemas distintos, sobre todo cuando una trayectoria profesional requiere de una formación prolongada.

Debido a esto, Singapur está abordando el problema de la elección de la carrera profesional y aporta, bien pronto (lo antes posible) a su población asesoría en cuanto a las carreras profesionales. De este modo, los estudiantes pueden estar mucho mejor informados sobre las realidades y las necesidades de las áreas en las que sueñan. El enfoque de Singapur incluye «viajes de aprendizaje», prácticas y vínculos vocacionales que empiezan a una edad muy temprana. Los programas para grupos de jóvenes, como el nEbO, introducen a los estudiantes de bachillerato y de niveles superiores en compañías y sectores concretos. Patrick explica que esto les ayuda «a evitar un duro despertar en un sector desafiante», minimizando la brecha de las expectativas entre la escuela y la carrera profesional.

Sin embargo, independientemente de cómo se enfoque el aprendizaje relacionado con la trayectoria profesional, siempre hay contrapartidas. Por ejemplo, los muchachos de dieciséis años son aún muy jóvenes como para que se queden encerrados en una única senda profesional. Pese a ello, sin los conocimientos sobre qué aspecto tiene realmente una cierta carrera, es incluso más probable que se muestren insatisfechos al salir de la facultad.

Al comprender esto, me pregunté: ¿es mejor mantener a los estudiantes abiertos a amplios caminos profesionales tanto tiempo como sea posible durante su escolarización? ¿O es mejor incentivarles a centrarse en ciertas áreas que, ya en etapas tempranas, parecen resultar más adecuadas para ellos?

Para responder a estas preguntas, me di un paseo hasta unos edificios que se encontraban unas cuantas calles más abajo, hasta los vestíbulos del gobierno de Singapur.

Una perspectiva general

La doctora Soon Joo Gog es la directora en jefe de investigaciones y directora de sección en SkillsFuture Singapore, una junta reglamentaria dependiente del Ministerio de Educación. Es una mujer delgada y llena de energía que ha pensado mucho en cómo puede y debe darse el aprendizaje: no sólo desde una perspectiva individual, sino a través de políticas gubernamentales que respalden la prosperidad. Gog (se pronuncia *Goj*, y rima con la palabra escocesa *Loch*) ha trabajado duro para fomentar el deseo de un aprendizaje durante toda la vida en las variada población de Singapur.

La fuerza laboral de este país, que suma tres millones de personas, es demasiado grande para que Gog y su equipo puedan abarcarla por entero. Por este motivo, el equipo trabaja junto con empleadores, agrupaciones empresariales, cámaras de comercio, organizaciones sindicales y proveedores de educación y formación, como universidades e institutos de formación profesional, con el objetivo de incrementar la capacidad para el cambio mediante el aprendizaje.

La baja estatura y el aspecto juvenil de la doctora Gog contradicen
su prodigioso intelecto. Como directora en jefe de investigaciones
y de sección en la SkillsFuture Singapore Agency, encabeza los continuos
esfuerzos de Singapur por crear un ecosistema de aprendizaje en el que la
gente pueda empoderarse. Llegar a apreciar la importancia del aprendizaje
durante toda la vida forma parte de este proceso. Detrás de la doctora Gog
se ve el nuevo Singapore LifeLong Learning Institute (Instituto de Singapur
para el Aprendizaje durante toda la Vida), con distintos plantas donde se
imparte formación en áreas tan diferentes como el comercio al por menor,
la primera infancia, la información, la comunicación y la tecnología.
Singapur dedica muchos recursos a facilitar el aprendizaje de los adultos
y la flexibilidad en las carreras laborales.

—Esta capacidad para el cambio es vital –señala Gog– porque el cambio es la única constante que veremos en el futuro: desde la tecnología hasta la economía y las estructuras sociales y políticas. El cambio se está acelerando, y debemos crear la capacidad para el cambio con el objetivo de seguir siendo relevantes.

> «Las carreras profesionales definen nuestra identidad en la vida, pero el simple hecho de seguir tu pasión no es suficiente. Nuestras aspiraciones deben concordar con la oportunidad».
>
> SOON JOO GOG

Emparejando las aspiraciones con la oportunidad

—Las carreras profesionales definen nuestra identidad en la vida –opina la doctora Gog.

Al mismo tiempo, comprende que el enfoque tradicional de seguir nuestra pasión sobre qué carrera queremos hacer no es suficiente.

—Las aspiraciones –señala– deben concordar con la oportunidad.

Parte del trabajo de Gog con sus colegas en el campo de la educación y la formación consiste en proporcionar indicadores con respecto a la carrera profesional: información que permita que las personas contacten con empleadores y lleven a cabo transiciones desde donde se encuentran hasta dónde quieren ir. Con este fin, SkillsFuture Agency y Workforce Singapore Agency han sido fundamentales para crear un sistema de orientación con el fin de que las personas y los empleadores descubran información laboral y accedan a un banco de empleos, perfiles de talentos y directorios de cursos. El sistema se encargará de los individuos en todas las fases de sus carreras profesionales con el objetivo de apoyarles a la hora de encontrar oportunidades para aprender y acceder en un futuro a nuevos empleos potenciales. Mediante programas instaurados por el gobierno, como e2i (el Instituto del Empleo y la Empleabilidad) y programas como CaliberLink, las personas pueden contactar con *coaches* de empleabilidad que trabajan a tiempo completo. Estos *coaches* realizan asesorías sobre carreras profesionales cuando los trabajadores pierden su empleo o quieren ascender en su trabajo o bien trabajar en otra rama de su campo. El Banco de Empleos permite que los empleadores busquen a los candidatos más adecuados.

Una tetera se enfría, intacta, frente a nosotros, mientras la doctora Gog y yo reflexionamos sobre nuestras propias trayectorias profesionales, que han surgido de una especie de oportunismo accidental: a quién conocimos y qué leímos en los limitados libros y revistas disponibles en la época en la que tomábamos decisiones sobre nuestra trayectoria profesional. Internet ha cambiado todo este panorama.

Gog se maravilla ante la gran cantidad de información que existe para los buscadores de empleo actuales. Si te encanta la música, puedes saber con mucha más facilidad qué tal resulta ser compositor, intérprete o técnico de sonido de alta fidelidad. Hoy en día se deja muy poco al azar: podemos aprender de las experiencias de otros con un simple clic del ratón.

Según las estimaciones de la doctora Gog, alrededor de un 80 por 100 de la gente puede abrirse camino por su cuenta a través del sistema educativo hasta alcanzar su carrera profesional; pero las personas que llegan a puntos de inflexión en su trayectoria laboral cuando se les despide de su trabajo o rescinde su contrato se quedan, a veces, destrozadas: sienten que todas las puertas están cerradas para ellas. Gog señala que parte del problema es su propia actitud:

—La gente suele pensar que sólo puede hacer lo que hizo en el pasado; pero si se le aportan ideas sobre las muchas oportunidades que puede explorar, es muy probable que no se sienta tan desamparada ni enfadada.

El enfoque de Singapur con respecto al capital de (y la flexibilidad) en las carreras profesionales puede compararse, tal y como comenta más adelante May May Ng, una colega de la doctora Gog, no con una red de seguridad, sino con un trampolín:

—Las redes de seguridad pueden ser útiles a veces, pero también son como trampas. El enfoque que adoptamos es más parecido a una cama elástica. Puede que los individuos tengan que rebotar hacia abajo mientras se recomponen y se preparan, pero, finalmente, y usando su propia fuerza, pueden rebotar y alcanzar una gran altura.

Como Singapur es un país pequeño, el gobierno intenta mantener el foco en los sectores con un alto crecimiento. La investigación y el desarrollo farmacéuticos son importantes, al igual que lo son campos como la logística, los fletes, la información, la comunicación y la tecnología. Otras áreas incluyen la seguridad en las redes, la programación de software, el turismo, la asistencia sanitaria, los servicios sociales y la educación.

Desde el punto de vista estadístico, cambiar de trabajo en Singapur parece fácil: al fin y al cabo, la tasa de desempleo oscila alrededor del 2,0 por 100; pero esto puede inducir a error. En los empleos con un sueldo bajo, como los relacionados con el comercio al por menor, los camareros, etc., en los que las necesidades de talento son mínimas, cambiar de trabajo es fácil; pero cuanta más pericia requiera un empleo, más difícil resulta un cambio de trabajo. En ciertos sectores, como en el caso de la ingeniería, los empleadores buscan que los candidatos tengan una experiencia laboral pertinente. Esto limita el número de personas que pueden enviar una solicitud.

«Las redes de seguridad pueden, a veces, ser de ayuda, pero también son como trampas. Nuestro enfoque es más parecido a una cama elástica».

MAY MAY NG
Gerente de la SkillsFuture Singapore Agency

El enfoque singapurense no sólo consiste en tener una economía dinámica, sino también en tener y crear buenos empleos. Gog señala:

—Un buen trabajo no sólo tiene que ver con el sueldo. Tiene que ver con la autonomía de tomar decisiones para mejorar el trabajo y la accesibilidad de los talentos. Tiene que ver con la identidad profesional.

Gog siente emoción por la tarea que Singapur tiene por delante. Reflexiona sobre el economista Joseph Schumpeter y cómo el sistema de desarrollo de la fuerza laboral puede animar a la gente a beneficiarse de la «destrucción creativa» de la economía.

—Nuestro trabajo en la agencia consiste en ayudar a todo el sistema a evolucionar. No sólo consiste en sistemas educativos vocacionales (formación profesional) o en una universidad, sino que se centra en crear y alimentar un ecosistema de talentos en el que la gente pueda empoderarse.

El «capital de la trayectoria profesional» desempeña un papel en todo esto. Cal Newport, un profesor de ciencias informáticas en la Universidad de Georgetown y autor de *So Good They Can't Ignore You: Why Skills Trump Passion in the Quest for Work You Love*, sostiene que: «El capital de la carrera profesional son los talentos que posees que son tanto raros como valiosos y que pueden usarse como una ventaja para definir tu trayectoria.[6]

Pero Gog lleva esto más allá, y explica:

—A veces no puedes decir que estés aprendiendo por tu trabajo o por placer, ya que nunca sabes cuándo eso será de utilidad. Como Steve Jobs, con su formación en caligrafía y tipografía: nunca imaginó que esto fuera a formar parte de las características singulares de Apple, donde las fuentes siempre son muy bonitas.

Cambio de mentalidad clave

El cambio significativo es posible

Es fácil caer en la rutina de pensar que sólo puedes hacer lo que has hecho en el pasado; pero un cambio y un crecimiento enormes son posibles si abres tu mente a ese potencial.

El autoempoderamiento es una cuna de igualdad de oportunidades

El empoderamiento de las personas para asegurar que todas tengan las mismas oportunidades para tener éxito es básico en el enfoque de Singapur. Esto suena idealista, pero como un país pequeño que es, Singapur puede coordinar de forma eficaz a los depositarios: desde las escuelas hasta los padres y las comunidades, los empleadores y las industrias.

La doctora Gog sonríe mientras reflexiona sobre el reciente proyecto de su hijo para la escuela, y luego apunta:

—A veces las personas cometen el error de pensar que las altas puntuaciones de los niños singapurenses en las pruebas PISA reflejan un simple aprendizaje por repetición. Pero el informe PISA consiste, de hecho, en un examen de habilidades a la hora de resolver problemas: no es un examen en el que haya que recitar lo que se ha aprendido de memoria. En Singapur, los niños no sólo aprenden datos y materias. Se ven expuestos a lo que podríamos llamar «capacidades de pensamiento profundo» en prácticamente todos los niveles de su educación. La literatura, por ejemplo, consiste en desarrollar capacidades de análisis (analizar el contexto y la situación). Se les pide a los niños que averigüen qué está intentando explicarnos una historia a un nivel profundo. A un nivel fundamental, las matemáticas consisten en la resolución de problemas. Se pregunta a los chicos cómo se usa el pensamiento lógico, cómo se indaga. La literatura, las matemáticas, las ciencias: nunca tienen que ver sólo con la materia en sí, sino con lo que ésta enseña sobre la interacción con la vida a un nivel más profundo.

Gog explica que un sistema educativo debe contemplarse de una forma más amplia que un mero sistema escolar. Debe incluir a la familia y a la comunidad. El aprendizaje se produce en el contexto de un país y una cultura, y cada nación tiene su propio pacto económico y social: cómo define la implicación de los progenitores.

Los talentos tienen una importancia estratégica para Singapur. Esto significa que las instituciones no deciden solas qué conjunto de habilidades, planes de estudios y métodos de enseñanza resultan adecuados para impulsar y sostener el crecimiento de los negocios. El sistema educativo de Singapur no se aborda como algo estático, sino que se actualiza continuamente. Los institutos y las universidades suelen trabajar con las empresas para identificar conjuntos de habilidades emergentes, de modo que los estudiantes y los licenciados siempre obtengan las capacidades más novedosas, útiles e importantes. Con esto no queremos decir que las artes y las humanidades se descuiden en Singapur. De hecho, la herencia multilingüe entretejida en la red social garantiza la valoración de múltiples perspectivas: una apreciación en la que los países más homogéneos desde el punto de vista étnico frecuentemente no pueden más que soñar para sus estudiantes.

En Singapur, la educación elemental es gratuita, y a nivel de la universidad está subvencionada en un 75 por 100, y se conceden muchas becas. Pero el apoyo económico sólo forma parte del cuadro. El respaldo de los progenitores en cuanto a la educación suele ser importante, y Gog cree que esto es clave. También existe una expectativa inherente en la sociedad de que la gente tiene que trabajar duro.

Gog reflexiona sobre otros sistemas:

—En Estados Unidos es bastante distinto, ya que allí, los estados y las ciudades tienen mucho que decir en cuanto a la educación. No existen unas prácticas estándar. Algunas ciudades son muy exitosas, y otras no. Es difícil transformar una escuela que fracasa, ya que necesitas transformar a toda la comunidad.

Singapur sistematiza formas de respaldar al pequeño porcentaje de estudiantes que se enfrentan a grandes desafíos en la escuela, como una enfermedad grave, la muerte de sus padres o una dificultad de aprendizaje. La Escuela NorthLight, por ejemplo, acoge a los alumnos de distintas escuelas de alrededor de Singapur que han suspendido el «examen final de primaria» más de dos veces. Los profesores de la Escuela NorthLight utilizan métodos de aprendizaje creativos que hacen aumentar la confianza y la pasión de los alumnos. En una de estas aulas, por ejemplo, los maestros les piden a sus alumnos que den la vuelta a la tarjeta que tienen delante de ellos para que su color pase del verde al rojo si no entienden algo. Los tonos de voz y los refuerzos positivos también ayudan a incluir a los progenitores. Esta escuela también dispone de un programa de trabajo y estudios con *coaches* laborales que ayudan a algunos estudiantes con dificultades de aprendizaje mediante la formación profesional y en su incorporación a un puesto de trabajo.

—La educación nunca tiene que ver sólo con la escuela, sino también con cómo construir el ecosistema –apunta la doctora Gog–. Estamos intentando asegurar que todos dispongan de un camino.

Adoptando un estilo de vida de aprendizaje

Un estilo de vida de aprendizaje es algo que se puede alimentar y hacer crecer en las comunidades, las naciones y las culturas.

El aprendizaje en general

Esta idea de la integración como aspecto clave del aprendizaje no es sólo palabrería. SkillsFuture trabaja intensamente con socios y con la comunidad para mostrar cómo el aprendizaje permanente puede formar parte de su vida. El fin de semana después de mi visita a la doctora Gog se celebraba un festival del aprendizaje permanente, creado para fomentar la mentalidad de que la gente puede aprender por diversión y por su trabajo, y que puede hacerlo en cualquier momento y lugar.

Al igual que en muchos países, el sistema educativo de Singapur no es perfecto. De forma anecdótica, algunos singapurenses señalan a su sistema educativo como parte de la razón por la cual no suelen ser tan creativos como los occidentales. Otros singapurenses apuntan que son buenos a la hora de hacer exámenes y de memorizar y resolver problemas, pero no a la hora de ser creativos y originales y encontrar nuevas soluciones.[7]

Es posible que los sistemas educativos de Singapur, como el de otros sistemas del mundo con abundantes exámenes, pueda suprimir la creatividad, quizá porque no proporcionan a sus estudiantes más creativos las capacidades suplementarias que necesitan para superar ciertos obstáculos en el aprendizaje que a veces acompañan al pensamiento creativo.

Lo que resulta incuestionable es que Singapur está dando pasos activos para abordar asuntos vitales, como un énfasis excesivo en los exámenes en los que los alumnos se juegan mucho para determinar la vida y la carrera profesional de una persona. Recientemente, Singapur anunció la creación del nuevo Comité sobre Economía Futura, dirigido por los mejores y más brillantes cerebros del país. Dicho comité pretende trabajar en Singapur para un futuro que es «VICA»: volátil, incierto, complejo y ambiguo.[8]

—En Singapur siempre hay un trabajo en curso —explica la doctora Gog—. Nunca pensamos en nosotros mismos como recién llegados. Una vez que sabemos que siempre hay un trabajo en curso, intentamos hacer la siguiente mejor cosa una y otra vez.

—Singapur —concluye— es una nación que aprende.

¡AHORA PRUEBA TÚ!

Amplía tu juego de herramientas para el aprendizaje

Singapur tiene un enfoque único para promocionar el aprendizaje continuo y la adquisición de segundos talentos. ¿Cómo podrías aplicar algunas de estas ideas para mantener una actitud de aprendizaje continuo? ¿Dispones ya de una segunda destreza? Si no es así, ¿en qué área podrías escoger desarrollar una segunda habilidad? ¿Qué podrías hacer para ampliar tu caja de herramientas del aprendizaje? Pon tus pensamientos por escrito bajo el encabezado: «Ampliación de talentos».

Capítulo 7

Nivelando el terreno de juego educativo

A los nueve años, Adam Khoo fue expulsado de la escuela primaria por pelearse. En la secundaria, sus calificaciones siempre eran las propias de un nivel inferior. Simplemente, no podía prestar atención en clase.

A menudo se dice que los estudiantes que obtienen malos resultados en la escuela, a veces, son muy listos: lo que ocurre es que las materias impartidas son aburridas. Adam no dice eso. Aprender le resultaba difícil. Leer libros era incluso peor que escuchar a un maestro: los libros le atormentaban.

El hecho de que los padres de Adam se divorciaran cuando él era un adolescente no fue de gran ayuda y, súbitamente, se encontró con formaba parte del programa para alumnos dotados. Ella asistía al mejor colegio de Singapur, mientras que Adam estaba en el peor. Le decían una y otra vez:

—¿Por qué no puedes ser igual que Vanessa? ¿Por qué no puedes sacar sobresalientes como ella?

Desde entonces han cambiado muchas cosas. Me reuní con Adam Khoo, quien ahora tiene cuarenta y un años, en sus oficinas en el centro de Singapur. Adam es el fundador y presidente ejecutivo multimillonario de una de las mayores empresas de formación profesional en el Sudeste Asiático: la Adam Khoo Learning Technologies Group. Aunque Adam tiene una reputación de titán de la industria, también es un hombre agradable que espera inspirar a otros compartiendo su experiencia sobre sus primeros esfuerzos y explicando qué le llevó a modificar su camino.

Me gusta viajar a Singapur, ya que el uso frecuente del inglés en ese país hace que sea un lugar muy fácil para que los occidentales se abran camino. La lengua materna de Adam es el inglés, y ha tenido su buena ración de quebraderos de cabeza intentando aprender el chino mandarín.

Con trece años, Adam Khoo pasó de experimentar un fracaso incorregible a un éxito sorprendente redefiniendo su mentalidad y adquiriendo nuevas y potentes técnicas para aprender. Ahora dirige una empresa dedicada a ayudar a la gente a realizar cambios exitosos similares en su vida.

Sin embargo, un aspecto de Singapur que puede ser difícil de comprender para los occidentales es el nivel de competición. La altas densidad de población en lugares como Singapur y en otros países de Oriente significa que, independientemente de lo que hagas, puedes encontrarte compitiendo con miles o incluso millones de personas que con frecuencia tienen unos objetivos similares al tuyo.

El éxito percibido en Asia, al igual que en muchas otras partes del mundo, suele ir ligado al éxito material: un trabajo con un buen estatus social, un salario elevado y educación. Los progenitores presionan mucho a sus hijos para que se conviertan en médicos o abogados, a pesar del hecho de que no todos están destinados para estas disciplinas y de que el mundo no necesita sólo médicos y abogados.

Las matemáticas y las ciencias se consideran especialmente importantes para conseguir el éxito a largo plazo. Los padres instan a sus hijos a sobresalir en estas materias, de modo que puedan ir a una universidad importante y puedan escoger sus lucrativas carreras. Singapur ha estado trabajando duro para cambiar estas actitudes: para mostrar que los artistas y los atletas, por ejemplo, pueden ser tan valiosos como los ingenieros; pero a las mentalidades antiguas les lleva tiempo cambiar, sobre todo cuando la gente se fija en las realidad económica. La conclusión es que, con frecuencia, es más duro ganarse la vida en empleos más «divertidos» como ser escritor o músico.

La competencia en la escuela es muy intensa. Los exámenes estandarizados son el equivalente a alinear a varios cientos de miles de estudiantes frente a una línea de salida, dar el disparo de inicio y conceder medallas a los pocos que logran conseguir una ventaja de un nanosegundo en la línea de llegada. Debido a esto, la preparación escolar se ha convertido en una especie de escalada armamentística. A los alumnos se les inculca esta idea a una edad cada vez más temprana. Anteriormente, si un estudiante conseguía cuatro sobresalientes en los exámenes de final de bachillerato (los exámenes definitivos que dictaminan en qué universidades podrás matricularte), se encontraba entre los mejores. Ahora son necesarios siete sobresalientes.

Singapur está trabajando para reducir la presión a la que estos exámenes someten a los estudiantes y para cambiarlos con el fin de que se adopten unos enfoques más abiertos con respecto a la forma de pensar y el aprendizaje, pero este sistema sigue siendo estrictamente riguroso. Sin embargo, en otros países asiáticos que tienen una menor sintonía con la necesidad de cambio que Singapur, los sistemas de exámenes pueden ser incluso más brutales. Millones de estudiantes compiten por tan sólo unas pocas plazas en las mejores universidades. Los que obtienen unas calificaciones inferiores se ven relegados a universidades regionales de menor prestigio o a la formación profesional. Muchos no son capaces de progresar desde el punto de vista académico después de la escuela secundaria.

En Singapur y en otros países asiáticos, a los «buenos» estudiantes se les suele encauzar, en los primeros cursos de primaria, hacia carriles más rápidos. Esto tiene sentido: hace que los estudiantes avancen a un ritmo más adecuado para ellos. Pero en la cultura asiática, que concede mucha importancia a la fachada, importa la clasificación que consiga tu hijo. Esto somete a los estudiantes a una doble presión. Si sacan un mal resultado en un examen, no sólo se han fallado a sí mismos, sino que también le han fallado a su familia, avergonzándola delante de los demás. Y tienen, además, otra carga: si se les incluye en el grupo de los estudiantes más lentos, también se encuentran entre los niños más alborotadores y con una menor motivación académica. Esto hace que les resulta más difícil concentrarse y refuerza los sentimientos de incompetencia. También se pierde el acceso a los mejores profesores. Los pensamientos de estos estudiantes son la sede de la letanía: «Nunca seré tan bueno cono el niño del nivel superior».

Una vez que uno se encuentra en una senda académica descendente, puede parecer imposible cambiar. Todo está encaminado a hacerte descender todavía más.

Pero es posible revertir este camino, incluso si eres uno de los chicos «lentos».

¡AHORA PRUEBA TÚ!

Trucos mentales para obtener el éxito

¿Te has sentido, en alguna ocasión, superado por la fuerte competencia? Tal y como te revelará este capítulo, existen trucos mentales que pueden ayudarte a volver a tener oportunidades de ganar. ¿Puedes prever cuáles son algunos de estos trucos? Expresa tus ideas en un papel bajo el encabezado: «Trucos mentales».

Adam Khoo: un reinicio en la vida

Adam Khoo era un niño que pasaba mucho tiempo solo en casa porque sus padres trabajaban: era un niño más de entre los decenas de miles en Singapur que compartían unas circunstancias similares. Cuando Adam regresaba a casa de la escuela no había nadie que le controlara. Esto era perfecto para él: todo lo que le importaba era jugar a juegos de ordenador. No mostraba ningún interés por la escuela, lo que resultaba frustrante para sus progenitores, que gastaban mucho dinero en su educación y en profesores particulares.

Adam ahuyentaba a estos profesores, corriendo como pollo sin cabeza y haciendo caso omiso a lo que estaban intentando enseñarle. Si suspendía no le importaba. Más allá de los juegos de ordenador (junto con los tebeos y la televisión) sólo estaba interesado en salir con sus amigos y meterse en peleas. Adam buscaba llamar la atención: siempre quería destacar. Si no podía sobresalir en las cosas buenas, se mostraba contento por destacar en las malas, metiéndose en discusiones y uniéndose a grupos alborotadores formados por otros jóvenes descarriados.

El padre de Adam, que era empresario, se mostraba cariñoso con él, pero no tenía ni idea de cómo animar y motivar a su hijo. La madre era una de las mejores periodistas de Singapur: una mujer con una trayectoria profesional exitosa. También era cariñosa, pero le resultaba de poca ayuda. Cuando Adam se veía incapaz de lidiar con las matemáticas, ella asentía con la cabeza y le decía: «Creo que has heredado mis genes».

—Llevaba la etiqueta que me habían puesto: era perezoso y estúpido —explica Adam.

Las etiquetas no se alejaban tanto de la realidad: Adam es el primero en admitir que es lento para aprender, y que ser lento le hizo querer evitar sus estudios. De lo que Adam no se había dado cuenta era de que existen trucos mentales que le podrían haber ayudado a superar los inconvenientes provocados por su intelecto «no convencional». Tal y como ha demostrado su éxito desde entonces, una vez que superó esos escollos, pudo hacer buen uso de las ventajas de su cerebro.

Está de moda pensar que los programas de campamentos juveniles de motivación no suponen ninguna diferencia real en la vida de un estudiante, pero para Adam, que tenía trece años en 1987, uno de estos programas sí la supuso. Se trataba del programa Super-Teen Camp: era el primer programa de este tipo en Asia.

—Allí me vi expuesto a ideas del movimiento del potencial humano –dice Adam–. Todos nacemos con talento. No existe el fracaso, sino las diferentes experiencias de aprendizaje. Me vi inspirado por ejemplos de personas que habían dado un giro a su vida.

Adam tamborilea con los dedos, reflexivo, sobre el escritorio que tiene frente a él mientras se mece, adelante y atrás, en su silla. Tiene un tipo de capacidad de atención intermitente: su cerebro no incluye bloques sólidos, obtenidos paso a paso, de racionalidad convencional. No es de extrañar que la educación convencional casi se diera por vencida con él.

—En el programa Super-Teen aprendí trucos para memorizar; y cómo visualizar y relacionar. Animaba a mis amigos: «Decidme cincuenta palabras. Las memorizaré en cinco minutos. Apostemos dos dólares». Conseguí una nueva identidad: la de genio, pero, en realidad, todo se debía a las técnicas que había aprendido.

Adam era una persona creativa a quien le gustaba soñar despierto, dibujar, pintar viñetas y la música. Quedarse mirando las páginas de un libro le resultaba aburrido, pero una técnica llamada «mapeado mental» que había aprendido en los campamentos le permitió captar lo que aparecía en los libros de texto y reorganizarlo de una forma muy visual, usando viñetas que desencadenaban su memoria.

Pero el programa no enseñaba sólo herramientas para el aprendizaje, también le enseñó a soñar en grande. El instructor le retó:

—¿Quieres ser mediocre o excepcional?

—Excepcional.

—Si quieres ser excepcional –le dijo el instructor– debes marcarte metas que no puedas conseguir con tu nivel actual de capacidad. Necesitas retos que hagan que te expandas.

Eso tenía sentido para Adam.

Apuntaba alto, muy alto. Se marcó un objetivo ese año, a la edad de trece años: ir al Victoria Junior College, una de las mejores escuelas preparatorias de Singapur. El instituto al que iba Adam no era el mejor: de hecho, nadie de su instituto había ingresado nunca en el Victoria Junior College. Sus profesores le dijeron que esa meta era poco realista.

—Ésa fue una de las cosas más duras para mí: las personase que me rodeaban –dice Adam.

Cuando le oían hablar de sus metas, hacían comentarios sarcásticos:

—Estás loco. Eso es imposible.

Cuando le explicó su sueño de acceder a la Universidad Nacional de Singapur, su padre simplemente dijo:

—No me lo puedo creer.

Pero Adam es rebelde por naturaleza. Cuanta más gente le decía que no podría conseguirlo, más determinado estaba a lograrlo.

Pero, además de todo esto, Adam tenía otro sueño: fundar su propia empresa. Desarrolló este sueño visualizando e imaginando. En el instituto, dibujaba sus propias tarjetas de visita: «Adam Khoo, presidente». Desarrolló el sueño de que podía llegar a ser alguien: ese sueño le mantuvo motivado. Pegó carteles con sus objetivos por toda su habitación: «¡Escuela preparatoria: aquí vengo!». «¡Universidad Nacional de Singapur: aquí vengo!»; y colgó un cartel que decía: «Soy un ganador».

Adam empezó a ser el mejor de su clase. Su profesora de geografía no podía comprender lo que le estaba pasando a su alumno, que antes era un «chico malo», pero sabía lo suficiente como para aprovecharse de una cosa buena. Le pidió a Adam que usara una de sus clases para enseñar a sus amigos qué es lo que estaba haciendo.

Adam empezó a escribir artículos que imprimía y distribuía entre sus compañeros: cómo marcarse objetivos, gestionar el tiempo, permanecer motivado. Los otros alumnos empezaron a admirarle y a respetarle. Obtuvo una nueva identidad, y la disfrutó. Fue entonces cuando descubrió su pasión: estaba en este mundo para inspirar.

Para lidiar con el hecho de que era lento para aprender y siempre iba rezagado en clase, Adam empezó a preguntar a sus profesores qué enseñarían al día siguiente. Se leía el capítulo de antemano y se hacía un mapa mental. Al día siguiente, mientras escuchaba a su profesor, oía la información por segunda vez, lo que le permitía comprenderla mejor. Hacía muchas preguntas en clase, así añadía información a sus mapas mentales. Dibujaba divertidas viñetas que le ayudaban a recordar.

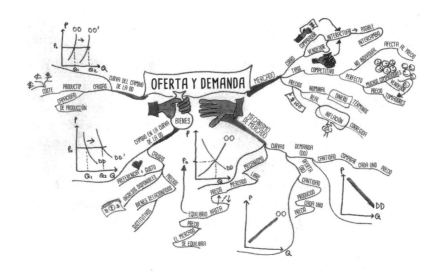

Uno de los mapas mentales que Adam usaba en el instituto.
Dibujar los conceptos clave de lo que estaba aprendiendo le ayudaba
a recordar y comprenderlo. Nótese los dibujos insertados por todo
el mapa mental de Adam: diversas investigaciones han demostrado
que esbozos como éstos potencian la capacidad de aprendizaje
y de recordar los conceptos relevantes.[1]

Trabajó duro, especialmente en matemáticas, que no era una materia para la que tuviera talento. En la escuela preparatoria se especializó en matemáticas, a pesar de, o quizá debido a su dificultad. El chino mandarín también le resultaba complicado. En esa época era prácticamente imposible progresar sin él. Adam pasó la mitad de su tiempo estudiando los sonidos y los caracteres de un idioma que parecía incapaz de captar. Se presentó exámenes importantes una y otra vez a lo largo de los meses. Al final obtuvo un suspenso.

—De repente, hubo un destello de esperanza –sonríe Adam–. Y luego seguí estudiando, volví a hacer el examen y obtuve un aprobado. ¡Logré acceder a la escuela preparatoria!

Mientras tanto, hacía de DJ y también trucos de magia, por lo que se acabó convirtiendo en un gestor muy eficiente del tiempo. Existen muchas porciones de tiempo que la gente suele perder: tomar el autobús, esperar a que el profesor entre en clase, cantar en el cuarto de baño…

Aprovechando todos esos minutos, Adam sacaba entre dos y tres horas al día. Se llevaba sus libros consigo allá donde fuera y usaba cualquier momento libre que pudiera para aprender. Entre clases, mientras esperaba a que el profesor llegara al aula, ordenaba notas sobre lo que le habían enseñado en la clase anterior.

—Estaba tan obsesionado con convertirme en un estudiante de primera que durante las vacaciones familiares me buscaba un banco y dibujaba mapas mentales siempre que mi padre se detenía y entraba en una tienda para comprar. Por cierto, ¿he mencionado que, aparte de todo eso, tenía novia?

No puedo evitar reírme al levantar la mirada después de haber tomado notas.

—Así que, básicamente, adquiriste una mentalidad positiva y algunas herramientas de aprendizaje, descubriste formas de ser más eficiente y luego las cosas empezaron a desarrollarse mejor. ¿Es éste un buen resumen?

—Sí, pero supuso mucho trabajo duro. Cuando empecé en la escuela secundaria, por ejemplo, mi profesor de matemáticas llamaba a mi madre y le decía:

—Su hijo ni siquiera debería haber superado la escuela primaria y venir a secundaria, porque su nivel de matemáticas es bajísimo.

Pero, como Adam estaba tan motivado para conseguir sobresalientes en secundaria, regresó a sus libros de primaria y empezó a practicar cada problema para aprender de verdad los conceptos básicos. Fue un trabajo duro: no fue ningún milagro. Su hermanastra podía leer un nuevo capítulo de matemáticas y comprender los conceptos prácticamente al instante, mientras que a él le costaba mucho, y leía y releía hasta que lo acababa comprendiendo.

Adam era consciente de que fácilmente podía creerse que sabía resolver un problema, pero luego se olvidaba o cometía errores tontos cuando llegaba la hora del examen.

—Así pues, incluso aunque sabía cómo resolver un problema —explica— tapaba la respuesta y volvía a contestar la pregunta.

Adam seguía insistiendo hasta que la capacidad de resolver el problema se volvía tan fluida que era algo inconsciente.

¿Qué subyace tras el buen aprendizaje?

El enfoque de Adam de «hazlo hasta que sea algo subconsciente» está respaldado por sólidos conocimientos de la neurociencia. El artículo «Reading and Doing Arithmetic Nonconsciously» («Leyendo y haciendo ejercicios de aritmética de forma no consciente»), escrito por el psicólogo Asael Sklar *et al.*, y publicado en las Actas de la Academia Nacional de Ciencias de Estados Unidos (*Proceedings of the National Academy of Sciences of the USA*), abrió muchas mentes con respecto al hecho de que las ecuaciones aritméticas arduas y que conllevaban muchos pasos pueden resolverse por debajo del nivel de conciencia de la gente.[2]

Una técnica conocida con el nombre de Flash Anzan enseña a los niños a sumar cifras rápidamente en un ábaco mental; y por «rápidamente» se entiende una velocidad espeluznante: números de tres o incluso cuatro cifras aparecen momentáneamente en una pantalla. El número 3.492, por ejemplo, es reemplazado rápidamente por el 9.647, y luego por el 1.785, etc., a medida que los niños miran y hacen sus sumas mentales.[3] A los niños les gusta esta técnica, que empiezan aprendiendo tamborileando con los dedos en la mesa, como si tuvieran un ábaco frente a ellos.[4] Gradualmente, los alumnos aprenden a dejar las manos quietas y su cerebro toma el control.

Resulta difícil, para una persona sin práctica, echar un rápido vistazo a quince números de tres cifras que aparecen brevemente en una pantalla durante un total de menos de dos segundos (¡sí, dos segundos!) e imaginar que cualquiera pudiera sumarlos tan velozmente; pero con práctica es del todo posible, y hacer esto tiene grandes beneficios. El método del ábaco mental enseña a los alumnos a usar las partes visuales y motoras de su cerebro para sumar: un proceso mental muy distinto al de aquellos que usan técnicas sencillas con papel y lápiz.[5] Los niños que usan el ábaco mental pueden conseguir tal fluidez con los procesos matemáticos mentales que incluso pueden practicar el Flash Anzan mientras, al mismo tiempo, juegan al juego de lenguaje *shiritori*, que implica decir una palabra que empiece con el carácter *kana* final del vocablo anterior. Parece que el *shiritori*, orientado hacia el lenguaje, y las matemáticas del Flash Anzan usan partes distintas del cerebro.[6]

La fluidez procedimental es una especie de automaticidad del pensamiento que surge porque has hecho algo muchas veces. Como ejemplos tenemos ser capaz de conducir un coche marcha atrás con facilidad (no es tan fácil la primera vez que lo intentas), hacer una pirueta mientras bailas, repetir un trabalenguas sin cometer errores, o interpretar una composición de piano. En matemáticas puede incluir la capacidad de multiplicar con facilidad dos números o en, niveles más avanzados, hacer una derivada en clase de cálculo.

La práctica es lo que crea unas redes neuronales bien conectadas que subyacen a la fluidez procedimental. Puedes dibujar estas redes neuronales creadas previamente y bien conectadas como «porciones» fáciles de recordar cuando necesitas hacer algo difícil.[7] Estas porciones mentales bien integradas subyacen en las formas parciales o a veces totalmente no conscientes de pensar que permiten a la gente obtener con facilidad patrones mentales para usarlos en su memoria funcional. Una porción neuronal es algo parecido a una subrutina informática: la recuerdas cuando la necesitas, pero en realidad no tienes que pensar en qué está haciendo.

El investigador Anders Ericsson ha estudiado, durante muchas décadas, el desarrollo de la pericia.[8] Ha averiguado que la «práctica intencionada» (la práctica que se centra intensamente en los aspectos más difíciles de dominar de una materia) es lo que hace que las personas avancen más rápidamente cuando intentan aprender algo nuevo o intentan mejorar en una tarea que ya conocen bien.

Pongamos como ejemplo la sencilla tarea de atarte los zapatos. Cuando empiezas a aprender a hacerlo, debes concentrarte intensamente, usando tu memoria funcional. Más adelante, esta tarea se convierte en algo tan fácil y natural que puedes atarte los zapatos mientras, por ejemplo, explicas un chiste enrevesado. Todo lo que tienes que hacer es pensar en «voy a atarme los zapatos», y entran en acción las partes subconscientes del cerebro mientras tu memoria operativa se concentra en explicar el chiste. Este tipo de porciones **practicadas** pueden hacer que nuestra vida sea mucho más fácil. Si has visto alguna vez a un maestro tejedor de lana o de ganchillo creando un diseño complejo en un jersey mientras mantiene una conversación despreocupada, has sido testigo de la pericia en porciones.

La teoría de la carga cognitiva, cuyo desarrollo se inició a finales de la década de 1980 y cada vez más respaldada por recientes estudios de neuroimagen, plantea que si sobrecargas la memoria funcional, el cerebro no puede procesar la información.[9] A medida que una persona desarrolla gradualmente pericia en cualquier tema o área, las imágenes neuronales muestran que las áreas del cerebro relacionadas con la memoria funcional parecen calmarse, mostrando una actividad reducida.[10] Básicamente, parece que el porcionado (esos patrones neuronales sólidos y bien conectados desarrollados mediante la práctica y la fluidez procedimental) realmente descarga los procesos de pensamiento del área de la memoria funcional (centrados en la corteza prefrontal), desviando esa carga hacia otras áreas del cerebro. Esto hace que la memoria funcional soporte una carga más liviana, proporcionándole espacio para manejar nuevos pensamientos y conceptos.

Las porciones neuronales desarrolladas mediante la fluidez procedimental pueden ser especialmente útiles para quienes tienen una memoria funcional menos capaz. Cuanto mayor sea tu capacidad de descargar tareas hacia su procesado subconsciente automático mediante el porcionado, más memoria funcional dejarás libre para la resolución de problemas, o para contar chistes.

Generando buena suerte

Con dieciocho años, al final de su tiempo de «preparatoria» en el instituto Victoria Junior College, Adam tuvo que hacer sus exámenes de final de bachillerato, que determinarían si podría ingresar en la universidad. Su sueño, por supuesto, era la Universidad Nacional de Singapur. El chino mandarín regresó para acosarle: volvió a suspender en los exámenes finales de bachillerato; pero podemos contar, con alegría, que a Adam le fueron tan bien el resto de los exámenes que le concedieron un acceso especial a prueba. Su familia estaba asombrada, y él, eufórico.

Entonces empezó el trabajo duro. Al final, usando las técnicas que había aprendido y enseñado sobre cómo captar y retener conceptos difíciles, se graduó con honores, obteniendo una licenciatura en administración de empresas. Estaba a años luz del mal estudiante que había sido algo más de una década antes.

Me preguntaba cuánto de suerte hubo en el éxito de Adam.

Él me explicó que cree que hay dos tipos de suerte.[11] Existe la suerte tonta («Lo que aquí en Singapur llamamos "la suerte del asno"») y también está la suerte creada. Los pensamientos de Adam quizás estén arraigados en las creencias astrológicas, que pueden tener una gran importancia en Asia. Se cree que hay personas que tienen «suerte astrológica», mientras que otras son menos afortunadas. Adam recuerda:

—En una ocasión tuve a un empleado que tenía ese tipo astrológico de suerte. Ganó dos coches en dos sorteos de lotería en Singapur. ¡Coches en dos sorteos de lotería! Ganaba a la lotería semanal tantas veces que se salía de las gráficas, estadísticamente hablando. No tiene explicación alguna. De todas formas, cuando era joven fui a ver a una adivina, por diversión. Leyó mi carta astral y me dijo: «No tiene suerte». No sé si fue una profecía realizada, pero por alguna razón, durante toda mi vida, siempre que juego a un juego de azar como el póker o el blackjack, nunca gano. —Adam niega con la cabeza, alucinado—. Siempre pierdo. No sé por qué. Quizás esto de la suerte del asno tenga algo de razón, pero no la tengo y no la necesito.

En lugar de eso, Adam cita al filósofo romano Séneca: «La suerte es lo que sucede cuando la preparación se encuentra con la oportunidad». Para tener suerte, explica Adam, debes poseer tres cosas.

En primer lugar, debes disponer de la oportunidad. Adam cree que las oportunidades nunca surgen teniendo el aspecto de oportunidades. Siempre aparecen disfrazadas de problemas. Hace falta un cierto tipo de mentalidad para convertir los problemas, con los que todos nos encontramos cada día, en oportunidades. La gente «afortunada» es aquella que ve oportunidades cuando los demás ven problemas.

Adam sonríe:

—¡Tengo tantas oportunidades porque sigo viendo tantos problemas!

La segunda cosa es la preparación.

—Incluso aunque tengas una oportunidad, si no estás preparado con las habilidades y los conocimientos adecuados, no podrás sacar provecho. Tal y como dicen los *boy scouts*: «Estate preparado». Asegúrate constantemente de aprender y mejorar tus habilidades, de modo que cuando te cruces con una oportunidad, puedas aprovecharla.

La tercera cosa es la acción.

—Si sólo piensas sin actuar, entonces sufres de la parálisis del análisis. Si no actúas, nunca tendrás suerte.

Adam «actuó» justo después de su servicio militar obligatorio, asociándose con Patrick Cheo, un ingenioso amigo que había conocido en la Universidad Nacional de Singapur, para continuar con su empresa de DJ, que hacía giras. Patrick era el director de operaciones, mientras que Adam trabajaba como DJ y mago. Pero Adam quería encontrar una forma de devolver algo a la sociedad, además de dirigir una empresa. Un día regresó a su antigua *alma mater*, la escuela Victoria Junior College, y le explicó al director su historia sobre cómo había pasado del fracaso al éxito. Le preguntó si podía enseñar a los estudiantes del Victoria Junior College algunas de sus técnicas.

El director se mostró de acuerdo, y Adam empezó con ello:

—Al principio no cobraba nada. Lo hacía por diversión, ya que me encantaba. Al cabo de un tiempo vi que no sólo me encantaba, sino que podía hacer de eso mi profesión. Empecé a sugerir programas de formación de uno, dos o tres días.

—Fue entonces cuando escribí el libro *I Am Gifted, So Are You!* Ese libro lo inició todo –dice Adam. Explica que podría parecer una suerte que le publicaran ese libro, pero, en realidad, lo que condujo a ello fue el tener un problema–. El problema era que yo era un pésimo estudiante que tenía dificultades de aprendizaje.

Ese problema se convirtió en una oportunidad. Se dio cuenta de que podía mostrar que «si un perdedor como yo puede hacerlo, entonces tú también». Adam estaba preparado para escribir un libro de autoayuda porque él no sólo había tenido un éxito debido al fracaso que había superado, sino que también había leído muchos libros de autoayuda. Conocía el género, y fue capaz de hacer la tercera cosa: actuó.

En esa época, la gente se preguntaba qué credenciales tenía para escribir un libro; pero él siguió adelante y lo escribió: cuatrocientas páginas. Dice:

—Acudí a más de una docena de editoriales con el manuscrito: Simon & Schuster, Prentice Hall, Addison-Wesley. Todas me rechazaron –explica.

Él no dejó de presentar su manuscrito.

Un día, recibió una llamada de la oficina en Singapur de la editorial Oxford University Press. Concertaron una cita con él. El editor creyó que su libro era interesante (tenía potencial), pero también dijo que su inglés era «comercialmente inviable».

Adam ríe:

—En esencia, querían decir que mi forma de escribir apestaba.

El editor le dijo que tendría en cuenta el libro si lo reescribía, cosa que hizo. A continuación, revisó sus contenidos. Adam lo redujo a unas doscientas páginas y siguió trabajando en él. Su madre le ayudó.

El libro fue publicado durante el segundo año de Adam en la Universidad Nacional de Singapur.

—¡Estaba tan emocionado! —Pero no pudo encontrarlo en las tiendas. Adam descubrió que no contaba con un presupuesto para marketing: el editor no podía permitirse destinar demasiados recursos a un libro de un autor novel desconocido.

—Pensé: «De acuerdo, yo me encargaré».

Fue por las escuelas y las librerías de Singapur y dio charlas gratuitas. Impartir estas charlas gratuitas le obligó a aprender a hablar en público. Seis meses más adelante, su libro se convirtió en uno de los superventas en Singapur. Estuvo en la lista de superventas durante varios años seguidos.

Recomendaciones de Adam Khoo para la flexibilidad en la trayectoria laboral

Adam recomienda leer libros y asistir a cursos y seminarios para mantenerse preparado, independientemente de los giros que pueda dar tu carrera profesional.

—La única forma de asegurar que tus talentos no se queden obsoletos es seguir aprendiendo siempre –apunta.

Aprende más sobre el campo que dominas, pero aprende también otras cosas fuera de tu área de especialización. Permanece abierto a aprender no sólo sobre temas académicos, del mismo modo en que Adam aprendió magia y a ser DJ. Estos dos talentos, que no guardan ninguna relación con el título universitario de Adam en matemáticas, han contribuido de gran manera en su carrera profesional, ya que le enseñaron cómo relacionarse de forma eficaz con el público.

Las malas cualidades como mejores cualidades

Una de las características más admirables de Adam Khoo es que no intenta justificarse públicamente como si fuera un prodigio incomprendido que se digna a bajar de su cima para compartir su sabiduría. Si Adam es especial (y creo que lo es), una parte de eso se debe a su voluntad de compartir los desafíos que su cerebro, que no siempre está preparado para los retos, le ha obligado a superar.

A lo largo de la siguiente semana, en la que permaneceré en el Sudeste Asiático, está programado que Adam y yo impartamos diversas charlas en algunos de los mismos eventos. Mientras nos preparamos en el camerino para hablar frente a un público de dos mil personas en Yakarta, le pregunto, nerviosa, si alguna vez sufre de miedo escénico. Me contesta amablemente que solía padecerlo, pero que el hecho de centrarse en el público y en sus necesidades le ayuda a no perder los nervios y a superar las sensaciones del miedo escénico. Como Adam se muestra sincero con respecto a sus limitaciones, no puedo resistirme a preguntarle sobre sus peores cualidades.

Es franco y me dice que «no es muy inteligente», y que no tiene ningún problema en reconocerlo. Normalmente piensan que dice eso para conseguir un efecto melodramático, pero él es muy sincero.

—Tengo que simplificar las cosas para poder comprenderlas –explica

Pero esta característica se convierte en algo positivo: resulta que a la gente le gustan los libros de Adam porque puede simplificar las cosas.

—¿Tienes alguna otra mala cualidad?

—Soy tozudo, como un burro, y rebelde, y soy muy inocente. Mi mujer y Patrick [su buen amigo y director ejecutivo de la compañía] siempre me dicen que me engañan durante todo el tiempo. Por lo tanto, cuando se trata de negociaciones, no me dejan estar presente, ya que acabaría perdiendo hasta la camisa.

»Patrick es quien se encarga de los números, y yo soy el tipo creativo, por lo que formamos un gran equipo. Es mi polo opuesto (él se fija mucho en los detalles, y yo miro el panorama general), ya que yo soy un soñador. Su eslogan podría muy bien ser: «Adam, deja de soñar».

—¿Otras malas cualidades? –le pregunto.

—Soy obsesivo: me preocupo de forma compulsiva.

A Adam no le gusta estar preocupado durante todo el tiempo, pero percibe lo útil que es para él: teme que, si baja la guardia, quizá pierda su agudeza. Tiende a pensar en lo peor que podría pasar, y luego se prepara de forma compulsiva hasta que surge de su interior una confianza que le dice que ya está lo suficientemente preparado.

—Lo malo de ser obsesivo –le expreso– es que cuando algo sale mal, es difícil dejar de obsesionarse con ello. Eso da lugar a una mentalidad negativa.

Adam asiente:

—Eso solía sucederme.

Una vez más, aprendió trucos mentales: cómo reformular el asunto y dejarlo atrás. Ha aprendido trucos para cambiar, para saber cuándo debo obsesionarme y cuándo disociar.

Adam dispone de muchos otros trucos mentales para mantenerse a sí mismo y mantener a sus estudiantes concentrados en la tarea. Por ejemplo, les dice que la motivación es como darse un baño: no dura.

—No puedes lavarte una vez y estar limpio para el resto de tu vida –dice–, porque independientemente de lo mucho que te bañes, te ensucias y empiezas a oler mal, y tienes que volver a bañarte. Del mismo modo, y sin importar lo motivado que estés, el mundo puede ser un lugar negativo: las cosas no salen como querías, recibes críticas, vuelves a «ensuciarte». Por lo tanto, tienes que aprender a motivarte cada día, al igual que a bañarte.

De igual modo que con el amor profundo, cuando Adam organiza programas para los niños, les dice:

—No estoy aquí para bañaros: estoy aquí para daros el jabón y las esponjas. Tendréis que aprender a bañaros por vuestra cuenta.

Uno de los trucos más poderosos de Adam es la reformulación. Acostumbra a considerar los problemas como oportunidades, busca cómo transformar una carga en un activo. Por este motivo le encantó el replanteamiento que hizo Steve Jobs de su despido de Apple. Tal y como decía Jobs: «Que me despidieran de Apple fue lo mejor que me podría haber pasado. La carga que suponía tener éxito se vio reemplazada por la liviandad de ser un principiante de nuevo».[12]

Adam también decide creer que todo sucede por alguna razón. Independientemente de lo malas que parezcan las cosas, siempre hay algo que puedes aprender de ello. Recordar esto le mantiene motivado durante los contratiempos.

Por ejemplo, cuando los editores rechazaron una y otra vez su libro, se decía a sí mismo: «Esto significa que debo reescribirlo de modo que sea más potente y cautivador. Cuando acabe convirtiéndose en un superventas, tendré una gran historia para contar». Hizo algo similar cuando le enviaron a una escuela de categoría inferior, y se dijo a sí mismo que era una bendición, ya que allí podría llegar más fácilmente a la cima.

Adam dice:

—Sigo montándome estas alocadas películas en la cabeza, como hacía en el pasado. Me veía en un escenario haciendo trucos de magia o inspirando a la gente. Reproducir constantemente esa película genera el impulso imperioso de querer ir y hacer eso.

Adam se abre camino en buena parte de su vida personal y profesional usando su imaginación, es un fantasioso constructivo. Ha aprendido a seguir interpretando sus sueños en su cabeza para hacer que sean lo más vívidamente reales que pueda. Cree que es importante revisar, cada día, no sólo lo que quieres hacer, sino por qué quieres hacerlo. Y hace precisamente eso: recordarse a sí mismo que quiere tener éxito para así ayudar a la gente. Por supuesto, a lo largo del camino, el 70 por 100 de las cosas no salen como estaban planeadas, lo que puede resultar frustrante. Para mantenerse motivado mira vídeos inspiradores en YouTube sobre personas que han superado grandes retos, y le encanta leer biografías:

—Con frecuencia veo que, en comparación, mis problemas son triviales.

No hay nada que funcione siempre bien para todo el mundo, pero la continua búsqueda de Adam de nuevas formas de no sólo aprender lo que ha estado estudiando de forma activa (fondos de cobertura de riesgos, por ejemplo), sino de replantearse la adversidad de una manera positiva forma parte de su fortaleza intelectual.

El poder de los trucos mentales

Una vez más, las intuiciones que subyacen en la forma de pensar y al enfoque de Adam Khoo están respaldadas por sólidos conocimientos de la neurociencia. Un reciente metaanálisis de neuroimágenes estudió la llamada «reevaluación cognitiva de las emociones»: es decir, la reformulación o el replanteamiento.[13] El estudio reveló que encontrar formas positivas de pensar en un suceso negativo suprime las emociones negativas que surgen del centro de lucha o huida de la amígdala cerebral. Por ejemplo, una fotografía inquietante de alguien sangrando puede replantearse, cognitivamente, como: «No es más que una película, y están usando kétchup». O sentimientos negativos sobre una enfermedad pueden reformularse en algo más positivo, concentrándose en cómo esa persona se recuperará. El replanteamiento es un enfoque tan poderoso que yace en el núcleo de las terapias comportamentales cognitivas usadas para tratar la depresión, la ansiedad y otros trastornos psicológicos. Entraremos en mayor detalle en cuanto al replanteamiento (es decir, comprendiendo el contexto con el que vemos el mundo y todo lo que hay en él), en el próximo capítulo. (¡Cuidado, aparecen serpientes!).

> «Hace tres años pasé por dificultades para encontrar encargos, como autónomo, en el campo de las tecnologías de la información. Me di cuenta de que esto era, en realidad, algo positivo: significaba que era el momento de mejorar mis aptitudes, de ampliar y profundizar mis conocimientos. Hoy tengo más de cincuenta años y no tengo problemas para encontrar trabajo, al contrario de lo que le sucede a mucha gente de mi edad».
>
> Ingeniero de software autónomo, Bélgica

Se podría pensar que, en algunos casos, este replanteamiento supondría un engaño mental inviable. Al fin y al cabo, ¿qué sucede si estamos hablando de la vida real y una persona querida padece una enfermedad terminal y no va a recuperarse? En ese caso, quizá desees una forma distinta de reformulación, quizá concentrándote en la calidad de vida, más que en la cantidad absoluta (las personas que trabajan en hospitales para enfermos terminales son profesionales de este tipo de replanteamiento). Parece ser que dar, conscientemente, con una forma de cambiar el significado de lo que se experimenta reduce el flujo de neurotransmisores relacionados con el estrés liberados por la hipervigilante amígdala cerebral. Esto proporciona un camino para que la mente deje al descubierto verdades más profundas, incluso aunque sea a través de lo que parece ser un juego de prestidigitación mental.

La creatividad

En el capítulo 3, el experto en marketing aludía a los dos modos de funcionamiento fundamentalmente distintos del cerebro: «concentrado» (o «focalizado») y «disperso». Las investigaciones han mostrado que el modo «concentrado» entra en acción tan pronto como diriges tu atención hacia algo. Por otro lado, el modo «disperso» surge cuando no estás pensando en nada en especial, como cuando estás en la ducha, o mirando a través de la ventana del autobús, o bien cuando sales a correr. Generalmente no podemos estar en ambos modos a la vez: nuestro cerebro destina su energía a un modo o al otro.[14]

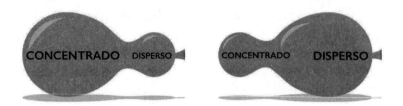

El globo de la izquierda representa tu cerebro en modo concentrado: la mayor parte de la energía se dedica a tu foco de atención. El globo de la derecha muestra tu cerebro en modo disperso: la mayor parte de tu energía se destina a las otras redes, más relajadas y difusas.

El modo disperso es, de hecho, un conjunto de «estados de reposo» neuronales: es decir, unos patrones de amplio espectro en los que nuestra mente entra cuando no estamos concentrándonos intensamente en una tarea.[15] Las ideas creativas nuevas parecen surgir de estos estados más amplios de dispersión.[16] Podemos deslizarnos hacia el modo disperso durante minutos o incluso horas cuando nos encontramos soñando despiertos; pero el modo difuso también puede surgir momentáneamente: incluso el mero hecho de pestañear parece activarlo[17] (los expertos en artes marciales inteligentes esperan al instante en el que su oponente pestañea: ese micromomento de cambio de conciencia es ideal para lanzar un movimiento inesperado).[18]

Los investigadores ahora empiezan a comprender que el hecho de aprender parece implicar dos pasos. En primer lugar, concentras tu atención, activando tus redes «favorables a la tarea»: eres consciente de esta parte del proceso de aprendizaje. Luego retiras tu foco de atención de lo que estás intentando aprender y entras en modo disperso. No eres realmente consciente de este segundo paso en el aprendizaje: de hecho, podría parecerse a no hacer nada; pero este segundo paso es lo que permite que el cerebro consolide, de forma creativa, lo que estás aprendiendo.[19] Metafóricamente hablando, es como si tu cerebro se concentrara primero en captar el material que tienes frente a ti, y luego, en cuanto te relajas y dejas que tu mente *se aleje* del material, el cerebro queda liberado para guardar dicho material. Ésta es la razón por la cual una pequeña pausa tras tu ejercicio con una sesión Pomodoro es tan importante: empieza a darle a tu cerebro una oportunidad de consolidar las cosas que has aprendido.

Es fácil imaginar que los sistemas educativos que se basan en la focalización podrían desarrollar, inadvertidamente, el desarrollo de las redes de dispersión.[20] Tu cerebro necesita pausas.[21] Los efectos de un tiempo de concentración excesivo podrían verse todavía más incrementados cuando la sociedad promueve mecanismos de relajación, como ciertas formas de meditación, que también potencian la concentración.

De hecho, la meditación puede tener unos efectos sorprendentemente distintos dependiendo del tipo. La gran mayoría de las técnicas de meditación se centran en el desarrollo de una focalización.[22] Como contraste, los tipos de meditación de monitorización abierta, como la Vipassana y la consciencia plena (*mindfulness*), parecen mejorar el pensamiento difuso e imaginativo. No obstante, existe una gran variedad en cuanto a cómo se enseñan las técnicas de meditación de monitorización abierta, y la focalización podría desempeñar un papel, o por lo menos un preludio, en el dominio de este tipo de meditación.

Al final, las técnicas que potencian la concentración pueden suponer un beneficio para el aprendizaje; pero también es importante disponer de algo de tiempo, cada día, en el que se anime a tu mente a relajarse y a divagar libremente, sobre todo si quieres potenciar la creatividad. Desde un punto de vista práctico, pues, si eres un meditador, podrías intentar evitar sentir que siempre deberías reconducir tus pensamientos hacia la concentración si ves que tu mente divaga fuera de las sesiones de meditación.

Ésta podría ser la razón por la cual la gente también encuentra la técnica Pomodoro muy útil para promover la productividad creativa: entrena tu capacidad de concentración, pero la recompensa cuando has terminado es que consigues permitir que tu mente divague en aquello que le apetezca. Con esta técnica, es como si primero completaras un entrenamiento concentrado en tu gimnasio mental, tras lo cual te diriges al jacuzzi mental: en general, una experiencia agradable.

Volvamos con Adam. Es interesante señalar el cuidado que él pone en la reformulación. Su preocupación obsesiva ocasional implica que su mente divague sobre cosas negativas que le podrían suceder. Tal y como ha apuntado la neurolingüista Julie Sedivy, la divagación mental tiene «una posible relación con la neurosis».[23] Pese a ello, Adam no intenta eliminar por completo la divagación mental: por lo menos no hasta que su divagación mental haya realizado su tarea de prepararle. Él simplemente espera el momento adecuado para replantear su forma de pensar.

La memoria funcional y la divagación mental

La memoria funcional equivale, en esencia, a cuánta información puedes retener temporalmente en tu mente: como los cinco nombres de las personas de un grupo que te acaban de presentar («espera, ¿el primero se llamaba Jack?»). Resulta que la memoria funcional tiene una relación contradictoria con la inteligencia y la creatividad.

La inteligencia suele equipararse a la potencia de tu memoria funcional.[24] La gente con una gran agilidad mental (con una memoria funcional potente) suele poseer la envidiable capacidad de retener muchos aspectos de un problema en su mente al mismo tiempo. Esto conduce a una mayor facilidad para resolver problemas. Por otro lado, una persona con una memoria funcional limitada debe dar con una forma de simplificar los asuntos complejos para trabajar en ellos. Este proceso de encontrar formas de simplificar puede ser tedioso y conllevar mucho tiempo; pero, sorprendentemente, las investigaciones han mostrado que existe un beneficio oculto: la gente con menor memoria funcional tiene mayores probabilidades de ver atajos y dar con avances conceptuales. Parece ser que la persona «más inteligente» y con una memoria funcional grande y retentiva tiene, a veces, menos incentivos para ver el material de formas nuevas y más sencillas.[25]

Poseer una mente ágil tiene otra desventaja. Si puedes comprender, reteniendo con facilidad diez pasos en tu cerebro al mismo tiempo, tu tendencia será la de explicárselo a los demás en forma de una secuencia de diez pasos, incluso aunque el resto de las personas se hayan perdido en el tercer paso. En otras palabras, la brillantez de una mente ágil puede hacer que resulte más difícil enseñar a otros, especialmente si tu mente ágil va unida a una mentalidad de «no soportar a los poseedores de mente lenta». En el caso de Adam, él tiene una ventaja para la enseñanza. Tal y como señala, una vez que llega al punto en el que comprende algo, puede, generalmente, explicarlo de forma que cualquiera pueda entenderlo. Poseer una memoria funcional limitada también tiene otras ventajas. Las ideas que deseas retener en tu mente con tantas ganas pueden irse volando a pesar de tus enormes esfuerzos, para verse reemplazadas, aleatoriamente, por otras ideas, pensamientos y sensaciones. Esto puede sonar poco ideal, pero también es lo que apuntala la creatividad.[26] Una mala memoria funcional suele, dicho sea de paso, estar correlacionada con el trastorno por déficit de atención, así que, si este problema está haciendo que la escuela te resulte más dura, es importante que te des cuenta de que también te aporta ventajas.[27]

Podrías argumentar que una buena memoria funcional no sólo te ayuda a resolver problemas, sino también a conseguir buenas calificaciones; pero las investigaciones han mostrado que existe una correlación inversa entre las notas escolares y la creatividad:[28] esto implica que, en ocasiones, cuanto mejores son tus calificaciones peor es tu creatividad. También existe una correlación entre el ser desagradable y la creatividad.[29] Podría ser, sencillamente, que la gente desagradable esté más dispuesta a ser maleducada: a deshacerse del comportamiento obediente y respetuoso de sus iguales más agradables. Al echar la vista atrás y considerar el brote explosivo de Adam cuando era joven, es posible que no se tratara más que de una manifestación de su creatividad.

A todo esto, potenciar tu memoria funcional puede ser duro. Los ejercicios para mejorarla pueden fortalecer tu capacidad para llevar a cabo esa tarea concreta, pero con frecuencia no parecen mejorar la capacidad general de la propia memoria funcional.[30] Sólo un conjunto de programas (el de BrainHQ) parece incrementar, de manera fiable, la memoria funcional.[31] Este programa no te convertirá en un genio, pero mejora ligeramente la memoria, la velocidad de procesamiento y la cognición general, deteniendo, de alguna forma, el reloj mental a medida que envejeces. Hablaremos más de BrainHQ en el capítulo 8.

Tanto si el efecto es pequeño como considerable, parece existir un beneficio colateral procedente de practicar estos ejercicios: mejoran el estado de ánimo, reduciendo los sentimientos de ira, depresión y cansancio.[32] En lugar de enfriar a la, en ocasiones, gruñona amígdala cerebral, estos ejercicios reducen la actividad en el aparato reductor de la ira de la ínsula, una parte del cerebro que nos permite experimentar no sólo dolor, sino algunas de las emociones básicas, incluyendo la ira, el miedo, la repulsión y la felicidad. La práctica relacionada con la memoria funcional puede aportarnos unos «músculos» mentales más fuertes para gestionar los estímulos emocionales de forma cognitiva. Como el hecho de aprender suele implicar ejercicios como los utilizados para fortalecer la memoria funcional, esto puede ayudar a explicar por qué adoptar un estilo de vida de aprendizaje puede, sencillamente, hacernos sentir mejor.

Cambio de mentalidad clave
El lado bueno oculto de una memoria funcional mala

Cuando quizás estés esforzándote por retener algo difícil en el cerebro mientras intentas comprenderlo, recuérdate que tus esfuerzos pueden muy bien surgir al unísono con la creatividad. Tú no desearías cambiar tu vena creativa por otra cosa, incluso aunque eso signifique que a veces tengas que esforzarte un poco más.

Las malas cualidades útiles de Adam Khoo

Antes del cambio de mentalidad de Adam, cuando tenía trece años, tuvo mucho tiempo para jugar a lo que quería, ya que no le preocupaban sus calificaciones. Sin embargo, más adelante, después de asistir a los campamentos educativos de verano, no se dedicó sólo a los estudios académicos, sino que también conservó sus actividades como DJ, de mago y de *coaching*. Así pues, Adam estaba siempre aprendiendo y creciendo, no sólo mediante una lente académica convencional de estudio focalizado e intenso.

Tendemos a hacer hincapié en las propiedades positivas como la buena memoria y la capacidad de concentración como los elementos más importantes para el aprendizaje; pero, a veces, nuestras características negativas también pueden, sorprendentemente, valer la pena. Aquí tenemos un resumen de las «peores», pero pese a ello más útiles, características de Adam para aprender:

- **No es muy inteligente.** Al igual que muchas personas «menos inteligentes», Adam parece tener una mala memoria funcional; pero su pobre memoria funcional le fuerza a simplificar los conceptos y a concentrarse en los aspectos fundamentales de cualquier situación. Puede que le lleve más tiempo solucionar las cosas, pero al final las comprende clara y profundamente y con sencillez. Su mala memoria funcional le obliga a dar con formas más sencillas de captar conceptos: formas que pasan por alto las personas aparentemente más inteligentes. La comodidad y la familiaridad de Adam con las soluciones alternativas también le han hecho buscar otras técnicas mentales que le permitan lidiar con éxito con el aprendizaje y con la vida.
- **Es una persona aprensiva.** Adam ha aprendido a aprovecharse de su ansiedad, utilizándola como recordatorio para prepararse minuciosamente. Una vez que se siente preparado, se relaja replanteando sus pensamientos para tranquilizar a su amígdala cerebral, lo que permite que su ansiedad disminuya. Este enfoque equivale a aplicar la Plegaria de la Serenidad: Adam ha aprendido a cambiar las cosas que puede cambiar y a aceptar las que no puede cambiar.
- **Es un rebelde.** El carácter obstinado de Adam implica que los comentarios negativos fortalecen, en lugar de debilitar, su determinación para alcanzar las metas que se ha propuesto.
- **Es un soñador inocente.** «Soñar en grande» le ha ayudado en la creación de su propio negocio de éxito. Adam se asocia con y escucha a gente práctica para asegurarse de que sus sueños tienen los pies en el suelo.

Lo que Adam nos enseña

Es muy probable que exista una razón por la cual me siento tan cómoda con Adam y su grupo. Las personas creativas dicen a veces que una de las mejores formas para que seas creativo es que te rodees de gente creativa. Adam y Patrick son muy creativos y buscan a gente creativa y dinámica para su equipo. Descubro, una y otra vez, que a uno de los miembros de su equipo no le fue bien en los exámenes cuando estaba en la escuela, pero que es, por ejemplo, un jugador de videojuegos de ordenador de primera clase, un novelista o bien un mago.

Es posible que el alto listón impuesto por el estricto sistema de evaluaciones educativas de Singapur (similar a los sistemas de exámenes de muchos países asiáticos) haya servido, de forma sistemática, para escoger y premiar a los alumnos con una memoria funcional potente; pero las personas más creativas suelen tener menos memoria funcional. En otras palabras, el sistema educativo de Singapur no inculca, necesariamente, la falta de creatividad. En lugar de ello, podría seleccionar negativamente contra la creatividad, penalizando de forma regular a las personas creativas por la forma aparentemente menos eficiente en que funciona su cerebro; y no sólo deja a las personas creativas atrás, sino que también las inculca sentimientos de desesperanza e inferioridad.

Lo que Adam y su grupo han hecho ha sido mostrar que ciertos trucos mentales pueden permitir que las mentes poco convencionales compitan más eficazmente. Esto, a su vez, nivela el campo de juego educativo y permite el florecimiento de distintas formas de pensar: formas que no sólo respaldan el aprendizaje, sino que también ayudan a mejorar la creatividad.

Se piensa que los talleres educativos como los promocionados por Adam Khoo intensifican la carrera armamentística de la educación; pero existe otra forma de considerar el trabajo de Adam. Él democratiza la educación: aportando un conjunto de habilidades mentales a un número importante de estudiantes, muchas veces del tipo más creativo, que con frecuencia son eliminados del sistema educativo y se ven desanimados por profesores amigos y familiares bienintencionados que no comprenden que las herramientas educativas convencionales no funcionan bien en el caso de estos alumnos. La antigua identidad de Adam como un marginado del sistema educativo que encontró la aceptación entre los parias para dicho sistema, unido a sus habilidades muy reales para el liderazgo y su deseo de sobresalir, le podrían haber llevado por un camino oscuro. En lugar de ello, forjó una forma de proceder positiva que permite que otros sigan su estela.

Por supuesto, el éxito en la escuela no es el único objetivo de todos los estudiantes, tampoco debería serlo. Sin embargo, el éxito académico, por no hablar del éxito general en la vida, no debería ser un juego de suma cero con unos ganadores y unos perdedores prescritos. Toda la sociedad se beneficia cuando un gran porcentaje de la población tiene una buena formación y es creativa. Éste sigue siendo el caso cuando «bien formado» significa, sencillamente, graduarse en la escuela secundaria con unas capacidades decentes en lectura, escritura y el trabajo con cifras, y ser «creativo» significa, simplemente, ser capaz de concebir, de forma flexible, nuevos enfoques.[33]

Adam Khoo fue una persona afortunada. Pertenecía a una familia pragmática pero cariñosa, con los recursos y la voluntad de seguirlo intentando hasta dar con un enfoque que funcionara; y el propio Adam tenía la combinación exacta de características tercas, neuróticas, inocentes, optimistas y creativas para tomar la iniciativa y avanzar, una vez que captara los matices de una mentalidad nueva.

Ningún método de enseñanza tiene una garantía de éxito del 100 por 100, pero hay cientos de millones de estudiantes en todo el mundo con una mente distraída y que no proceden de familias acomodadas y que, por distintas razones, son incapaces de desprenderse de la etiqueta de perdedor académico. Estos alumnos suelen ser excluidos de los sistemas educativos, y sus habilidades creativas no son explotadas. Es muy probable que acaben sintiéndose desesperados e inútiles.

Puede que haya llegado el momento de que los sistemas educativos de todo el mundo adopten la forma de pensar y los métodos de Adam Khoo. Tanto los alumnos convencionales como los no convencionales pueden aprender nuevas técnicas para convertirse en estudiantes de éxito y vivir una vida feliz y fructífera.

Mientras tanto, todos podemos usar los conocimientos de Adam en nuestro favor.

¡AHORA PRUEBA TÚ!

Considerando lo que apuntala tu cambio de mentalidad

Al principio, si tus padres estaban esforzándose por mejorar, quizá te animaran a seguir caminos de larga tradición. Curar a la gente enferma, por ejemplo, es un talento muy útil, está bien pagado y la gente te respeta, por no decir que el éxito en tu carrera profesional afecta positivamente a la reputación de tus padres. Algunas culturas del mundo dan mucho valor a las carreras profesionales tradicionalmente exitosas, lo que significa que algunos niños pueden sentir una mayor presión para satisfacer los sueños de sus progenitores.

Pero, por supuesto, no todos pueden ni quieren ser médicos.

Tus amigos tienen un conjunto distinto de necesidades: con frecuencia quieren verte sonreír *justo ahora*, maldita sea. Si quieres ser una estrella del cine o un campeón del baloncesto, tus amigos estarán ahí, apoyándote y animándote, independientemente de los irreales que puedan ser tus sueños. Ésta puede ser la razón por la cual a veces vemos a un cantante aturdido en un concurso de talentos que se siente ridiculizado cuando, finalmente, se enfrenta al público en lugar de a sus amigos. Pero también es importante darse cuenta de que los amigos no siempre resultan un apoyo. Como nos ven como parte de su mundo, pueden socavar, sutilmente, cualquier esfuerzo que podamos llevar a cabo para conducirnos fuera de su círculo. Y si tenemos éxito, a veces pueden surgir los celos.

Los maestros y los profesores pueden proporcionar conocimientos útiles sobre las carreras profesionales, pero, al igual que los progenitores y los amigos, ellos también pueden tener sus intereses particulares. Un profesor de bioingeniería, por ejemplo, puede animarte a convertirte en un estudiante en su departamento (cosa que hace que su departamento se mantenga vivo) elogiando a la bioingeniería como el campo de la ingeniería con un mayor crecimiento. Quizá no mencione que la razón por la cual este campo esté creciendo tan rápido es porque empezó desde una pequeña base, y que no hay muchos puestos de trabajo para los bioingenieros.

Si estás casado, tendrás obligaciones conyugales. Si tienes hijos o deseas tenerlos, hay otros factores en juego.

Quizá pienses que probar con trayectorias profesionales podría facilitarte orientación en tu cambio de mentalidad, pero estas pruebas suelen proporcionar una valoración mecánica sobre cuáles son tus fortalezas y tus pasiones ahora, teniendo poco en cuenta cómo puedes cambiar.

Y hablando de pasiones: solemos sentirnos animados a seguirlas; pero un mundo tan sólo de pasión podría ser un lugar infeliz: ¿quién construiría, entonces, los coches o las casas, o proveería de existencias a las tiendas de comestibles si todos siguieran, sin más, su pasión?

Vale la pena destacar que los éxitos en el cambio de mentalidad pueden ser el resultado de una mezcla de los propios deseos en forma de «castillos en el aire» de una persona junto con las limitaciones del mundo real. El científico Santiago Ramón y Cajal, por ejemplo, se convirtió en médico a regañadientes, en lugar de en artista, debido a la firme insistencia de su padre. Pero, al final, como médico, Ramón y Cajal ganó el Premio Nobel en parte porque introdujo su percepción artística en su trabajo.

Pero, aparte de todas estas consideraciones conflictivas, ¿en qué crees tú? Tómate tiempo para reflexionar, bajo el encabezado: «Actitudes e influencias en mi cambio de mentalidad», y contesta las siguientes preguntas:

- ¿Crees que la gente tiene un «verdadero potencial» que otros respaldan siempre, pase lo que pase?
- ¿Deberías tener en cuenta las consideraciones de los demás cuando estés planeando un cambio de mentalidad significativo? Si es así, ¿de qué modo?
- ¿Debería suponer la realidad del mundo laboral un factor en tu cambio de mentalidad? Si es así, ¿hasta qué punto?
- ¿Tienes una debilidad que puedas convertir en fortaleza? ¿Cómo puedes conseguirlo?

Capítulo 8

Evitando la rutina en las carreras profesionales y los callejones sin salida

Terrence Sejnowski tiene una amplia frente, una sonrisa marcada y grandes ocurrencias. Su esbeltez y su constitución atlética disimulan que, de hecho, es casi un septuagenario.[1] No le reconocerías si le vieras caminando por las calles, bordeadas de palmeras, o haciendo *jogging* en la playa, cerca de La Jolla (California). Lo que apenas se sabe, incluso en el caso de sus vecinos, es que Terry Sejnowski es uno entre un pequeño grupo de personas que son miembros, al mismo tiempo, de las tres principales academias científicas, médicas y de ingeniería nacionales de Estados Unidos. En el minoritario mundo de la neurociencia es algo así como una leyenda.

Pero en la psicodélica década de 1960, cuando Terry estaba en su veintena, era tan sólo un estudiante más: un buen estudiante, por supuesto, además de un tipo inteligente. Por desgracia, no era lo suficientemente inteligente como para reconocer que asistir como oyente a algunas clases de biología haría que perdiera a su novia.

Terry creció en Cleveland (Ohio), y ya era un friki de las ciencias en la escuela elemental. En el instituto gestionaba el club de radio. El asesor escolar, Mike Stimac, inspiraba a sus estudiantes para que pensaran en grande con proyectos como Moonbounce, que usaba un transmisor comercial de radio y un sistema de antenas situadas en la parte superior del instituto para enviar señales a la Luna y captar las que regresaban. Stimac, un mentor fundamental en la vida de Terry, también asesoraba al club de aviación en el que Terry aprendió a pilotar avionetas.

Al echar la vista atrás, Terry apunta:

—Ser un buen estudiante y ser inteligente no son necesariamente dos requisitos imprescindibles para tener éxito. Fue en el club de radio donde aprendí a construir cosas, a tener metas, a cómo planear proyectos a largo plazo. Como presidente del club, aprendí a dirigir a personas y a trabajar junto con ellas para conseguir un objetivo. No fue la formación académica la que moldeó mi futura trayectoria profesional. En realidad, fue la forma en que te haces con los conocimientos que has adquirido y los diriges en una nueva dirección.[2]

Tras obtener su licenciatura en física en 1968 por la Case Western Reserve University, Terry recibió una beca de investigación de la National Science Foundation (Fundación Nacional de las Ciencias) y fue a la Universidad de Princeton para estudiar física teórica. John Wheeler, el legendario físico del Proyecto Manhattan, que acuñó el término «agujero negro» y que dirigió diversos estudios sobre la relatividad general, tomó a Terry bajo su protección como su estudiante de máster.

Terry Sejnowski leyendo *Ada,* de Vladimir Nabokov, en Princeton, como estudiante licenciado en física, aproximadamente en 1976. Nótense la corbata y los pantalones de vestir entonces típicos en la Universidad de Princeton: esto acabaría metiendo a Terry en problemas.

Wheeler fue otro mentor excepcional que también animó a Terry a pensar a lo grande. Un día, Terry se preguntó: «¿Qué pasaría si tuviéramos un agujero negro del tamaño de un guisante?». La respuesta de Wheeler fue: «Terry, ésa es una idea propia de locos. Pero no es lo suficientemente loca». No, meter un objeto del tamaño de un sistema solar en un cuarto de cucharada de postre no era algo lo suficientemente extraño para Wheeler.

Sorteando la barrera de la inteligencia

Terry no estaba únicamente centrado en la física: también le gustaba observar a la gente. Cuando estudiaba en Princeton, vio que había muchas personas inteligentes en el mundo. La inteligencia era necesaria para su línea de trabajo, pero empezó a darse cuenta de que no era suficiente.

—La inteligencia puede, de hecho, suponer una responsabilidad –observa Terry–. Con inteligencia ves las opciones, pero también, las barreras. Esto significa que cuanto más inteligente eres, más fácilmente puede resultar que te disuadas de algo.

Una idea que quiso estudiar al poco de llegar a Princeton (¿qué aspecto tendría un agujero negro gigante en el centro de la galaxia?) fue rechazada por algunos de los profesores de su entorno. Alguien publicó, a bombo y platillo, algo sobre este asunto tiempo después:

— La perseverancia también es clave –añade Terry.

El tiempo que Terry pasó al lado de Wheeler le proporcionó conocimientos cada vez más profundos sobre los retos más complejos de la física. Pero Wheeler le enseñó algo más:

—Terry, todo el mundo comete errores; pero cuando cometas uno, no persistas en él. Salte de ese camino y supéralo lo antes posible.

Ese consejo tendría en Terry una influencia importante.

Terry ya estaba inmerso en el mundo de la física, pero esta materia acabaría ocupando prácticamente todos los rincones de su conciencia. En esa época, Princeton disponía de un proceso en el que, en una semana de agotadores exámenes generales, los estudiantes demostraban toda la física que habían aprendido, desde la mecánica clásica, la física cuántica, la electricidad y el magnetismo, la termodinámica, la mecánica estadística, la física de la materia condensada y la física de partículas, hasta llegar a la relatividad general.

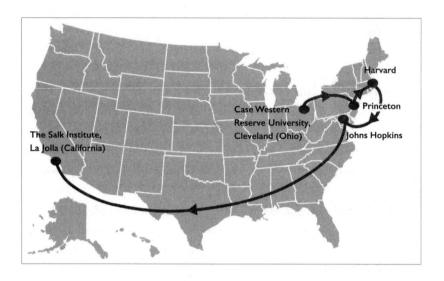

Los estudios y el trabajo de Terry le conducirían a algunas de las mejores instituciones de investigación de Estados Unidos. En la actualidad, las conferencias y los proyectos que comparte con colegas investigadores le llevan por todo el mundo.

Este tipo de exámenes finales son comunes en los programas de doctorado de todo el mundo. Lo que resulta raro es que los profesores de física, de talla mundial, de Princeton, felizmente involucrados con sus alumnos superinteligentes, empezaran a diseñar exámenes que eran cada año más exigentes.[3] Todos los profesores ideaban preguntas que profundizaban cada vez más en las complejidades que más daban que pensar de sus áreas de conocimiento concretas. Cuando las preguntas se incluyeron, todas ellas, en un gran examen final, esa prueba fue no sólo exigente, sino de una dificultad extrema y prácticamente imposible de superar. Estudiantes muy buenos empezaron a abandonar la carrera de física de la Universidad de Princeton.

Finalmente, alguien tuvo la brillante idea de hacer que los propios profesores de física tuvieran que presentarse al examen. Como hubo profesores muy inteligentes que lo suspendieron, se redujo la dificultad de las preguntas.

Pero antes de eso, Terry hizo ese examen increíblemente difícil: lo bordó.

Retrocediendo para ver el panorama general de las carreras profesionales

El grado de máster de Terry se centraba en la relatividad general. Él veía que la teoría de cuerdas se estaba convirtiendo en la única alternativa para los físicos teóricos de partículas, y se estaba transformando en algo cada vez más esotérico. Las investigaciones experimentales necesitaban de grandes explosiones en el espacio o en enormes aceleradores de partículas para conseguir incluso los más pequeños avances. Los aceleradores de partículas necesitaban cada vez más energía. Llegados a cierto punto, los físicos eran conscientes de que se necesitaría todo el presupuesto anual de Estados Unidos para construir un acelerador de partículas lo suficientemente grande como para conseguir progresos reales. Mientras tanto, la cosmología tenía problemas parecidos: necesitaba unos satélites carísimos y unos interferómetros gigantes.

Estos problemas eran, al principio, como nubarrones en el horizonte: apartados del trabajo duro cotidiano consistente en obtener ideas físicas (como si se tratara de un caramelo pegajoso) de las matemáticas. Terry disfrutaba con el intenso torrente de descubrimientos: la sensación de que en su cerebro oía un *clic* cuando nuevos hallazgos y teorías cobraban vida en su mente, estableciendo a veces conexiones nuevas que ni siquiera los físicos teóricos originales habían tenido en cuenta.

Pero, una vez superados los exámenes para obtener su doctorado, Terry no se dedicó en exclusiva a su trabajo. Era un tipo sociable: se divertía con sus amigos, iba al cine y salía a cenar. También tenía una novia carismática que era inteligente, vivaz y hermosa. Terry era el partido perfecto para cualquier familia con aspiraciones intelectuales. Era difícil ser más serio, desde el punto de vista académico, que un estudiante de la teoría de la relatividad en Princeton orientado por uno de los mejores asesores del mundo. Desde el punto de vista de su trayectoria profesional, Terry estaba listo para subir como la espuma.

Pero entonces, los nubarrones se fueron aproximando, haciendo que Terry se cuestionara su compromiso con la física. ¿Qué tipo de impacto podía tener en las investigaciones fundamentales sobre la relatividad cuando a lo largo de su carrera profesional oía decir: «No podemos permitirnos construir el aparato que necesitas»? Había invertido tanto en su primer amor (la física) que era duro imaginar un cambio de senda; pero no podía dar con una forma de desprenderse de ese pensamiento: «¿Debería buscar en otros lugares para proseguir con mi carrera profesional?», se preguntaba. ¿Existía algún lugar en el que no tuviera que estar luchando siempre contra las limitaciones de los costes enormes? Parecía casi pecaminoso sopesar eso en el bastión del grupo de física de la Universidad de Princeton, donde avanzar en el conocimiento de la relatividad era como una especie de Santo Grial en el mundo de la investigación.

A pesar de (o quizá debido a) su pasión por la física, Terry estaba interesado en todo. Tenía amigos en el campo de la biología, así que decidió seguir un curso de neuroetología impartido por el afamado neurobiólogo Mark Konishi.[4] Ésta es una forma de aplicar ideas de la física al estudio del comportamiento natural, como por ejemplo por qué los búhos utilizan el sonido para averiguar dónde se encuentra su presa y cómo aprenden los polluelos a diferenciar el canto de su propia especie entre los cientos que oyen.

A Terry empezó a tener ideas intrigantes sobre la biología desde distintos ángulos. Una conferencia impartida por el profesor invitado Chuck Stevens, de la Universidad de Yale, reveló que las sinapsis (las conexiones que permiten que las neuronas se comuniquen las unas con las otras) no son fiables. «¿Cómo...», se preguntaba Terry, «... puede el cerebro procesar la información con unos componentes en los que no se puede confiar?».[5] En otra ocasión, asistió a una reunión de la Sociedad de Neurociencia y quedó sorprendido por la cantidad de público y su entusiasmo.

Terry había empezado a darse cuenta de que allí había dos universos muy distintos. Existía vida *fuera* del cerebro, lo que incluía al universo, con su extensión de miles de millones de años-luz, además de la pequeñez, del orden de la billonésima parte de un milímetro, en el interior de los átomos. Esta magnífica colección de medidas enormes y diminutas se encontraba, toda ella, en el reino de la física.

Pero también estaba el universo *en el interior* del cerebro: el hogar desconocido y aparentemente místico de nuestros pensamientos y sentimientos, y de la propia conciencia. Por entonces se empezaba a usar un nuevo término para estudiar estos temas: «neurociencia». Sin embargo, la neurociencia, por lo menos a finales de la década de 1970, carecía del peso de los estudios sobre la relatividad: era como un bebé en el firmamento de la ciencia. Las carreras en neurociencia ni siquiera parecían posibles. La propia biología parecía una pobre conexión con respecto al prestigioso estudio de la física.

Mientras tanto, los padres de la novia de Terry estaban espantados. ¿Terry era uno de los mejores estudiantes de física que se rebajaba a interesarse por la biología? Por lo que respectaba a ellos, Terry era un *playboy* académico: no mostraba seriedad por asentar una carrera profesional de talla mundial.

Tras algunas semanas tensas, su novia rompió su relación con él.

Aquello fue para Terry como un puñetazo emocional en el estómago. Pero esa experiencia hizo que echara una segunda ojeada al mundo y al lugar que ocupaba en él. Empezó a pasar el rato en los laboratorios de Charles Gross y Alan Gelperin, dos profesores de neurobiología de Princeton. En lugar de trabajar con John Wheeler en el campo de la relatividad, acabó teniendo un asesor de su tesis doctoral que había pasado del campo de la física al de la neurociencia: el deslumbrante erudito John Hopfield. Éste había realizado trabajos innovadores a finales de la década de 1950 con los politones, un tipo de cuasipartícula en la que los electrones se emparejan con las partículas sólidas circundantes. Entre otros avances, Hopfield acabó por desarrollar la afamada «red de Hopfield», que ha contribuido a comprender mejor el sistema de circuitos neuronales subyacentes en la memoria. La transición de Terry de la relatividad a la neurociencia se dio a lo largo de varios años. Durante este tiempo, llevó una doble vida, asistiendo a clases de biología y escribiendo su tesis de física por las noches. Los ánimos por parte de John Hopfield supusieron toda la diferencia. Terry publicó una serie de artículos sobre modelos de redes neuronales inspirados por el trabajo revolucionario de David Hubel y Torsten Wiesel, que acabarían ganando el Premio Nobel, sobre el córtex visual. Los artículos de Terry se convirtieron en su tesis doctoral, titulada «Un modelo estocástico de neuronas interactuando de forma no lineal».

Estate atento a las rutinas

En el campo de la ciencia, los investigadores pasan, frecuentemente, años dominando una técnica que les permita tratar de resolver una serie concreta de problemas. La técnica puede centrarse en, por ejemplo, un tipo de generación de imágenes o una forma de analizar datos estadísticamente. Una carrera profesional completa emerge, frecuentemente, de variaciones de esta técnica.

—El proceso de las variaciones sobre el mismo tema no es algo único de la ciencia —apunta Terry—. Obtienes una habilidad, y la usas una y otra vez; pero al cabo de un tiempo quedas atrapado en una rutina. Estás aburrido, o el campo cambia y tú empiezas a darte cuenta de que necesitas nuevos talentos. Sin embargo, quizá no hayas adquirido antes las habilidades que necesitas para ir en la nueva dirección que te gustaría seguir. En el campo de la ciencia esto es especialmente difícil, ya que, después de una década de esfuerzos, quizás obtengas un doctorado en una pequeña área, pero seguirás siendo un amateur en otros ámbitos.

El asesor de la tesis doctoral de Terry, John Hopfield, había mostrado con su experiencia que era posible realizar una transición en la carrera profesional de la física a la biología que podía dar buenos resultados. Terry estaba convencido de que había formas de aplicar las herramientas de los modelos matemáticos de la física para comprender mejor la biología, y las neuronas más concretamente; pero también sabía que todavía no poseía los profundos conocimientos de biología que necesitaba para ser un experto en neurociencia. Tal y como diría más adelante su mentor, Alan Gelperin, Terry necesitaba conseguir «neuronas bajo sus uñas».

Pero, por otro lado, incluso aunque Terry fuera capaz de obtener los fundamentos que requería en el campo de la neurociencia, ¿cómo podría entrar en ese mundo? A pesar del creciente interés de los investigadores por este campo, no había muchos departamentos de neurociencia asentados en el país: encontrar un trabajo podía ser duro.

Redes de contactos para dar con el lugar adecuado

Se podría decir que Harvard era el lugar adecuado si querías estar en el meollo de la investigación en neurobiología. Sin embargo, Terry estaba haciendo su doctorado en física en Princeton, a cientos de kilómetros. Se encontraba en el lugar y en el campo equivocado, pese a que estuviera rebasando los límites de la investigación aceptable en el campo de la física con su interés por las neuronas.

Resultó que, en el verano de 1978, se impartía un curso de neurobiología en Woods Hole, un centro de investigación en un rincón de Cape Cod. Terry se inscribió. Había oído rumores de que Woods era un lugar informal, así que apareció con el atuendo estándar de Princeton: camisa blanca y chaqueta. Para ceñirse a los estándares de la «informalidad», no se puso corbata.

Esto hizo que Terry fuera, de inmediato, el blanco de chistes campechanos por parte de sus compañeros asistentes y del profesorado de la escuela de verano. La neurobióloga Story Landis, la mujer que se convertiría en la directora del Instituto Nacional de Trastornos Neurológicos y Accidentes Cerebrovasculares de los Institutos Nacionales de Salud, le compró a Terry sus primeros vaqueros. Pero Landis hizo más por Terry que ampliar su vestuario. Con su ayuda y la de otros en el curso de verano, Terry inició su mágico verano de 1978, lanzándose de cabeza hacia una nueva disciplina.

El curso fue difícil: Terry nunca había trabajado tan duro en toda su vida. Al mismo tiempo, fue emocionante: el grupo recibió clases de algunos de los mejores neurocientíficos del mundo. Las clases duraron desde junio hasta agosto. En septiembre, no obstante, Terry seguía en Woods Hole, acabando un proyecto sobre electrorreceptores de peces raya que acabaría dando lugar a su primer artículo sobre biología.

Un día, mientras estaba sentado en el laboratorio, en Woods Hole, el teléfono sonó y Terry lo cogió. Era Steve Kuffler, un neurobiólogo de la Universidad de Harvard. ¿Le gustaría a Terry ir a Harvard a hacer sus estudios posdoctorales con Kuffler? Aquello fue como recibir una llamada del mismísimo san Pedro: se solía hacer referencia a Kuffler como el «padre de la neurobiología moderna». De hecho, Kuffler habría sido candidato al Premio Nobel de no haber sido por el desafortunado final de su trayectoria profesional, ya que falleció demasiado pronto (los Premios Nobel sólo se conceden a personas vivas).

La llamada de Kuffler fue una señal: Terry iba a jugar en primera división. Pero no fue algo tan fácil. Se produjeron algunas reestructuraciones repentinas mientras Terry daba los toques finales a su tesis doctoral. Luego partió para unirse a Kuffler en Harvard.

¡AHORA PRUEBA TÚ!

La aptitud es la clave

Terry fue a Harvard porque se encontraba inmerso en una disciplina muy especializada, y ése era el mejor lugar en el que obtener la experiencia que necesitaba para llevar a cabo la investigación que deseaba. *Conocer tu materia es clave*. Para un restaurador, por ejemplo, conocer su materia no implica ir a Harvard: significa comprender todos los aspectos del funcionamiento de un restaurante porque él mismo lo ha hecho, pasando de ayudante de camarero a gerente.

Piensa en un campo en el que ya seas experto o en el que quieras convertirte en un experto. Anota algunas ideas, bajo el encabezado: «La aptitud es la clave», sobre lo que has hecho en el pasado o necesites hacer en el futuro para dominar realmente la materia que determinará tu futuro.

El valor de la ignorancia selectiva

Los sólidos fundamentos técnicos de Terry le generaron una sorprendente desventaja. Sabía que podía transformarse fácilmente en un técnico, más que en un verdadero biólogo («¡Oye, el nuevo, Terry, parece que sabe manejarse con ordenadores: hagamos que diseñe programas!»). Debido a esto, Terry se prometió no tocar ordenadores durante los tres años de sus estudios posdoctorales. Lo único que hizo fue empaparse de neurobiología.

El concienzudo foco que Terry puso en el núcleo de esta nueva disciplina dio sus frutos. Aunque no fuera el mejor estudiante de posdoctorado que saliera de Harvard en el campo de la neurociencia, seguía siendo alguien destacado, como todas las personas que formaban parte del programa. Pero Terry era diferente a los demás estudiantes. Oculto bajo su nuevo surtido de herramientas neurocientíficas, se escondía un profundo conocimiento de la física, con sus abundantes formas de modelar el mundo. Ni siquiera Terry era consciente, todavía, del enorme poder de su arsenal mental.

Harvard preparaba a sus estudiantes de posdoctorado para que supieran hablar no sólo con expertos, sino con otras personas sin experiencia en ese campo. En Harvard, Terry aprendió a crear interesantes anzuelos narrativos para todos, desde los principiantes hasta los expertos.

Esto tiene relación con cómo conocí a Terry, cuando impartí una conferencia sobre mis investigaciones científicas (con algunos anzuelos narrativos incluidos) para la Academia Nacional de Ciencias. El evento formó parte de los Coloquios Sackler celebrados en el Beckman Center, en Irvine (California), donde me sentí como un cachorro de león entre una manada de leones de investigadores de talla mundial. Terry actuaba como moderador, y me hizo sentir cómoda desde el principio. Nos hicimos amigos, con una admiración compartida sobre cómo la gente aprende y cambia.

Le dije a una antigua jefa que quería aprender cómo hacerlo todo en la empresa. ¿Su respuesta?: «No hagas eso. Debes cultivar una "ignorancia selectiva", ya que, si sabes cómo hacerlo todo, te convertirás en el burro que recibe todos los palos». Resultó ser un buen consejo. Cultivar la «ignorancia selectiva» ha evitado frecuentemente que me escojan para participar en proyectos que no me interesaban o para los que no disponía de tiempo.

BRIAN BROOKSHIRE
Especialista en marketing *online* de Brookshire Enterprises

Cambio de mentalidad clave

Ignorancia selectiva

Sólo dispones de una cantidad limitada de energía cognitiva. Sé selectivo con lo que escoges para convertirte en un experto: no querrás ser encasillado como experto en áreas a las que no quieres dedicar tu tiempo.

Mantener una mentalidad abierta

Un año y medio después de mi conferencia en la Academia Nacional de Ciencias, mi marido y yo pasamos un soleado día de junio en el centro para practicar ala delta y parapente que hay al lado del Salk Institute, cerca de San Diego, con Terry y su brillante mujer, Beatrice Golomb, que es médico e investigadora (la piel se me acabó pelando como la de un tomate escaldado). Terry reflexionó sobre la creatividad y los cambios en la trayectoria profesional mientras veíamos cómo las alas delta y los parapentes planeaban, desde el borde del acantilado, hacia el cielo sobre el océano que se encontraba a casi ciento veinte metros por debajo.

—Estar bien integrado en tu disciplina supone una desventaja —señalaba Terry—. Las distintas disciplinas tienen distintas culturas. Cuanto más cómodo te sientas con una cultura, más difícil puede resultar cambiar a otra.

La neurociencia, con su emocionante potencial para los descubrimientos, se ha convertido en un objetivo para muchos que cambiaban de trayectoria profesional, y Terry ha ocupado un asiento de primera fila y ha presenciado cómo la gente se transformaba:

—Un cambio de carrera profesional puede ser como iniciar una nueva relación –apunta–. Es un proceso que puede llevar años, pero es emocionante y rejuvenecedor. Por ejemplo, si permaneces sólo en el campo de la medicina, el rejuvenecimiento puede venir de pasar de una especialidad a otra.

»El rejuvenecimiento también puede conducir a avances que mejoren tu trayectoria profesional. Después de todo, los nuevos conocimientos suelen surgir la primera vez que estás aprendiendo algo nuevo. Una vez que has absorbido el material, esto cierra tu mente a mirarlo de formas originales.

»No se trata de tu edad cronológica –prosigue Terry–, sino de cuántos años llevas en tu campo.

Pero estar en primera fila de la investigación científica no es fácil. Tal y como dice Terry:

—Siempre puedes distinguir a los pioneros por las flechas que llevan en la espalda.

Por supuesto, parte del hecho de captar nuevos conocimientos consiste también en tener la mente abierta a lo que los hechos te dicen, en lugar de lo que quieres que los hechos te cuenten o en lo que todos coinciden que dicen los hechos. Beatrice fue la primera investigadora que publicó hallazgos que revelaban que las estatinas que reducen los niveles de colesterol, que a veces prolongan la vida, también pueden conllevar problemas como dolores musculares y déficits de memoria.[6] Pero lograr que esos datos se publicaran no le resultó fácil: los críticos de las revistas científicas se sentían incómodos aprobando hallazgos que fueran en contra de las expectativas de que las estatinas eran, en gran medida, una bendición.

La importancia de la humildad

Terry ha reflexionado mucho, a lo largo de los años, sobre los campos con los que ha estado relacionado. La física, opina Terry, es un campo imbuido de soberbia: es el equivalente de los «amos del universo» de

Wall Street (pese a ello, debo admitir que una de las razones por las que Terry me gusta es por su falta de arrogancia). Como sucede con muchas personas inteligentes, a veces llega a conclusiones que son incorrectas; pero al contrario que muchos, es ágil a la hora de corregirse y cambiar de rumbo una vez que ha detectado su error. Además, es una de esas raras personas que no se casa con una idea sólo porque haya pensado en ella. De este modo, es sorprendentemente distinto a muchos académicos.

Los físicos tienen tendencia a creer que la suya es la materia más difícil de dominar y que, por tanto, ellos son los investigadores más inteligentes. Lo cierto, por supuesto, es que la física es un campo en el que hay muchas personas inteligentes, y esto hace que sea muy interesante observar sus meteduras de pata tan espectaculares.

Un distinguido físico teórico de partículas del Instituto de Tecnología de California (Caltech) al que Terry conocía decidió pasarse al campo de la neurociencia. A pesar de su falta de conocimientos en esta área, este prestigioso investigador construyó un laboratorio, contrató a un talentoso estudiante de posdoctorado y empezó a darle órdenes. Todo acabó yéndose al garete: el laboratorio quedó hecho un desastre y se desmanteló. ¿La razón?: no se puede asumir que sólo porque hayas dominado el campo A, puedas dominar el campo B. Es fácil pensar que una idea para una investigación va a ser revolucionaria si no sabes lo suficiente sobre ese campo como para comprender que tu idea no es factible o que ya ha sido explorada.

El físico experimental de partículas Jerry Pine tipificó la otra forma de entrar en la neurociencia. Jerry era profesor titular en Caltech, y se encontraba en la cumbre de su carrera cuando decidió hacer el cambio. Hizo el curso de neurobiología de Woods Hole con Terry (llegó en vaqueros, apuntó Terry tímidamente). Jerry y Terry eran, de hecho, los únicos físicos en el curso: el resto eran biólogos. Más adelante, Jerry hizo que su familia se mudara, y él empezó como un humilde estudiante de posdoctorado en la Universidad de Washington en Saint Louis. Finalmente, pasó a elaborar chips electrónicos sobre los que podían crecer neuronas, aportando a los investigadores un mayor conocimiento sobre cómo las neuronas interactúan entre sí en grupos.

Aprender una segunda disciplina, tal y como hicieron Terry y Jerry, lleva tiempo: quizá mucho tiempo si la segunda disciplina es muy distinta de la primera. Deberás dar con un lugar en el que puedas aprender los conceptos básicos y en el que otras personas te ayuden. Probablemente se producirán contratiempos durante el proceso de aprendizaje. De hecho, al principio puede parecer que estemos dando dos pasos hacia atrás por cada paso adelante que hagamos, pero si tienes suerte, podrás combinar algunas de tus antiguas habilidades con talentos nuevos.

Para evitar caer en la rutina en tu trayectoria profesional, es importante estar abierto al cambio, como Jerry Pine. La humildad, junto con la perseverancia, son fundamentales durante el proceso de aprendizaje. Estas características te permiten situarte mejor en un nuevo contexto, y tal y como veremos a continuación, es el contexto lo que te permite realizar el cambio.

Cambio de mentalidad clave

Aprender una nueva disciplina lleva tiempo

Si estás aprendiendo algo nuevo y difícil, explora las experiencias como las que te pueden proporcionar un taller o curso breve pero intenso (como por ejemplo un curso de verano) para establecer nuevos contactos y sumergirte en las nuevas ideas. Independientemente de lo inteligente que puedas ser, date el tiempo que necesites para aprender la disciplina de verdad.

El contexto es el rey

Las circunstancias en las que percibimos algo (su *contexto*) tienen un efecto enorme sobre cómo reaccionamos frente a ello. Tus acciones podrían ser distintas si, a algunos metros de donde te hallas, vieras una serpiente venenosa preparada para atacar dentro de una caja de vidrio o reptando hacia ti sobre una mesa.[7] Captamos constantemente todo tipo de señales de nuestro entorno, y también de nuestros pensamientos y sentimientos.

Ésta es la razón por la que, de hecho, el efecto placebo puede ser tan potente. Nuestros pensamientos conscientes, que se generan en el córtex prefrontal, pueden espolear cambios físicos en todo el cuerpo. Por ejemplo, si una enfermera nos dice que una operación nos va a doler, los niveles de hormonas del estrés aumentan al cabo de segundos. Esto puede hacer que la experiencia sea más dolorosa debido al efecto nocebo, que activa los sistemas «colecistoquinina-érgicos» que desencadenan el dolor.[8] De forma parecida, si creemos que una sustancia concreta reducirá el dolor (incluso aunque sólo resulte ser agua con azúcar o solución salina), ese pensamiento puede activar los sistemas opioides naturales del organismo y reducir el dolor.[9] El efecto placebo es tan poderoso que, una vez que ha estado funcionando durante unos pocos días, persiste, incluso aunque se le diga a la persona en cuestión que no se le está suministrando el fármaco real.[10]

No son sólo los sistemas relacionados con el dolor los que pueden cambiar ante unas percepciones distintas. Por ejemplo, si creemos que un tipo de batido nos sacia más que otro, el primero conseguirá reducir en mayor medida los niveles de la hormona del hambre, la ghrelina.[11] Tragarse una bebida de sabor extraño que contiene un fármaco inmunosupresor puede, finalmente, provocar la inmunosupresión sólo con su sabor.[12] Por otra parte, los fármacos que reducen la ansiedad que hacen disminuir las reacciones desagradables ante imágenes amedrentadoras y amenazadoras pueden, más adelante, provocar el mismo efecto al sustituirlos por un placebo.[13]

En definitiva, todas tus expectativas sobre lo que sucederá y el contexto subyacente pueden moldear poderosamente la reacción de tu mente y tu cuerpo, tanto para bien como para mal. Esto es lo que apuntaló la salida de Claudia Meadows de su depresión. Esto es lo que permite el sorprendente éxito de la terapia cognitivo-conductual.

También puede apuntalar tu propio éxito en aquello en lo que estés intentando aprender y convertirte.

La inmersión

El amigo de Terry y Beatrice, Francis Crick, era profundamente consciente de la importancia del contexto en el cambio de trayectoria profesional. Como codescubridor del ADN, el código secreto de la vida, Crick era una figura destacada en el campo de la ciencia. Él ya se había reinventado en una ocasión a principios de su treintena: un cambio de trayectoria profesional que apuntaló el descubrimiento que le llevó a ganar el Premio Nobel. Había sido un estudiante prometedor de física en la University College de London hasta que, en la Segunda Guerra Mundial, una bomba alemana cayó atravesando el tejado de su laboratorio y destruyó sus herramientas.

Retrasado durante años, en el transcurso de la guerra, debido a su trabajo diseñando minas que no fueran detectadas por los dragaminas alemanes, Crick acabó por iniciar el estudio de la biología a la avanzada edad (por lo menos en el mundo de la ciencia) de treinta y un años. Para Crick, al igual que para Terry, la transición de la física a la biología fue difícil: Crick dijo que era «casi como si alguien tuviera que volver a nacer».[14] A pesar de la dificultad de pasar de la «elegancia y la profunda simplicidad» de la física a la complejidad de los mecanismos químicos en constante evolución de la biología, Crick sintió, aunque parezca mentira, que su formación inicial en el campo de la física le había aportado algo de enorme valor: esa espada de dos filos de la soberbia. Sus colegas del campo de la física, orgullosos amos del universo, habían hecho grandes descubrimientos. Si ellos lo habían logrado en el mundo de la física, ¿por qué no iba a poder hacerlo él también en el campo de la biología?

Y así se desarrolló, poco a poco, el cambio de trayectoria profesional de la física a la biología que apuntaló el papel de vital importancia de Crick en el descubrimiento de la estructura del ADN. Sin embargo, un enorme cambio de trayectoria profesional que le valió ganar el Premio Nobel no fue suficiente para Crick. Cuando le faltaba poco para ser sexagenario, una edad a la que la mayoría de la gente empieza a ralentizarse, Crick adquirió interés por uno de los problemas más complicados de la ciencia: los orígenes y el funcionamiento de la conciencia humana. Al contrario que mucha gente en esa época, Crick sentía en sus entrañas que la neuroanatomía subyacente era clave. Para empezar a comprender la conciencia, necesitaba profundizar en la neurociencia.

Sin embargo, el reto de Crick consistía en que era demasiado bueno en lo que ya había dominado. El descubrimiento profundamente importante del ADN y el Premio Nobel que le acompañó significaban que se hallaba encerrado y con unas esposas de oro en el trono de la biología molecular de laboratorio, con sus instalaciones para la investigación en Cambridge, que eran de clase mundial, lo que suponía para él una especie de cárcel científica.

Para escapar de esa prisión, Crick decidió mudarse de Inglaterra a San Diego, al Salk Institute. *Cambió su contexto*. En este nuevo y soleado entorno, sus interacciones cotidianas no eran con biólogos moleculares, sino con neurocientíficos.

—Mantenía diálogos que podían prolongarse durante días –recuerda Terry–. Pedía a compañeros que fueran a su casa y le enseñaran a través de discusiones.

Crick se sumergió de lleno en esta nueva disciplina. Aunque no fue capaz de resolver el problema de la conciencia (un hueso duro de roer), desempeñó un importante papel para hacer que los estudios sobre la conciencia pasaran a tener una base de investigación sólida. Precisamente, estaba ocupado editando su último artículo sobre neurobiología algunos días antes de su fallecimiento, con ochenta y ocho años.

Cambiar y aprender algo nuevo, tal y como hizo Terry cuando era más joven y Crick, más adelante en su vida, es algo perfectamente posible. La investigación nos proporciona pistas sobre cómo podemos mejorar nuestras capacidades para aprender y cambiar, incluso a medida que envejecemos.

Nunca se es demasiado mayor para aprender y cambiar

Con una sorprendente frecuencia, nos sentimos culpables acerca de cambiar de trayectoria profesional o de aprender algo nuevo. Cuando estamos en la veintena, pensamos: «Podría haber sido un guitarrista de primera si hubiera empezado cuando era niño». Al cumplir los sesenta, echamos, melancólicamente, la vista atrás, y nos fijamos en las oportunidades más amplias de cuando teníamos treinta. Olvidamos que para esa época, nuestras opciones con frecuencia parecían igualmente limitadas. Incluso los estudiantes universitarios de primer año miran con envidia a otros estudiantes que empezaron a estudiar francés, física o filosofía en el instituto. Independientemente de nuestra edad, por lo general nos sentimos demasiado mayores para aprender algo nuevo.

Con frecuencia es difícil darse cuenta de que el camino no tomado siempre parece atractivo (y ver que la senda que has seguido tiene sus beneficios). Volver a capacitar a tu cerebro para dominar algo nuevo siendo un adulto puede tener unos profundos beneficios: no sólo para ti, sino para quienes te rodean y para la sociedad en su conjunto. Estos beneficios son tan valiosos que quizá te sorprendas al saber que incluso la gente más experta busca un cambio de trayectoria profesional de forma activa. Hay quienes incluso planean cambios regulares en sus trayectorias profesionales con antelación. Stephen Hicks, un profesor de filosofía de la Universidad de Rockford (Illinois), comenta:

> Cuando era un estudiante de posgrado y me estaba planteando seriamente una carrera profesional en el campo de la filosofía, quedé impresionado por una reseña que leí sobre el físico Subrahmanyan Chandrasekhar. Su estrategia consistía en leer y pensar intensamente durante varios años sobre un área de la física, y luego escribir varios artículos y un libro global para integrar las ideas. Luego pasaba a otro campo bastante distinto dentro de la física y hacía lo mismo. A lo largo de las décadas, evitó el pensamiento rutinario y fue capaz de aportar contribuciones creativas en muchas áreas.
>
> Como la filosofía es una disciplina tan extensa, y como una característica que me atrajo hacia ella fue su fundamentalidad para muchas áreas intelectuales distintas, decidí seguir la estrategia de Chandrasekhar. Desde la finalización de mis estudios de posgrado, mi carrera profesional ha discurrido en forma de unidades de seis años: cuatro años de lectura, pensar y escribir

artículos breves sobre un área y luego dos años para completar un libro. Después paso a otro campo distinto.

El patrón de los seis años no se programó de una forma mecánica, sino que surgió de una forma natural, y aunque ya he trabajado en varias áreas distintas, hay, no obstante, conexiones entre ellas, así que espero y planeo que para cuando me retire habré completado una obra que se integre para constituir una filosofía general.

Estableciendo un contexto que funcione para los grandes cambios en el aprendizaje en tu vida

Cambiar tu mentalidad acerca de tus capacidades no suele ser fácil. Aquellos que tienes a tu alrededor pueden conspirar, en ocasiones, para que te quedes donde estás en lugar de ir a donde quieres ir. Existen distintas formas de enfrentarte a este reto.

- **Vete:** Si la situación es «tóxica», pon todo tu empeño y aléjate de ella. Éste fue el enfoque que adoptó Zach Cáceres para abandonar un instituto tóxico.
- **Doble vida:** Lleva una doble vida durante un tiempo, simulando tu estilo de vida y tus aficiones antiguas mientras desarrollas otros nuevos intereses. Este enfoque le funcionó a Graham Keir y a Terry Sejnowski: evitó que se metieran en una situación en la que los demás pudieran argumentar continuamente en contra del cambio.
- **Rebelde:** Enorgullécete de ser un rebelde. Cuanto más digan los demás que fracasarás, más puede reafirmar eso tu determinación interior. Esto le funcionó a Adam Khoo, que se marcó unos objetivos intermedios (como entrar en un reputado instituto) que le de-

mostraron a sí mismo, y a los demás, que podía alcanzar sus metas. Recuerda, no obstante, que es importante escoger objetivos intermedios alcanzables y factibles, y puntos de control para valorar tu progreso. Por ejemplo, si lo intentas con todas tus fuerzas, pero logras, repetidamente, unas calificaciones muy bajas en el examen de ingreso en la carrera de medicina, quizás haya llegado el momento de replantearte tu sueño de ir a la facultad de medicina.

Si tienes suerte, la gente que hay a tu alrededor te apoyará en tus intentos por cambiar. Regocíjate y aprovecha la oportunidad para profundizar tanto como puedas en la experiencia del aprendizaje. Esto es lo que hizo el físico Jerry Pine cuando él y su familia se mudaron de Caltech a Saint Louis y pasó de ser profesor titular a un humilde estudiante de posgrado para reestructurar su trayectoria profesional.

No resaltes los obstáculos mentales que te hagan alejarte de una pasión recién descubierta, pero tampoco minimices las consideraciones importantes, como, por ejemplo, si por lo menos dispones de los aspectos básicos de lo que pueda resultar necesario para triunfar en esa área. No querrás ser como un cantante de karaoke rematadamente malo haciendo gallos hasta muy entrada la noche.

Puedes enseñar trucos nuevos a un perro viejo

Terry ha desarrollado potentes técnicas de creación de modelos computarizados que respaldan nuestra comprensión de fenómenos complejos como la memoria, el pensamiento y las sensaciones. Esto significa que posee unos conocimientos sorprendentemente amplios sobre distintas facetas de la investigación neurocientífica.

—Cuando realizas un cambio en las últimas fases de tu vida, aprender algo nuevo puede resultar más lento y difícil –dice Terry–. Pero aun así puedes hacerlo: el cerebro sigue siendo plástico. Lo que resulta especialmente interesante es que hay descubrimientos en el horizonte que pueden prevenir el declive cognitivo a medida que envejecemos.

Cuando nos hacemos mayores, tendemos a perder sinapsis e incluso neuronas, como el agua que se filtra de una presa. Pero no se trata de una propuesta completamente perdedora (a no ser que lo permitamos). El ejercicio, el aprendizaje y la exposición a nuevos entornos pueden ayudar a generar y nutrir a nuevas neuronas y sinapsis. Actividades como éstas actúan como una especie de lluvia cognitiva que rellena de agua la presa neuronal. Esto desarrolla lo que se conoce como una «reserva sináptica», que es especialmente importante a medida que se envejece, para así ayudar a equilibrar las neuronas y las conexiones sinápticas que se están perdiendo.

En una ocasión le pregunté a Terry qué investigadores cree que son extraordinarios en el descubrimiento de formas con las que podamos seguir mejorando nuestro cerebro a medida que nos hacemos mayores:

—Daphne Bavelier —dijo Terry sin dudarlo.

Bavelier, una neurocientífica cognitiva de la Universidad de Ginebra, estudia videojuegos: los de disparos y acción. Lo que ha averiguado ha dado la vuelta a los estereotipos sobre lo malos que son los videojuegos para la gente, y ha aportado conocimientos para futuras terapias con el fin de mantener al cerebro en plena forma a medida que entremos en la «tercera edad».[15]

La sabiduría convencional sostiene que demasiado tiempo frente a las pantallas jugando a videojuegos empeora la vista. Para sorpresa de Bavelier, cuando valoró la agudeza visual de las personas que jugaban a videojuegos, vio que tenían una mejor visión que la media. La vista era mejor de dos formas sutiles pero importantes: quienes jugaban a videojuegos de acción tenían una mayor capacidad de distinguir detalles mínimos entre un campo desordenado. También podían captar más tonalidades de gris.

Esta diferencia puede parecer insignificante, pero traducida a términos del mundo real, esto significa que las personas que juegan a videojuegos pueden conducir mejor cuando hay niebla, y a medida que se hacen mayores pueden leer mejor la letra pequeña de las cajas de los medicamentos sin usar una lupa. En otras palabras, jugar a videojuegos nos permite mejorar en algunos de los campos que pueden provocar peligros y dificultades a medida que la gente envejece.

Pero Bavelier y sus colegas ha descubierto muchas más cosas.

Existe la opinión generalizada de que los videojuegos hacen que la gente se distraiga y tenga problemas de atención, pero cuando se trata de los videojuegos de acción sucede todo lo contrario. En los estudios de Bavelier *et al.* sobre jugadores de videojuegos de acción, se ha observado que las áreas «de concentración» clave del cerebro se vuelven mucho más eficientes. Los jugadores de videojuegos de acción también pueden cambiar su foco de atención rápidamente con tan sólo un pequeño coste mental. En esencia, los jugadores de videojuegos se concentran mejor. Pueden, por ejemplo, cambiar con más facilidad su foco de atención de la carretera que tiene delante al perro que aparece, disparado, desde un lado.

Básicamente, parece que los videojuegos de acción nos permiten mejorar en muchas de las áreas que empiezan a fallarnos a medida que envejecemos. Tal y como apunta Bavelier: «Los entornos de formación complejos, como jugar a videojuegos de acción, pueden, de hecho, fomentar la plasticidad cerebral y el aprendizaje».[16]

Los videojuegos de acción no sólo parecen ayudarnos a ver, concentrarnos e incluso aprender mejor, sino que sus efectos duran mucho tiempo, siendo perceptibles incluso varios meses después (dicho sea de paso, si quieres mejorar tu capacidad de rotación espacial, que es una habilidad importante en el arte y la ingeniería, el videojuego *Tetris* es ideal para ti).

En lo tocante a la mejora neuronal, el brutal pero absorbente videojuego *Medal of Honor* bate a *Los Sims*, sin lugar a dudas. Esto puede deberse a que *Los Sims* no exigen un gran control de la atención. Sin embargo, en *Medal of Honor*, la atención pasa de un área de la pantalla a otra, desde un campo visual amplio para monitorizar el entorno en busca de nuevos enemigos a un campo visual muy enfocado, ya que se necesita apuntar con precisión. Además, *Medal of Honor* hace que uno se implique visceralmente en el juego, con una música de fondo y muchos cambios inesperados y movimientos amenazadores que atraen la atención a múltiples niveles neuronales que subyacen en la conciencia consciente.[17] Puede que este tipo de acaparamiento de la atención se encuentre en la base de os cambios plásticos.

Así pues, ¿por qué no disponemos ya de videojuegos geniales diseñados específicamente para corregir los déficits relacionados con la edad? Bavelier lo equipara a conseguir un chocolate sabroso (el videojuego) combinado con un saludable brécol (la potenciación cognitiva).[18] Combinar el chocolate y el brécol de una forma que la gente quiera consumirlo no es una tarea fácil, ni siquiera para un chef. Pero los neurólogos, trabajando junto con artistas y la industria del entretenimiento, están consiguiendo progresos.

Por supuesto, el sentido común también es importante cuando se trata de los videojuegos: los investigadores están de acuerdo en que los atracones excesivos no son saludables; pero, afortunadamente, no es necesario darse atracones: sólo se apreciaron efectos positivos en las personas que jugaban durante breves períodos de tiempo, de unos treinta minutos diarios y de forma regular a lo largo de algunos meses.

Conservar la capacidad de aprender y cambiar en la madurez es un reto con múltiples facetas. Va más allá de la simple interacción con un videojuego, un libro de texto, condiscípulos o un profesor. El ejercicio físico, tal y como hemos mencionado, es de vital importancia. Los fármacos como el Ritalin (metilfenidato) y el Adderall (feniletilamina) pueden, a veces, potenciar también nuestra capacidad de aprendizaje, pero tienen muchos efectos secundarios no deseados (el equivalente de lanzar un cubo de pintura a base de plomo para ocultar una pequeña manchita en la pared de tu cuarto de estar). La buena nutrición también puede suponer un beneficio, aunque, llegados a un cierto punto, resulta difícil conseguir más mejoras en la función cognitiva, a pesar de que hayas empezado a sumergirte en las aguas agitadas de las polémicas teorías nutricionales.

Pero los videojuegos de acción están llamando la atención de los principales investigadores debido a su gran impacto: aportan formas fáciles de ver cómo las vistas, los sonidos, las acciones y las actividades pueden provocar cambios en procesos clave del aprendizaje como la distribución de la atención, la resistencia a la distracción, la memoria funcional y el cambio de tareas. Se sabe que ciertos tipos de jugadores de videojuegos utilizan su cerebro de forma más eficiente, ya que necesitan menos recursos neuronales para llevar a cabo tareas exigentes. Los jugadores de videojuegos también son mejores a la hora de descartar información irrelevante.

Basándonos, en parte, en el corpus de las investigaciones de Daphne Bavelier realizadas durante más de una década, el investigador Adam Gazzaley, de la Universidad de California (otro de los investigadores recomendados por Terry) también se centra en los videojuegos. Gazzaley, que es neurocientífico y neurólogo, señala que los videojuegos se encuentran entre los tipos de medios más poderosos. Son tanto interactivos (¿y acaso no es esto por lo que los profesores luchan a diario?) como divertidos. Gazzaley está intentando crear una mezcla más potente de videojuegos y terapia, y está teniendo éxito. *Nature*, una de las revistas de investigación científica más prestigiosas del mundo, dio a conocer las investigaciones de Gazzaley en su portada con el titular «Cambio revolucionario».[19]

El enfoque de Gazzaley para el desarrollo de nuevas terapias supone, ciertamente, un cambio revolucionario. Su *Neuroracer* es un juego engañosamente simple en el que se conduce un coche de carreras que avanza veloz por una carretera en la que aparecen señales de forma aleatoria, forzándote a reaccionar.[20] Gazzaley comprobó que la gente mayor que jugaba sólo una hora diaria a *Neuroracer* tres días por semana durante un mes (doce horas totales de juego), experimentaba una mejora evidente y duradera de su concentración. El juego sigue la senda marcada por la FDA (la Administración de Alimentos y Medicamentos de Estados Unidos), y Gazzaley espera ver cómo se convierte en el primer videojuego que se receta.

Resulta que la capacidad para concentrar la atención, retener algo en la memoria funcional y evitar que otros pensamientos se cuelen surge de lo que se llama «ondas theta frontales de la línea media». Se trata de una ráfaga de ondas eléctricas que aparecen hacia la zona frontal del cerebro cuando se presta atención a algo.[21] Pero no es sólo la parte frontal del cerebro lo que es importante cuando intentas concentrarte. La parte frontal del cerebro también necesita poder enviar señales y comunicarse con la parte posterior. Desde el punto de vista técnico, esto tiene relación con la «coherencia de la banda theta de largo alcance». A medida que envejecemos, la potencia y la coherencia de estas ondas cerebrales interconectoras pueden debilitarse. El declive de las ondas theta frontales de la línea media y de la coherencia de la banda theta de largo alcance es una de las razones por las cuales la gente mayor puede encontrarse de pie en la cocina preguntándose para qué ha ido allí. Es también la razón por la cual sus reacciones al volante son más lentas.

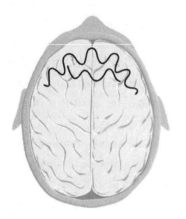 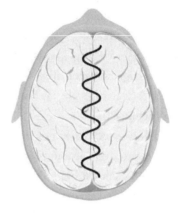

A la izquierda podemos ver las líneas que representan las «ondas theta frontales de la línea media», que aparecen en la parte frontal del cerebro cuando nos estamos concentrando. A la derecha tenemos una onda que representa la comunicación, mediante ondas theta, entre la parte anterior y la posterior del cerebro. Ambos tipos de actividad eléctrica pueden empeorar con la edad, pero se puede hacer que mejoren mediante el poderoso efecto que se consigue jugando a videojuegos.

Neuroracer aporta a los jugadores la capacidad de practicar y mejorar su capacidad de concentración. Es divertido empezar a jugar. Lo que es más importante de todo esto es que podemos ver por qué se producen las mejoras. *Se deben a los cambios en los ritmos de las ondas theta.* Tal y como han mostrado las investigaciones de Gazzaley, con este enfoque de los videojuegos, los sexagenarios pueden conseguir mejores resultados que los veinteañeros. *Neuroracer* parece localizar los marcadores neuronales que funcionan a modo de pivote para muchas de las capacidades cognitivas más importantes, como la memoria funcional y la atención, y las potencia. Esto significa que dichas habilidades también se ven mejoradas, aunque el juego no está dirigido específicamente a ellas.

Ahora empezamos a conocer los elementos de un sistema de juegos ganador desde el punto de vista cognitivo. El componente artístico, la música y la historia pueden crear el tipo de inmersión e implicación que provoca unas condiciones ideales para la plasticidad neuronal. Un buen juego, en otras palabras, genera un tipo de equipamiento para la reestructuración neuronal para moldear y dar forma a la cognición. También existen pruebas de que los videojuegos pueden combatir los efectos perniciosos del TDAH, la depresión, la demencia y el autismo.

El objetivo de Gazzaley es el *feedback* en tiempo real. Está trabajando para crear un sistema que señale las debilidades en el procesamiento neuronal y que utilice la información para retar al jugador. Las señales neuronales debilitadas pueden mejorarse de forma fácil y entretenida.

«¿Qué tal sería entrar en tu propio cerebro... —pregunta Gazzaley— [...] siendo tu reto mejorar el procesamiento neuronal que estás viendo? Podrías aprender a controlar cómo tu cerebro procesa la información».[22]

En otro frente, los neurocientíficos Mike Merzenich y Paula Tallal desarrollaron unos ejercicios informáticos para permitir que los disléxicos pudieran distinguir ciertos sonidos con más facilidad. Esto, a su vez, puede provocar unas mejoras espectaculares en la capacidad lectora. Los resultados de esta innovadora investigación fueron publicados en la revista científica *Science*, y dieron como resultado una avalancha de más de cuarenta mil llamadas telefónicas de padres desesperados por mejorar la capacidad de sus hijos con dificultades para aprender.[23]

Merzenich ganó recientemente el Premio Kavli, que es el equivalente del Premio Nobel en el campo de la neurociencia. Además, es miembro de la Academia Nacional de Ciencias y de la Academia Nacional de Medicina de Estados Unidos. En otras palabras, Merzenich es un verdadero científico muy respetado. Basándose en el éxito con el entrenamiento del cerebro en los casos de dislexia, Merzenich ha fundado una compañía, Posit Science Corporation, que se centra en mejorar el rendimiento cognitivo. BrainHQ, el buque insignia de la compañía, no pretende convertirte en un genio: en lugar de ello, está estructurado para permitirte alcanzar y mantener tu cima cognitiva aportándote ejercicios para acelerar el procesamiento neuronal, fortaleciendo la capacidad de atención y mejorando la memoria funcional. Diversos estudios reputados muestran que BrainHQ parece suponer una diferencia, tanto si consigue ayudarte a recordar el rostro de la gente, estar más atento mientras conduces o seguir el ritmo de conversaciones rápidas y sin pausas.[24]

Tenemos a nuestra disposición cientos de programas para entrenar el cerebro en Internet: la mayoría disponen de pruebas poco convincentes de su efectividad; pero científicos de élite como Bavelier, Gazzaley y Merzenich están liderando el camino mostrando que las «terapias mentales» pueden, realmente, suponer una diferencia.

Creando una reserva cognitiva

Sabemos que en el hipocampo se crean unas cuatrocientas neuronas nuevas cada día. Se produce una ligera disminución de este ritmo de crecimiento neuronal a medida que se envejece;[25] pero, a no ser que el cerebro siga enfrentándose a nuevas experiencias, muchas de estas nuevas neuronas se perderán si no se conectan a la red neuronal general, de modo parecido a los zarcillos de una vid que languidecen y mueren si no encuentran un emparrado.

En los adultos, las nuevas neuronas «granulares» nos permiten distinguir entre experiencias similares y almacenarlas como recuerdos distintos. Estas células más nuevas son diferentes a las más viejas, que son portadoras de patrones que relacionan entre sí recuerdos similares.[26] Las neuronas nuevas son especialmente valiosas cuando se trata de evitar revivir recuerdos más antiguos y, en ocasiones, más traumáticos.[27] Todo esto significa que, para aprender cosas nuevas, además de para la salud mental, es importante ayudar a que se generen nuevas neuronas y que éstas sobrevivan y medren. Por esta razón la neurogénesis se ha convertido en un campo candente para el tratamiento de la depresión y de distintos trastornos relacionados con la ella.[28]

Por supuesto, tal y como se ha mencionado anteriormente, el *ejercicio* es uno de los «medicamentos» más eficaces que conocemos para producir neuronas nuevas. Es como si el ejercicio esparciera semillas que se convierten en brotes neuronales. *Aprender*, por otro lado, es como el agua y el abono que potencian el crecimiento de esos brotes neuronales.

Cuanto más joven eres, más probable es que cualquier cosa que experimentes sea novedosa. A medida que envejeces, más fácil es caer en la rutina. Incluso cuando te dices a ti mismo que estás aprendiendo algo nuevo, suele tratarse, simplemente, de una pequeña improvisación sobre lo que ya sabes. Aprender eso tiene un impacto sobre el cerebro y, frecuentemente, implica ir un poco más allá de tu zona de confort.

Larry Katz, un neurocientífico de la Universidad de Duke, sugirió que una forma útil de permitir que las nuevas neuronas sobrevivan, medren y establezcan nuevas conexiones consiste en hacer algo nuevo y distinto cada día.[29] Esto expone automáticamente a tu cerebro a experiencias novedosas. Estas experiencias novedosas pueden ser tan sencillas como usar la mano izquierda para cepillarte los dientes, si eres diestro; o simplemente sentarte en una silla distinta a la mesa a la hora del almuerzo. Ésta también es la razón por la cual viajar puede ser tan estimulante. Mantiene al cerebro a punto, especialmente si lo pones todo de tu parte para sumergirte en la nueva cultura y tu entorno. Aprender un idioma extranjero cuando eres mayor también puede valer especialmente la pena, porque las áreas del cerebro afectadas de forma positiva por el aprendizaje del idioma incluyen muchas áreas que se ven afectadas negativamente por el envejecimiento.[30]

En términos cerebrales, si algo no se usa, puedes perderlo, independientemente de los innatos y natos que puedan parecer tus dones. El muy admirado orador Robert Sobukwe, que habló de forma muy elocuente en favor de la liberación de los sudafricanos negros del yugo del apartheid, se vio sometido a seis años de confinamiento en solitario en la remota cárcel de la Isla Robben. Podía comunicarse con otros presos sólo a través de gestos manuales furtivos. Durante ese horrible período, Sobukwe pudo sentir cómo su capacidad de habla se iba esfumando.[31] Aquellos que han soportado inviernos en las remotas estaciones de la Antártida y que gozan de pocas oportunidades para hablar con otras personas han experimentado una sensación similar, y se han visto a sí mismos balbucear durante conversaciones sencillas tras su regreso a la civilización.[32]

Hay variedad de aficiones que nos mantienen en forma desde el punto de vista mental, especialmente cuando esas actividades se combinan con el ejercicio. Si tejes, coses, o haces colchas, tareas de fontanería o de carpintería, juegas a juegos, utilizas tu ordenador o lees, por ejemplo, las investigaciones muestran que es más probable que tengas unas mejores habilidades cognitivas a medida que envejeces.[33] Estos hallazgos tienen sentido: por ejemplo, medir y cortar para hacer una colcha o para llevar a cabo tareas de carpintería ayudan claramente a que conserves tus habilidades espaciales.[34] Por otra parte, un estudio controlado reciente averiguó que aquellos que leen libros durante tres horas y media o más por semana tuvieron un 23 por 100 menos de probabilidades de haber fallecido durante el período del estudio, que duró doce años.[35] Son claramente los libros los que tuvieron este efecto: a los lectores de revistas y periódicos no les fue tan bien (¡hurra por ti y por tu vida más larga por leer este libro!).

Un intrigante estudio realizado con más de dieciséis mil participantes en la China rural mostró que la probabilidad de verse afectado por la enfermedad de Alzheimer estaba claramente correlacionada con el nivel educativo de la persona.[36] Esto también tiene sentido. Cuanto mayor sea la estimulación intelectual, menor será el riesgo de padecer la enfermedad de Alzheimer. Sí, se trata sólo de un estudio de correlaciones: no sabemos con plena seguridad si la estimulación intelectual es, verdaderamente, la *causa* del menor riesgo de sufrir la enfermedad de Alzheimer; pero sí que sabemos que una mayor educación provoca más sinapsis, y cuanta más sinapsis, mayor es tu reserva cognitiva. En cualquier caso, la educación no es simplemente algo de lo que obtener una dosis cuando eres joven. Los estudios han mostrado que cuanto más activo sea tu «estilo de vida de aprendizaje» de mayor, menor será el riesgo de que te veas afectado por la enfermedad de Alzheimer.[37] Lo que aprendas siendo un adulto en edad madura o como anciano seguirá incrementando y manteniendo tu reserva cognitiva.

Aprendiendo y cambiando a cualquier edad

Tal y como conjeturaba Terry, en las últimas décadas se han producido algunos grandes avances en el campo de la física al que se dedicaba anteriormente, y los gastos exorbitantes en equipamientos han desempeñado un papel. Muchos de los amigos de Terry que se dedicaron a la física de partículas acabaron buscando empleo en otras áreas.[38] La fascinación de un campo aparentemente candente, la mentalidad «borreguil» y la falta de conocimientos sobre unas oportunidades limitadas son fenómenos que aparecen en muchas trayectorias profesionales y vocaciones. En cualquier disciplina académica, puede existir una mentalidad propia de borregos, con los profesores animando a los alumnos a matricularse en su especialidad concreta, incluso aunque las expectativas laborales sean sombrías y los costes de la matrícula, estratosféricos. Los estudiantes se miran los unos a los otros, pensando: «Los profesores no nos alentarían tanto si fuera una mala idea».

A pesar del hecho de que se encontraba en la cumbre del prestigioso mundo de la física en la Universidad de Princeton, Terry Sejnowski usó el sentido común para dar un paso atrás, valorar, reevaluar y hacer una apuesta razonada de que se imponía un cambio de trayectoria profesional. Esto fue así a pesar del hecho de que un cambio tal sería difícil y que, en esa época, pocos lo estaban llevando a cabo. En última instancia, el beneficio de la voluntad de Terry de arriesgar su carrera y de encaminarse hacia donde sentía que podría tener el mayor impacto científico y social ha sido enorme.

Cuantificar cuántas neuronas se comunican entre sí significa que podemos concebir mejor nuestra esencia como seres humanos: cómo generamos recuerdos, por qué podemos oler una rosa, cómo bateamos una pelota de béisbol y por qué soñamos. Gracias al trabajo de Terry y de sus colegas, ahora comprendemos mejor cómo funciona el cerebro, cómo evidenciar datos más útiles de los análisis de las investigaciones y cómo hacer predicciones que puedan maximizar las probabilidades de avances en las investigaciones. Los algoritmos y las herramientas que Terry ha desarrollado han ayudado a investigadores de todo el mundo.

Entre muchas otras áreas de investigación, Terry Sejnowski ha trabajado para revelar la importancia del ejercicio en la cognición y el aprendizaje. Para él es fundamental incorporar el ejercicio a sus rutinas diarias, independientemente de donde se encuentre. Aquí le tenemos disfrutando de una pausa en el Parque Nacional de los Lagos Waterton, en Alberta (Canadá).

Pero ¿qué sucede cuando estás buscando una trayectoria profesional y, al contrario que Terry, tus prometedores sueños y tus oportunidades se ven desbaratados desde el principio?

En el siguiente capítulo, conoceremos a Princess Allotey, quien nos mostrará cómo la resiliencia juvenil y la voluntad de aprovechar las oportunidades inesperadas pueden marcar la diferencia.

¿Una trayectoria profesional
en el ámbito de la neurociencia?

Para disponer de una carrera profesional encabezando investigaciones científicas de cualquier tipo, debes dedicar tiempo, esfuerzos y dinero para obtener un doctorado. Y todo esto antes de que ni siquiera puedas empezar a pensar en el proceso intensamente competitivo de solicitar un empleo fijo en una universidad. Hoy en día es habitual que haya cientos de solicitantes para un único puesto de trabajo.

La neurociencia es ahora tan popular que hay razones para ser precavido al pensar en este campo; pero, tal y como apunta el neurocientífico Alan Gelperin, la competencia siempre ha sido encarnizada en la mayoría de las áreas académicas, incluyendo la biología, la física, la ingeniería y, por supuesto, la neurociencia.

Alan pregunta:

—¿Cuál es tu área de moda favorita que en la actualidad esté atrayendo a la gente?: ¿la biología del desarrollo?, ¿la biología molecular?, ¿la potente tecnología CRISPR de edición de genes? ¿Quieres modificar algunos genes?: cómprate un libro de cocina: puedes encargarlo por Internet. Compra unos huevos y, ¿quién sabe?, podrías obtener una rana que pueda hablar.

Alan Gelperin, neurocientífico de la Universidad de Princeton,
ha trabajado en el campo de la neurociencia durante más de cincuenta
años. Sus valiosas ideas sobre la competencia se aplican a muchas áreas.

Una carrera profesional en el campo de las investigaciones científicas suele implicar asumir riesgos. Uno de los mayores riesgos es que otra persona publique los resultados que estabas planeando publicar. Alan recomienda adoptar un enfoque de una «combinación lo suficientemente única» en la que tu idea y tus habilidades se combinen entre sí para que sea razonablemente improbable que, para cuando hayas empezado a hacer progresos, otro investigador te robe la primicia de repente.

Pese a ello, existen casos conocidos de gente que siguió ese enfoque razonablemente singular para acabar cogiendo una revista científica tras cinco años de investigaciones y («¡Madre mía, menudo artículo tan genial!»), ver que alguien había publicado los hallazgos que estabas a punto de dar a conocer. Entonces, lo que tiene una importancia de primer orden es dar con algo que es improbable que aparezca en una publicación científica durante el período de tiempo que va a llevar hacer algún progreso.

—Al entrar en un nuevo campo, debes aprender lo suficiente para ver cuáles son las grandes preguntas dice Alan-. ¿Qué te interesa y dónde crees que puedes causar sensación? ¿Se ha publicado ya tu gran idea?

Pero ahora vivimos un momento emocionante: se están desarrollando rápidamente nuevos equipos y técnicas. Esto significa que hay oportunidades para que la gente identifique un área especializada en el campo de la neurociencia. Alan se inspira en sus décadas de experiencia cuando comenta:

—Las herramientas procedentes de los campos de las matemáticas, la óptica, la física de estados sólidos o la ingeniería eléctrica pueden situarte en una posición razonablemente única para llevar a cabo un trabajo que poquísimas personas en el planeta podrían hacer. Sin embargo, recuerda que no existen garantías. Todo lo que puedes hacer es barajar las probabilidades y divertirte haciéndolo.

¡AHORA PRUEBA TÚ!

¿Hacia dónde se dirige tu campo de actividad?

A veces podemos perdernos en el día a día de las trayectorias profesionales que hemos escogido. Puede que valga la pena detenerse, dar un paso hacia atrás e imaginar cómo se desarrollarán, a largo plazo, tu carrera profesional y las trayectorias profesionales de quienes te rodean. Las limitaciones físicas, como los costes o los inventos nuevos, pueden relegar a industrias enteras al pasado, incluso mientras se están fundando empresas nuevas. No cometas el error de pensar que sólo porque mucha gente inteligente se encamine en una cierta dirección en cuanto a la trayectoria profesional, eso también sea lo que tú deberías hacer. Puede que ahora tengas un buen trabajo, pero ¿permanecerán las cosas igual siempre? Coge tu cuaderno de notas o una hoja de papel y escribe el siguiente encabezado: «Anticipando los desafíos en las trayectorias profesionales». Luego traza una línea vertical en mitad de la página para crear dos columnas. En una, describe las posibilidades de cambio en tu área de especialización, y en la otra, comenta cómo podrías gestionar exitosamente esos cambios.

Investigación extra: Si estás planeando llevar a cabo un gran cambio en tu carrera profesional, puede ser una buena idea dar unos pasos tentativos para ver cómo están las cosas, tal y como hizo Terry cuando empezó a asistir a clases de biología y se matriculó en el curso de verano de neurociencia de Woods Hole. Si estás pensando en cambiar de carrera profesional, ¿cómo puedes tantear el terreno y ver si la trayectoria profesional que estás contemplando podría ser la adecuada para ti?

Capítulo 9

Los sueños desbaratados dan lugar a nuevos sueños

Es difícil tener dieciocho años y encontrarte con que tus sueños se han desbaratado.[1]

Éste era el caso de Princess Allotey.

Princess creció en Klagon (Ghana), cerca de la capital, Acra. Klagon es conocido por su alto índice de analfabetismo y de abandono escolar. Los padres de Princess sólo completaron una educación básica (el equivalente a la secundaria en Estados Unidos), pero siempre habían animado a sus cuatro hijos para que avanzaran y fueran a la universidad.

El inglés es la lengua oficial de Ghana, sin embargo la mayoría de sus habitantes tiene un nombre en ghanés y uno en inglés, y hablan inglés además de por lo menos una de las setenta lenguas africanas locales.

A Princess (que significa «princesa») le pusieron ese nombre porque fue la primera hija de la familia: su hermano mayor se llamaba Prince («príncipe»). Pero, como el padre de Princess era de ascendencia ga, su nombre completo, de acuerdo con la tradición ga, es Princess Naa Aku Shika Allotey. Habla tres idiomas con fluidez: inglés, ga y asante twi, el idioma de su madre, que es una fante de Eshiem, comunidad rural del centro de Ghana.

En la escuela primaria, Princess estudiaba en un aula atestada con ochenta alumnos pensada para albergar a treinta. Normalmente, ella y dos amigos compartían un pequeño pupitre. A pesar de lo apretados que estaban, tenía sed de conocimiento (sobre todo de matemáticas) y practicaba mucho, y hacía muchas preguntas a sus maestros. Acabó sacando matrículas de honor en matemáticas tanto en la escuela primaria como la secundaria. Además, obtuvo sobresalientes en las otras nueve asignaturas fundamentales en los exámenes para obtener el graduado escolar. Esto le permitió ser aceptada en el prestigioso instituto Achimota High School, uno de los mejores institutos mixtos de Ghana. Princess soñaba con ser profesora de matemáticas en el futuro, pero no una profesora de matemáticas cualquiera. Quería ser una profesora de matemáticas informada de los conocimientos sobre educación en otras partes del mundo.

Cuando tenía dieciocho años, Princess Allotey, de Ghana, fundó Kids and Math, una organización que proporciona a niños en edad escolar los recursos matemáticos básicos que necesitan para ayudarles a sobresalir.

Con el fin de ampliar sus conocimientos, se inscribió en un programa veraniego para adquirir destrezas básicas en ciencias, ingeniería y tecnología y para convertirse en una solucionadora de problemas creativa. Ella y su amiga Shaniqua eran las únicas chicas de entre los veintiún participantes. Ser diferentes fue duro para las chicas, ya que sentían que los chicos se mostrarían escépticos con cualquier cosa que pudieran aportar. Princess se sintió como una impostora, a pesar del hecho de que los chicos con los que trabajó le mostraron su apoyo.

La gente joven suele tener muchos sueños, y Princess no era distinta. Anhelaba, por ejemplo, tener la visión y la valentía de la ganadora del Premio Nobel Leymah Gbowee, que, en 2003, dirigió a mujeres en un movimiento de masas para poner fin a la Segunda Guerra Civil Liberiana.

El problema consistía en que Princess lo pasaba fatal hablando en público. No era porque fuera tímida: su conversación fluía con facilidad cuando se encontraba con sus amigos. Sin embargo, con sólo pensar en estar frente a un público, se ponía muy nerviosa. Aunque dispusiera de un discurso escrito que poder leer, confundía las palabras o se quedaba simplemente petrificada.

El instituto Achimota, al que Princess asistía, está financiado por sus antiguos alumnos, entre los que se incluyen muchos de los expresidentes y parlamentarios de Ghana. Es, además, un instituto de propiedad pública, lo que significa que sus tasas son bastante económicas. George, el padre de Princess, un hombre muy trabajador a pesar de su lucha contra el asma, poseía una empresa mediana de bloques de cemento. Podía permitirse pagar sin dificultades la educación que Princess recibía en el instituto Achimota y su alojamiento en régimen de pensión completa. A pesar de sus problemas con el hablar en público, Princess sobresalió en sus estudios.

Hasta que se produjo el desastre.

Sintiéndose como un fraude

El «síndrome del impostor» es la sensación de que no mereces realmente tus logros (o, como mínimo, que eres mucho menos talentoso que las personas que tienes a tu alrededor). Pese a que recibe el nombre de «síndrome», sentirse como un impostor no es un trastorno mental: es tan sólo una forma emocionalmente dañina de enmarcar tus logros. Si tienes éxito, te crees que debe haber sido por accidente o por un momento de suerte; o puede que la gente se viera, de algún modo, engañada. En otras palabras, de acuerdo con tu punto de vista, tu éxito no fue cosa tuya. Por otro lado, si fracasas sí que consideras que es tu culpa.

Las mujeres, en especial, parecen experimentar estos sentimientos con frecuencia, aunque también pueden darse en el caso de los hombres (es posible que los hombres no sean tan comunicativos con respecto a sus sentimientos). Tal y como apuntaron las doctoras Pauline Clance y Suzanne Imes en su informe de investigación original sobre este asunto por 1978: «A pesar de unos logros académicos y profesionales sobresalientes, las mujeres que experimentan el síndrome del impostor siguen creyendo que en realidad no son brillantes y que han engañado a cualquiera que haya pensado lo contrario». Lamentablemente, esta creencia (esta convicción de que son un fraude) persiste incluso frente a las pruebas sólidas de su inteligencia, sus logros y sus capacidades.[2]

Aunque parezca mentira, el síndrome del impostor se da con mayor frecuencia en las personas más triunfadoras. Parte del reto a la hora de superar este síndrome es que la humildad del impostor puede resultar revitalizante para la gente normal que la perciba («¡Es una persona humilde!», dicen). Las mujeres puede que, debido a su mayor sensibilidad con respecto a los sentimientos de los demás, quizá tiendan a la timidez para evitar el estigma de ser consideradas unas fanfarronas.[3] Puede que en este caso la testosterona también desempeñe un papel, ya que esta hormona está relacionada con la agresividad, la dominancia y los comportamientos de asunción de riesgos.[4]

Princess experimentó un síndrome del impostor en todo su esplendor durante el campamento técnico veraniego al que asistió. La pusieron al mando de un equipo formado completamente por chicos que estaba diseñando un contenedor para que los agricultores almacenaran verduras y hortalizas a largo plazo. Como dirigía a su equipo, no sólo tenía que hablarle a su grupo (lo que siempre le había supuesto un problema), sino que además tenía que decirle al grupo qué hacer. «¿Quién soy yo para que me den ese puesto de autoridad?», pensaba.

Esta actitud de «no soy merecedora de esto» llevó a Princess a tener cuidado con cómo daba órdenes a su equipo. «¿Creéis que esto está bien?», se preguntaba en voz alta. Para su sorpresa, empezó a darse cuenta de que el equipo la consideraba una líder: alguien que tomaba buenas decisiones. Esto la animó a quitarse las anteojeras y a fijarse de verdad en lo que estaba sucediendo a su alrededor. Resulta que esta valoración informada y más objetiva de la realidad supone un paso importante para superar los sentimientos de que se es un impostor. Finalmente, el replanteamiento de Princess moderó esos circuitos de autocrítica y de cuestionarse a sí misma que inundaban su cerebro. Estaba claro que ella era competente; y la orientación proporcionada por sus mentores se lo confirmó todavía más. Empezó a darse cuenta de que no necesitaba ser siempre esterotípicamente dominante, sin dejar de dar órdenes a la gente que tenía su alrededor, para ser una buena líder. Esto, a su vez, le permitió reconocer que podía superar el síndrome del impostor al tiempo que se beneficiaba de él.

Dudar de uno mismo no es, en modo alguno, algo malo. Los oficiales del ejército y los funcionarios de las embajadas, por ejemplo, pueden estar imbuidos de una rectitud cultural subconsciente que les asegura que sus puntos de vista son correctos: una actitud que puede meterles en problemas una vez que llegan a sus destinos en el extranjero. En el campo de la ciencia, el neurocientífico ganador del Premio Nobel Santiago Ramón y Cajal dijo que uno de los mayores desafíos de los genios con los que trabajaba era que sacaban conclusiones apresuradas y que luego eran incapaces de cambiar de idea cuando se habían equivocado.[5] La historia está repleta de ejecutivos de negocios, generales y políticos que sólo escuchan a los demás cuando refuerzan sus propios pensamientos: estos líderes se encaminan, entonces, con una confianza despreocupada hacia el desastre. Las dudas, por supuesto, pueden ser excesivas, pero también pueden ser infravaloradas.[6]

Lo cierto es que, aunque los talentos y las destrezas importan, la suerte también puede desempeñar un papel importante en nuestra vida. Entre dos solicitantes igualmente talentosos, la diosa Fortuna puede hacer que uno consiga un empleo y que el otro se sienta como un apestado. Una conmoción cerebral debida a un accidente de tráfico inesperado puede significar que los exámenes de acceso a la universidad te vayan mal, lo que significaría que tus opciones de entrar en esa universidad de élite se verían reducidas. Puede que el golpe de suerte más maravilloso de todos sea nacer en el seno de una familia cariñosa y comprensiva: un tipo de suerte que algunos no pueden hacer sino desear.

Por lo tanto, es normal que la mayoría de nosotros (excepto quizá los más presumidos y narcisistas) podamos, en ocasiones, caer presos de sentirnos como un impostor. Aceptar que estos sentimientos son normales y replanteárnoslos a nuestro favor supone una forma sana de avanzar.

El problema de Princess

Princess estaba muy centrada en sus estudios en el instituto Achimota High School (en ese entorno de élite, la media de sus calificaciones era de 3,7 sobre 4,0). Mientras tanto, su padre, George Allotey, se estaba enfrentando a un difícil problema: su negocio iba tan bien que necesitaba ampliarlo. Con este fin compró más terrenos, pagando más de 300.000 cedis ghaneses (Ghc) en metálico (unos 66.000 dólares estadounidenses o unos 53.250 euros). En Ghana eso suponía una enorme suma. La persona a la que le compró los terrenos era poderosa y ocupaba una posición social elevada, y era un amigo de toda la vida (o eso pensaba George). No recibió ningún recibo de dicha persona: George nunca le explicó a su familia por qué, pero quizá sentía vergüenza de pedirle la documentación escrita a un personaje tan poderoso y que para él era como un mentor. En cualquier caso, George sabía que, una vez que comenzara a edificar en los terrenos, quedaría claro que la transacción se había aprobado.

Pero antes de que George pudiera empezar a edificar, el desastre le golpeó. Otro empresario contradecía la afirmación de George, diciendo que él había comprado los terrenos.

En cualquier causa legal, suele resultar difícil obtener la verdad de las demandas y las contrademandas y, por supuesto, esta historia se cuenta desde la perspectiva de Princess; pero en circunstancias como ésta puede existir un impulso cautivador para que un terrateniente acepte dinero procedente de dos partes. Una única palabra decisiva por parte del terrateniente podía resolver una disputa como ésta en favor del demandante correcto, pero entonces el terrateniente sólo recibiría un pago.

No hubo ninguna palabra decisiva. En lugar de ello, el terrateniente sólo sugirió que ambas partes dirimieran sus diferencias ante un tribunal.

Como George había dedicado una cantidad ingente de dinero a pagar esas tierras, no podía permitirse darse la vuelta e irse. Además, era un hombre muy decidido y trabajador, razón por la cual había tenido tanto éxito.

Durante los dos últimos años que pasó Princess en el instituto, el litigio siguió su curso. George se vio forzado a ir y volver de la capital para presentar documentos legales, además de pagar unas elevadas sumas a su abogado. Estaba desesperado: al fin y al cabo, había pagado por los terrenos. Pero cuando intentó empezar a edificar en ellos, él y su equipo fueron echados y apaleados. Uno de sus trabajadores acabó en el hospital y las caras herramientas de George fueron destrozadas: incluso algunas de ellas parecía que hubieran sido arrolladas por bulldozers.

Este conflicto empezó a cobrarse un precio en la familia y en los estudios de Princess. Ella siguió trabajando duro, pero sus calificaciones empeoraron. A veces, descorazonadoramente, incluso obtenía insuficientes: algo inaudito en ella.

No obstante, Princess seguía luchando para hacerlo lo mejor posible. A medida que acababa el último año de instituto, empezó a estudiar para el importantísimo Examen de la Escuela Secundaria de África Occidental, que determinaría si podría entrar en una universidad, ya fuera en Ghana o en el extranjero. La prueba empezaría a finales de febrero de 2014. Estaba decidida a dedicarle todos sus esfuerzos.

George había pedido prestados 60.000 Ghc (unos 13.200 dólares estadounidenses o unos 10.650 euros) a un amigo pudiente para entablar su batalla legal por la tierra en los tribunales superiores del país. Tuvo que invertir todo el dinero en el caso, y cuando el proceso judicial llegó a su fin le quedaron sólo 250 Ghc (unos 55 dólares estadounidenses o unos 44 euros).

El 2 de enero de 2014, dos años después del inicio del litigio, George conoció la decisión del tribunal.

Había perdido.

Al día siguiente, el asma de George empeoró drásticamente. Envió a Princess a la farmacia para que le comprara medicamentos. Mientras

Princess estaba fuera, George perdió el conocimiento en la cocina, donde le encontró la madre de Princess. Ella consiguió, no sin gran esfuerzo, meterle en un taxi para llevarle al hospital. Los primeros dos taxistas rehusaron llevar en su vehículo lo que consideraban que era un cadáver. El tercer conductor les aceptó en su coche y salió disparado hacia el hospital, pero fue en vano.

George había fallecido.

Entonces, justo cuando la familia pensaba que las cosas no podían ir a peor, eso fue justo lo que sucedió. George estaba tan convencido de que ganaría el caso que había usado la empresa de ladrillos de cenizas y la casa familiar como aval para conseguir el préstamo de los 60.000 Ghc.

La familia no sólo había perdido el juicio, sino que había perdido prácticamente todo lo que tenía.

Dos meses después, Princess hizo el Examen de la Escuela Secundaria de África Occidental. Sorprendentemente, sus resultados fueron espectaculares.

Pero Princess no tenía dinero, y carecía de los contactos necesarios para obtener una beca, así que matricularse en una universidad de Ghana para estudiar una carrera a tiempo completo era imposible. Sus solicitudes para ingresar en universidades extranjeras recibieron aceptaciones, pero no fondos. Su familia subsistía con el modesto sueldo de su hermano mayor.

Con más rapidez de la que Princess pudiera haber imaginado, pasó de tener sus sueños a su alcance a descubrir que sus opciones se habían desvanecido.

Replanteándose las cosas y desarrollando nuevos talentos

En los capítulos anteriores hemos visto la importancia vital del replanteamiento que, por ejemplo, utiliza Adam Khoo para ver los problemas como oportunidades.

Princess también descubrió el valor del replanteamiento. Sus últimos años en el instituto habían sido duros para ella. Con la muerte de su padre y la ruina económica de su familia, sufrió una depresión y sus calificaciones se resintieron. Sin embargo, se recompuso lo mejor que pudo, y lo hizo excepcionalmente bien en los exámenes finales del instituto. Para Princess fue su religión la que le ayudó a efectuar la reformulación. Su familia es católica, y ella se encontró con que su fe y los valores que la acompañan (como la llamada a ayudar a los menos afortunados) fueron alentadores para ayudarla a superar los momentos difíciles.

En lugar de darle vueltas a sus problemas, Princess se replanteó su forma de pensar mirando más allá de su interior, y reflexionó en cómo podría ayudar a otras personas con sus propios problemas. Empezó a trabajar de voluntaria como ayudante de profesores en escuelas primarias y secundarias menos favorecidas. Allí, entre chicos impresionables, compartió su emoción y su entusiasmo por las matemáticas. Quería ayudar a todos los niños, pero deseaba, especialmente, ser un modelo para las niñas. En Ghana, resulta más aceptable que los niños se dediquen a las matemáticas que las niñas: de hecho, sigue siendo todavía más aceptable que los niños vayan al colegio.

La mayoría de los muchachos a los que enseñaba no podían permitirse comprar libros de matemáticas, lo que dificultaba que aprendieran, practicaran y reforzaran lo que les enseñaban en el colegio. Por lo tanto, a Princess se le ocurrió fundar el Proyecto Arithmas, para crear una biblioteca de libros de matemáticas y así ayudar a los chicos a prepararse para sus exámenes y obtener el graduado escolar. Reclutó a ocho amigos y consiguió reunir un presupuesto de 700 Ghc (unos 150 dólares estadounidenses o unos 125 euros), que lograron obtener rascándose sus propios bolsillos y de algunos amables simpatizantes. Su plan consistía en adquirir determinados libros clave y pedir a varios autores de libros de matemáticas que les donaran un ejemplar (así es como llegué a conocer a Princess: me escribió para solicitarme un ejemplar de *Abre tu mente a los números: cómo sobresalir en ciencias aunque seas de letras*. Sin embargo, lo que más me impresionó de ella fue su perseverancia. No me escribió sólo para obtener el libro, sino también para mostrarme su agradecimiento cuando lo hubo recibido. Durante mis visitas anteriores a África, había visto con mis propios ojos los desafíos a los que se enfrentaban los escolares africanos: Princess ahora abordaba esos asuntos de una de las formas más directas posibles).

Princess continuó, y fundó y se convirtió en la directora ejecutiva de una organización llamada Kids and Math (Niños y Matemáticas) para potenciar el gusto por las matemáticas. Su trabajo hacía necesario que viajara a muchas escuelas distintas, donde hablaba a los muchachos para que se entusiasmaran por las matemáticas. Con el fin de recaudar fondos para Kids and Math, impartió conferencias en distintos organismos, compañías y grupos de asistentes. También coordinó la recaudación de fondos mediante la venta de bolsas para la basura. Compró las bolsas al por mayor y las vendía por unidades a un precio ligeramente mayor, pero asequible, de 0,80 Ghc (unos 0,17 dólares estadounidenses o unos 0,14 euros). Estas bolsas, hechas a medida para papeleras de cocina medianas y pequeñas, apenas se venden en Ghana: sus clientes las compraron no sólo porque eran bonitas, sino también para respaldar a Kids and Math.

Princess se ha convertido en una empresaria: una empresaria social. Es decir, ahora utiliza las técnicas empresariales para resolver problemas sociales y, para su sorpresa, ha logrado algo más: paso a paso, y presentación a presentación, se ha convertido en una buena oradora. Cuando la invitaron a ella y a su equipo a dar una conferencia sobre Kids and Math en una reunión del Toastmasters Club (una organización mundial no lucrativa de comunicación y liderazgo) en el Ministerio de Exteriores e Integración Regional de Ghana, Princess vio la oportunidad de obtener una valoración de sus capacidades comunicativas. Después de la reunión, un miembro del Toastmasters Club la felicitó, diciendo:

—Tu discurso ha sido genial: la presentación ha sido como una charla de la plataforma TED.**

A raíz de esto, Princess empezó a ser conocida. Le pidieron que accediera a dar una entrevista sobre Kids and Math en el popular programa de televisión GH Today, copresentado por la famosa estrella Kafui Dey. Cuando acudió al programa, seguía queriendo saber si había alguna otra persona detrás de ella: después de todo, ¡no podía creerse que estuviera hablando, de verdad, con Kafui Dey!

** TED es la sigla de Tecnología, Entretenimiento, Diseño: una organización estadounidense sin ánimo de lucro dedicada a las «ideas dignas de difundir». (N. del T.)

Tuvo que reírse cuando se dio cuenta de que se sentía como una impostora.

La entrevista fue a las mil maravillas.

La capacidad de Princess para replantearse las cosas y considerar los retos como oportunidades no le ha permitido (todavía) conseguir su sueño de obtener una licenciatura universitaria, de modo que pueda obtener educación formal para convertirse en profesora de matemáticas; pero su replanteamiento ha conseguido algo más: le ha proporcionado una poderosa motivación. Le ha permitido superar su sensación de sentirse como una impostora; y, casualmente, a lo largo del camino, ha conseguido superar uno de sus mayores retos: aprender a hablar en público.

En este capítulo hemos conocido a una mujer joven enamorada de las matemáticas que superó sus sentimientos de creerse una impostora, y cuyo sueño incluía una habilidad no analítica: hablar en público. En el siguiente capítulo conoceremos a un fanático de la tecnología que ha dejado completamente de lado la alta tecnología.

¡AHORA PRUEBA TÚ!

Abraza a tu impostor interior

¿Te sientes a veces como un impostor? ¿Te sientes como si otros en tu misma situación fueran mejores que tú y que, en comparación tú fueras un poco como un farsante? Si es así, no estás solo. De hecho, te sorprendería saber cuánta gente se siente, en secreto, de la misma forma que tú, incluso aunque intenten parecer llenos de confianza en sí mismos (a veces demasiada confianza: la persona que, por ejemplo, te dijo que había sacado un sobresaliente en los exámenes trimestrales podría, en realidad, haber obtenido un simple aprobado).

Sentirse como un impostor puede dar lugar a desasosiego y dudas, pero no todo es malo. Puede ayudarte a tener en cuenta, con la vista desapasionada de un observador, lo que está sucediendo a tu alrededor. También puede ayudarte a evitar el arrogante exceso de confianza que puede llevarte a tomar malas decisiones y a tener unas pobres capacidades de liderazgo.

Toma un folio y, debajo de la palabra «¿Impostor?» con una frase que la preceda, describe una situación en la que podrías sentirte como un farsante. Traza, debajo de tu frase, una línea vertical para crear dos columnas. A la izquierda escribe acerca de los aspectos positivos que supone sentirse como un impostor, y a la derecha escribe sobre los aspectos negativos.

Luego escribe dos o tres frases (o más) para sintetizar tus sentimientos sobre el hecho de sentirte como un impostor.

Capítulo 10

Convirtiendo una crisis de los cuarenta en una oportunidad a los cuarenta

Arnim Rodeck supo que sería ingeniero eléctrico desde que era niño y pasaba horas en su cuarto jugueteando con aparatos electrónicos. Nunca había imaginado que acabaría insatisfecho con el trabajo que amaba: un trabajo para el que parecía haber nacido.[1] Ciertamente, nunca previó el giro que daría su carrera profesional.

Dando con vías más allá de lo infranqueable

Arnim nació y creció en Bogotá (Colombia). Su madre, que era dulce y comprensiva (trabajaba de enfermera) nació en África de padres alemán y belga, mientras que el padre de Armin era un austríaco de Viena severo y dueño de una empresa de ascensores. La pareja se había enamorado en Colombia y acabó viviendo en este país, por lo que Armin creció siendo bilingüe, ya que hablaba español y alemán. Bromea con que le gusta usar el área alemana de su cerebro para el pensamiento más lógico y el área española para las partes más emocionales y pasionales de su vida.

La escuela a la que Arnim acudía cuando era joven estaba financiada en parte por el gobierno alemán, por lo que algunos alumnos recibían formación en alemán, otros en español y unos pocos en inglés. Como los primeros profesores de inglés de Arnim fueron alemanes, su inglés tiene acento alemán.

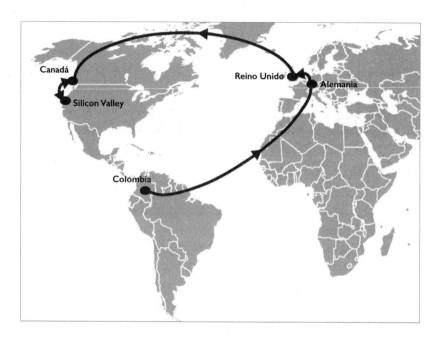

El trayecto del aprendizaje de Arnim Rodeck le llevó lejos de su Colombia natal antes de que encontrara su vocación.

Pero para Arnim no todo fue de color rosa. Es disléxico, y la memorización siempre le ha resultado difícil. Esto significaba que las tareas escolares le suponían una verdadera cruz. Además, tenía otros retos, como por ejemplo con la música: canta fatal. Lo hace tan mal que, en el jardín de infancia, cuando llegaba el momento de que todos los niños cantaran, su maestro le hacía jugar con bloques de construcción Lego.[2]

Arnim carecía, además, de sentido del ritmo, por lo que era un negado para el baile. Era incapaz de distinguir las notas musicales ni de detectar qué pieza musical estaba escuchando, y ni siquiera podía averiguar qué instrumentos hacían esto o aquello.

Pero para Arnim, el procesado de señales de audio (los aspectos digitales y analógicos de la electrónica subyacente en algunos tipos de música) suponía una experiencia diferente a la de oír música. Le encantaba. Afortunadamente, su profesor de música en el instituto reconoció las fortalezas ocultas de Arnim y le permitió aprobar sus exámenes gracias a la construcción de un tocadiscos y de una guitarra eléctrica. De este modo, Arnim siguió aprendiendo sobre la música a su propia manera obteniendo, pese a ello, unas calificaciones fantásticas. Prosiguió diseñando y construyendo sintetizadores, tablas de mezclas, grabadoras e incluso un theremín (ese raro instrumento musical que se toca sin tocarlo).

Finalmente, Arnim desarrolló un interés intenso y para toda la vida por un asunto por el que la mayoría de la gente hubiera dicho que no poseía ningún «talento». También aprendió una lección que a menudo se pasa por alto: los grandes profesores pueden sacar lo mejor de alguien, incluso cuando los demás piensan que esa persona es un fracaso. Arnim aprendió algo todavía más importante: que a veces la mejor forma de tener éxito en una tarea aparentemente imposible consiste en colarse por una puerta lateral.

Gracias, en gran medida, a la dislexia de Arnim, fue un tremendo fracaso en las clases de inglés de su escuela secundaria, ya que era necesario leer mucho. Tenía una memoria horrible para las palabras que formaban parte del vocabulario, y carecía de cualquier sentido de la lógica para la gramática o la ortografía, independientemente de lo mucho que se esforzara.

Arnim acabó yéndose a Alemania a obtener su licenciatura en ingeniería eléctrica. Para su sorpresa, una vez que llegó a Heilbronn, se tuvo que enfrentar a su vieja némesis: la lengua inglesa. Algunos de los cursos técnicos necesarios se impartían únicamente en inglés. Los exámenes también eran en inglés. Así pues, luchó denodadamente, y superó los exámenes sólo con la ayuda de profesores particulares y gracias al hecho de que, en ocasiones, sus profesores hacían la vista gorda. Le advirtieron de que debía evitar dedicarse a cualquier trabajo que requiriera del uso de la lengua inglesa.

No obstante, y de forma muy parecida al empresario singapurense Adam Khoo, Arnim había aprendido a convertir aparentes desventajas en ventajas. Después de irse de la Colombia ecuatorial a la templada Alemania, se dio cuenta de que le encantaba estudiar en distintos países, en los que tenía la oportunidad de conocer a personas diferentes y de empaparse de nuevas culturas. Para cursar sus estudios de posgrado acabó yéndose al Reino Unido, todo y su «discapacidad» con la lengua inglesa.

Para sorpresa de Arnim, descubrió que, a pesar de sus problemas para leer en inglés, era bastante bueno a la hora de captar el lenguaje hablado. No tuvo ningún problema relacionado con el idioma durante sus estudios para obtener su máster.

Aunque mi inglés era muy malo cuando llegué a Inglaterra, nunca he sido tímido, así que tan sólo hacía preguntas y hablaba, independientemente de lo mal que hablara el idioma. El hecho de que fuera extranjero era, con frecuencia, una excusa genial para preguntar y que me dieran indicaciones y me dijeran cosas que hacer, lugares especiales que visitar, etc.: preguntas que un angloparlante nativo de la zona quizá no haría.

Por ejemplo, mientras buscaba una universidad adecuada para estudiar el máster, viajaba en un tren prácticamente vacío que se dirigía de Manchester a Liverpool. Me senté al lado de una mujer joven y empecé a charlar con ella. Me pregunté, en voz alta, por los distintos programas de máster, y le acabé pidiendo una recomendación sobre algún lugar en el que alojarme en Liverpool. Ella me invitó a casa de sus padres, y con el tiempo se convirtió en una maravillosa amiga y defensora.

Tener acento hace que la gente se muestre curiosa, lo que frecuentemente te proporciona la oportunidad de hablarles un poco de ti. Rompe barreras. Pero la mayor ventaja de hablar más de un idioma consiste, simplemente, en comprender que existe más de una cultura. Son diversas las formas de ver y de actuar en el mundo. Aprender a hablar otro idioma te proporciona una mentalidad más abierta.

Creo que para mí el cambio radical en el estudio de las lenguas consistió en pasar de la estructura formal de una clase a hablar e interactuar con la gente. De hecho, incluso en la actualidad, sigo aprendiendo, diligentemente, palabras nuevas que veo en los libros y oigo en las noticias: las practico cada mañana mediante un sistema de tarjetas mnemotécnicas llamado Anki. Irónicamente, aprender vocabulario nuevo era lo que más odiaba y lo que tan mal se me daba en la escuela. Sigo siendo lento al respecto, pero ahora simplemente lo hago y hasta disfruto con ello.

De forma divertida, mi mal inglés incluso me permitió comunicarme mejor. La gente hacía un esfuerzo extra por comprender lo que le decía. Estaba interesada y me ayudaba a aprender mostrándose reticente a aceptar que el idioma fuese una barrera.

La distracción no es necesariamente algo malo

Resulta que escuchar algo acompañado de un cierto grado distractor (como por ejemplo un acento extranjero) obliga a tu cerebro a hacer trucos mentales para potenciar tu razonamiento. Así pues, la idea de Arnim de que la gente le prestaba más atención debido a su acento había dado en el blanco. Cuando las personas tienen unas ligeras dificultades para procesar lo que oyen o ven, pueden verse forzadas a pensar de forma más abstracta. Esto, a su vez, puede permitirles pensar de forma más creativa sobre lo que están oyendo.[3]

Un poco de ruido de fondo, de forma parecida a tener acento, parece generar unas ligeras y mayores dificultades para el procesamiento: distrae justo lo suficiente, de modo que tienes que pasar, por lo menos momentáneamente, a un modo distinto de percepción, lo que te permitirá pensar de una forma más amplia y creativa. Ésta puede ser la razón por la cual algunos de nosotros vamos a una cafetería, con su ruido de fondo, quizá buscando, subconscientemente, un ambiente más agradable para estudiar.

La concentración es buena, pero no todo el aprendizaje implica concentración

Cuando estudiamos, frecuentemente ingerimos cafeína, lo que potencia nuestra atención mediante la atenuación de las ondas alfa, que nos hacen soñar despiertos. Este efecto muestra su máxima intensidad durante una hora después de beber una taza de café o té, aunque el efecto energizante puede durar unas ocho horas, razón por la cual en ocasiones es mejor evitar beber café o té por la tarde.[4]

Cuando haces algo difícil desde el punto de vista cognitivo, el café no es el único potenciador. Con frecuencia usas otros trucos, de forma subconsciente, para mejorar tu concentración. Si, por ejemplo, estás intentando recordar algo, tiendes a apartar la mirada, lo que evita que sobrecargues tu memoria funcional de información externa procedente de tu entorno.[5] Incluso el simple hecho de cerrar los ojos puede ayudarte a ignorar los distractores, de modo que puedas recordar algo más fácilmente.[6] En consecuencia, los expertos en memoria que compiten en concursos de memoria harán todo lo que puedan por reducir el ruido y los estímulos visuales externos, e incluso a veces llevan antifaces especiales y orejeras de modo que puedan mantenerse concentrados.

Frecuentemente es más fácil memorizar algo que comprenderlo de verdad. Esto da en ocasiones un empujón a los estudiantes de medicina con la suerte de poseer una memoria excepcional (sí, aunque los trucos para memorizar funcionan bien, la memorización les resulta más sencilla a algunas personas. Los investigadores siguen sin estar muy seguros de por qué, aunque existen pruebas de que tener los genes adecuados es de ayuda).[7]

En las facultades de medicina, en las que hay un difícil examen de anatomía, los estudiantes normales pasan semanas preparándose. Practican una y otra vez para memorizar miles de términos y funciones relacionadas. Por otro lado, los ases de la memorización pueden dejarlo hasta algunos días antes de la prueba, pasar unas pocas horas echando una ojeada a los apuntes y, pese a ello, sacar buenas notas.

Sin embargo, cuando estos mismos ases de la memorización se enfrentan a un tipo distinto de examen en la facultad de medicina (por ejemplo, una prueba relacionada con el funcionamiento cardíaco), se encuentran con que algunas horas de inmersión en el estudio a última hora no son suficientes. Los tutores de las facultades de medicina a veces se sorprenden al comprobar que estos estudiantes aparentemente brillantes suspenden ciertas asignaturas de la carrera. Parece que memorizar rápidamente términos anatómicos relacionados con el corazón no te permite comprender y responder a preguntas sobre el complejo funcionamiento de este órgano.

Esto supone un recordatorio de que una simple concentración focaliza-da *no suele ser suficiente* cuando intentas comprender un asunto complicado.

El aprendizaje más complejo exige conexiones difusas

Lleva tiempo comprender sistemas complicados, tanto si estamos estu-diando el corazón humano, diseñando un nuevo sistema de irrigación para el césped o bien analizando las causas multifactoriales de la Segunda Guerra Mundial. Para desenmarañar estos asuntos tan complejos, con frecuencia tenemos que alternar entre una intensa focalización en la ma-teria que investigamos y dar algunos pasos atrás para fijarnos en el pa-norama general. Nuestra necesidad de una distracción ocasional durante cualquier sesión de aprendizaje puede surgir de las necesidades opuestas de la concentración intensa frente a la visión global.

Como vimos en el capítulo 7, tenemos dos formas distintas de ver el mundo: es decir, dos enfoques neuronales distintos frente al hecho de pensar. El modo concentrado utiliza nuestra atención focalizada, mien-tras que el modo disperso implica estados de reposo neuronal.[8] Si re-cuerdas, el pensamiento focalizado es el tipo de pensamiento que practi-cas cuando te concentras intensamente en un problema de matemáticas. Por otro lado, puedes caer en el pensamiento disperso cuando estás en la ducha sin pensar en nada en concreto.

Ahora profundicemos un poco más en estas ideas.

El modo focalizado o concentrado está principalmente centrado en el córtex prefrontal: la parte anterior de tu cerebro. Por otro lado, el modo disperso implica una red que conecta áreas del cerebro más disemina-das.[9] La naturaleza diseminada del pensamiento disperso o difuso es la razón por la cual suele estar relacionado con las conexiones inesperadas subyacentes al meollo de la creatividad.[10] Las actividades que implican al modo disperso, como caminar, subir a un autobús, relajarse o quedarse dormido es más probable que te lleven a tener ideas creativas que pare-cen surgir aparentemente de la nada.[11]

Un poco de ruido de fondo

Si nos encontramos en un entorno muy silencioso, ese silencio puede potenciar los circuitos de la atención focalizada mientras, al mismo tiempo, desactiva el modo disperso. Ésta es la razón por la cual los entornos tranquilos son ideales cuando estamos haciendo algo que requiere de una atención focalizada, como la declaración de impuestos o un ejercicio difícil durante un examen.

Pero, a veces, nos fijamos en asuntos más generales, como la función cardíaca o la conectividad de una red de ordenadores, o los patrones meteorológicos. En ese caso, un poco de ruido esporádico, como un fragmento de conversación o un repiqueteo de platos de fondo, puede ser de ayuda. Esto se debe a que esa pequeña cantidad de ruido permite, temporalmente, que surja la red difusa de mayor alcance (técnicamente, el ruido «afecta a la desactivación de la red en modo estándar»).[12] En otras palabras, el ligero jaleo de, digamos, una cafetería, puede seguir permitiendo que te concentres, pero el ruido de fondo también te permite dar un paso atrás, ocasionalmente, con más facilidad para así fijarte en el panorama general de lo que estás intentando comprender.

Pero se puede llegar a un punto en el que haya demasiado ruido, lo que puede evitar que te concentres. La gente mayor puede que sea más sensible al ruido, ya que no se les da tan bien desactivar el modo estándar.[13] Ésa probablemente se la razón por la cual los clientes de mayor edad de un restaurante tienden a poner más pegas con las conversaciones de las mesas vecinas, en las que todos intentan ser más interesantes que el espectáculo musical vespertino.

Cambio de mentalidad clave
El ruido de fondo

Un poco de ruido de fondo intermitente nos puede permitir alternar con más facilidad entre los modos concentrado y disperso. Esto es especialmente útil con el aprendizaje que implica nuevos conceptos, enfoques o perspectivas.

¿Qué pasa con la música?

Así pues, podrías preguntarte: «¿Qué pasa con la música? ¿Es de utilidad o un estorbo cuando intentas estudiar?». La respuesta es que depende. Si la música tiene un ritmo rápido y su volumen es alto, indudablemente afecta a la comprensión lectora, en parte porque algunas de las mismas áreas del cerebro se usan para procesar tanto la música como el lenguaje.[14] La música con letra distrae más que la música sin letra.[15] Por otro lado, los investigadores han descubierto que si estás escuchando un estilo musical que te gusta mucho, éste podría potenciar tus estudios, mientras que si no te gusta tanto, podría empeorarlos.[16]

En última instancia, todo esto sólo significa que por lo que respecta a la música, deberías utilizar el sentido común y averiguar qué es lo que funciona mejor en tu caso.

Otro deslizamiento por la puerta lateral

La educación de Arnim en Colombia le enseñó a tener una mentalidad bastante distinta a la de la gente de muchos países más ricos. Colombia no sólo es un país en desarrollo, sino que lo está haciendo rápidamente, y sus diversa población tiene un espíritu confiado y emprendedor. Si tienen que entregarse unas tareas escolares y hay un corte de electricidad, los profesores no dejarán, por ello, de esperar que los deberes se entreguen en la fecha prevista, sin excusas. Si hay un tráfico terrible que implique que un simple viaje al centro de Bogotá pueda llevar tres horas, eso no importa: las tareas deben seguir entregándose a tiempo. La intrépida expectativa cultural de que podía encontrar una forma de superar los obstáculos formaba parte del espíritu de Arnim.

En Alemania, Arnim solía escuchar la expresión: «So etwas haben wir noch niegemacht» («Nunca hemos hecho eso»). Quienes decían esta frase querían decir, en realidad, que Arnim no podía hacerlo; pero en cuanto Arnim oía eso, la parte colombiana de su mente empezaba a preguntarse: «Pues bien, ¿cómo *puedo* hacerlo?». Usaba esta forma de pensar para evitar tener que repetir todos los cursos que ya había estudiado previamente en una universidad colombiana no reconocida. Cuando le preguntó al decano sobre cómo podía obtener una certificación formal por los cursos que ya había realizado, éste le respondió primero:

—No se puede hacer –pero luego añadió–. Bueno, a no ser que obtengas el visto bueno de todos y cada uno de tus profesores.

Arnim preguntó y descubrió cuáles eran los profesores «fáciles». Obtuvo sus firmas, y consiguió multitud de vistos buenos, por lo cual, al final, incluso el profesor más severo no pudo negarse. Al final, el decano felicitó a Arnim y le otorgó el reconocimiento a su trabajo anterior.

Tras obtener su grado de máster, Arnim se encontró en una disyuntiva. Aunque siempre había querido irse a vivir a Canadá, no había tenido mucha suerte intentando conseguir un empleo allí. A medida que el momento de la graduación se iba acercando, envió cientos de solicitudes a empresas alemanas, también con poco éxito. Era deprimente. Fue a ferias de empleo de ingeniería y telecomunicaciones y vio unas colas enormes en todas ellas. No podía evitar preguntar al personal de los departamentos de recursos humanos con los que habló si sabían de alguna feria de empleo menos popular y menos abarrotada.

Pues bien: al final fue a una feria de empleo «equivocada» (pero mucho menos abarrotada) especializada en económicas. Allí pudo hablar con los representantes de muchas de las mismas empresas y países que había en la feria de ingeniería y telecomunicaciones. La mayoría le hicieron pasar un mal rato por presentarse en un evento pensado para un sector industrial distinto. Sin embargo, al representante de Hewlett-Packard (HP) le encantaron sus agallas, y le dijo:

—¡Estamos buscando a gente que piense de forma diferente!

Arnim fue contratado, al principio, como ingeniero asistente para HP en Darmstadt (Alemania). Como parte de su formación, le enviaron a un laboratorio de HP en Bristol (Reino Unido), donde se desarrollaban los nuevos productos. Allí, por fin, Arnim empezó a obtener su verdadera educación, frecuentemente a través de mentores.

El primer mentor de Arnim no hablaba mucho, pero era un oyente formidable que predicaba con el ejemplo para sacar lo mejor de la gente. Cuando hablaba, era porque tenía alguna buena idea. Arnim aprendió de su siguiente mentor a no preocuparse por el dinero, la posición social o ni siquiera la reputación, sino a concentrarse en hacerlo lo mejor que pudiera sin tomar atajos.

De forma parecida a Zach Cáceres, que aparecía en el capítulo 5 y que había abandonado los estudios, Arnim ha visto que los mentores han sido extraordinariamente importantes en su trayectoria profesional y en su desarrollo personal. Ha tenido «mentores profesionales» pagados por HP como parte de un programa de creación de líderes futuros. Pero han sido los mentores que él ha considerado como tales los que han supuesto la mayor diferencia.

Cuando Arnim detecta a un mentor potencial, trabaja para ganarse su interés. Es consciente, por ejemplo, de que un solitario email no es suficiente. Ha llegado a darse cuenta de que distintos tipos de enfoque gustan a distintos tipos de personas: no existe un único truco para captar a los mentores. También reconoce que preguntarle a alguien a bocajarro si quiere ser tu mentor puede ahuyentarle, especialmente si apenas te conoce. Una vez más, y al igual que Zach Cáceres, Arnim busca cómo hacer que la relación sea beneficiosa para todas las partes, de modo que el mentor también gane a través de su «inversión» en la relación. Arnim asimismo da importancia al hecho de buscar dos tipos distintos de mentores: uno que le haga seguir sintiéndose confiado y animado, y otro que no huya de las críticas y que no ponga excusas.

Cambio de mentalidad clave

Los mentores

Los mentores pueden resultar inestimables en tu trayectoria profesional y en tu desarrollo personal. La gente ni siquiera tiene por qué saber que la consideras mentora para que sea valiosa en tu vida. Encuentra formas para resultar útil de algún modo para el mentor, al igual que él lo es para ti, con el fin de que esa relación medre.

El viaje de Arnim a los laboratorios de talla mundial de Bristol también le proporcionó la oportunidad de mostrar su coraje. El proyecto que le habían encargado suponía algunos desafíos especiales. Aunque parezca mentira, algunos de esos retos no surgieron directamente de los problemas técnicos, sino de la cultura del laboratorio. De acuerdo con el anticuado estilo de la flema británica, uno no pedía ayuda. Pero quizá porque Arnim era extranjero, además de ser un novato sin experiencia, tuvo que preguntar y consultar para averiguar qué estaba sucediendo. Los ejecutivos empezaron a darse cuenta de su voluntad por tratar de comunicarse, crear vínculos, hacer preguntas... y resolver los problemas.

HP acababa de adquirir una pequeña empresa recién creada (*start-up*) de Canadá, y su dirección buscaba a una persona en Europa que proporcionara apoyo y que fuera abierta de mente, flexible y que estuviera dispuesta a incrementar la presencia de HP. Arnim encajaba como un guante, pero una vez que empezó a ir a Canadá se vio absorbido por la resolución de problemas que aparecían en ese lugar, y sus viajes empezaron a ser cada vez más prolongados. Al cabo de un año, le parecía una tontería conservar su apartamento en Alemania. Su sueño de mudarse a Canadá se había convertido en realidad.

Fue el amor de Arnim por las culturas nuevas lo que le llevó, más adelante, a conseguir uno de sus grandes logros: venderle a un importante cliente un producto nuevo que nunca había conseguido resaltar en la compañía. Arnim convenció a sus jefes para que le dejaran ir al «campo de batalla» en Silicon Valley y «vivir» con los clientes. Su jugada fue muy inusual, ya que la empresa disponía de un reputado servicio de ventas y de atención al cliente. Sin embargo, al cabo de seis meses, Arnim empezó a comprender cómo usaban los clientes los productos de HP y de otras compañías. Los informes que escribía para su empresa supusieron un nuevo tipo de diálogo (una forma de oír lo que realmente era necesario) que permitió que HP tuviera más éxito. Y así es como acabó por viviendo en Palo Alto, el hervidero de la alta tecnología.

El momento de cambiar de trayectoria profesional

Puede que fuera Heinz, el padre de Arnim, el que plantara la semilla para su cambio de trayectoria profesional. Siempre decía que, cuando te vuelves bueno en lo que haces, es el momento de hacer un cambio. «No esperes a lo que viene tras eso». Lo que quería decir era: «No esperes hasta que te hayas cansado de eso».

Armin no estaba quemado. En primer lugar, en Hewlett-Packard (parte de la cual acabó dando lugar a la filial Agilent Technologies) le trataban bien. Lo valoraban, tenía unos colegas geniales y se sentía puesto a prueba intelectualmente. Pero estaba cansado de la política y de la burocracia que resultan inevitables en las grandes empresas. También estaba cansado del irritante traslado diario al trabajo, con sus inevitables embotellamientos, las vistas a las carreteras de hormigón y las personas de talla mundial, pero a veces sorprendentemente estrechas de mente, que le rodeaban y cuyos intereses giraban sólo alrededor de la tecnología o los negocios.

Así pues, después de desempeñar, durante más de una década, el trabajo prácticamente de sus sueños, Arnim empezó a pensar en una transformación de su carrera profesional. No tenía ni idea de cuál sería su siguiente trabajo: simplemente quería ser bueno en más de una cosa, y deseaba que el nuevo trabajo fuera distinto a lo que había estado haciendo. Por supuesto, el cambio conlleva riesgos, pero el riesgo de no cambiar podía ser mayor.

Junto a su necesidad de hacer un cambio estaba el hecho de que Arnim quería ser su propio jefe y un creador. También deseaba encontrar algo en lo que pudiera mejorar, incluso a medida que fuera envejeciendo. Uno de sus activos más valiosos era su forma analítica de pensar, producto de su formación y experiencia en el campo de la ingeniería: sabía que independientemente de la trayectoria profesional que escogiera, ésta sacaría provecho de eso.

Empezó, gradualmente, a pensar en opciones. Llevaba consigo una hoja de papel y anotaba cualquier idea que le acudiera a la mente, sobre todo las más locas. Al final de cada semana, revisaba las hojas. Al cabo de seis meses, una idea brillaba entre las demás: la carpintería.

Arnim no había hecho nada de carpintería antes, pero se sintió atraído por la belleza de los bosques canadienses e inspirado por cómo los talladores nativos infundían vida a cada una de sus obras. Le encantaban las sensaciones que le aportaba la madera: cómo, de algún modo, se comunicaba con una pieza, y ella con él, señalándole cómo debería desarrollarse el trabajo de carpintería. Era justo lo contrario a lo que Arnim había experimentado en el área de la tecnología, impulsada por la ausencia de emociones, la precisión y la eficiencia.

—Con la madera –dice Arnim– todo se limita a sentimientos, percepciones y paciencia. Arte, en esencia. Quería que la gente explorara ese lado mío. Quería seguir un nuevo itinerario profesional y, con él, una nueva forma de ver el mundo.

Una vez que averiguó qué quería hacer, Arnim empezó a verse diez años mayor, trabajando en su taller de carpintería con sus clientes. A continuación, imaginándose todavía en el futuro, se preguntaba: «¿Cómo he llegado hasta aquí?».

Tenía dos cosas claras: en primer lugar, que le encantaba lo que había visto. Quería llegar ahí.

En segundo lugar, tendría que dejar su trabajo: librarse de sus «esposas de oro» (las grandes tentaciones y los beneficios de tipo económico que se dan a los empleados de un cierto nivel para evitar que se vayan a trabajar a otra empresa) y meterse en un escenario desconocido. Por supuesto, esto no le garantizaría el éxito.

La ventaja del método de «visualización del futuro» por parte de Arnim era que no tenía que planear todos los pasos. En lugar de eso, simplemente encaminó su mente hacia el asentamiento de una nueva trayectoria profesional que, casualmente, hizo uso de su formación anterior en el campo de la ingeniería.

Cuando Arnim abandonó su exitoso trabajo, muchos de sus colegas pensaron que cometía un gran error, pero, al mismo tiempo, le envidiaban. Desde entonces, algunos de sus antiguos compañeros de trabajo le han visitado, e incluso han disfrutado ayudándole en su taller (un buen número de esos antiguos colegas ahora han perdido su trabajo debido a las fusiones y a las reorganizaciones de empresas de alta tecnología).

El cambio fue duro: mucho más duro de lo que Arnim había imaginado. Como no tenía experiencia previa en el mundo de la carpintería, tuvo que aprender las mejores técnicas y experimentar con maderas, colas y acabados. También tuvo que aprender dónde conseguir los mejores materiales y cómo estar al día de las novedades profesionales clave.

Arnim nunca había dirigido un negocio. Tuvo que averiguar qué debía vender y a quién. Tuvo que determinar y conocer los costes, las ubicaciones y la logística, y comprender todas las complejidades del flujo del dinero. Empezó a ser consciente de que había perdido aptitudes por su experiencia pasada en una gran compañía, donde había departamentos especializados que se encargaban de todas sus necesidades y de las de la empresa.

Buena parte del reto de Arnim se limitaba a priorizar a qué dedicar su energía. Había muchos más problemas y desafíos que el tiempo del que disponía. Tuvo que averiguar cómo hacerlo todo por sí mismo: anunciarse, vender, proveerse de materiales, el transporte, las pruebas, la fabricación, responder a solicitudes, diseñar, resolver problemas, experimentar y conocer a nuevos clientes. Y, además, debía tener en cuenta los códigos de fabricación y otras normativas.

De algún modo, el hecho de no saber al principio lo duro que iba a ser todo aquello le ayudó a seguir navegando por aguas a veces turbulentas.

Tal y como ha llegado a darse cuenta, en su antiguo modo de «visualización del futuro» no era capaz de planear los detalles de una profesión que todavía no conocía, ni los pormenores de cómo gestionar su propio negocio. Pero esos sueños originales empezaron a programar sus «vectores» (sus pensamientos subconscientes) para que le siguieran llevando en su nueva dirección. Esta vectorización subconsciente no ha desaparecido, por supuesto. Incluso ahora, Arnim sigue pensando que necesita continuar cambiando, aprendiendo y creciendo, incrementando así sus destrezas actuales. Dice:

—Si dispongo de un momento libre, me verás en el taller imaginando el siguiente paso a dar. Independientemente de a dónde vaya y de lo que haga, sueño en las siguientes cosas que quiero hacer.

Ha trabajado duro para crear un entorno que le obligue a seguir cambiando, a no conformarse con volver a caer en sus viejos hábitos. Hoy, más de diez años después, Arnim se muestra más apasionado que nunca con su nueva trayectoria profesional, pese a que buena parte de ella no resultó como había imaginado inicialmente.

Arnim había querido a la gente con la que había trabajado en la empresa: gente muy inteligente que le hacía mantenerse alerta. Para conservar ese espíritu en su interior, empezó a tomar notas sobre la gente que admiraba, respetaba o incluso le desagradaba: personas que eran buenas en lo que hacían. Se fijó en qué tipo de preguntas solían plantear y por qué eran tan buenos.

Un aspecto clave de lo que Arnim hizo fue empezar a imaginarse a sí mismo al cabo de diez años. Podía verse en su taller de carpintería con sus clientes, imaginando el aspecto que tenía su vida. Entonces, le encantó lo que vio.

En la actualidad, las frases de los viejos mentores de HP, que fueron referentes para él, siguen pasándole por la cabeza, ayudándole a mantenerse en el buen camino mientras elabora distintos proyectos de carpintería. Algunas de estas frases son:

- Sí, tiene muchas características geniales; pero ¿qué tal funciona con las tareas básicas?
- Sé el cliente, úsalo como el cliente, intenta conseguir lo que el cliente necesita obtener con ello.
- Asegúrate de que todas las partes salgan ganando: el proveedor, el cliente y nosotros.
- Conoce tus talentos y tus éxitos y concéntrate en ellos; pero averigua también cuáles son tus debilidades y encuentra la forma de obtener ayuda con ellas.

- Piensa en el futuro. Cada paso que des, por pequeño que sea, suma y acaba siendo poderoso al final. Piensa en el interés compuesto.
- No existen los problemas con un cliente: no son más que una oportunidad para asentar una relación más estrecha.
- Uno no asiste a un curso de ventas (o de cualquier otra cosa) y se cree que lo sabe todo sobre el tema. Sigue haciéndolo durante una década y sólo entonces empezarás a captarlo.
- Averigua cómo sacar lo mejor de la gente y ayúdala a medrar. Esto también hará que tú medres, y no al revés.

Incluso en la actualidad, Arnim imagina a veces reuniones con sus antiguos colegas de HP para ayudarse a mantener sus enfoques inspiradores vivos en su interior:

—Recuerdo sus preguntas y sus actitudes, y reviso mi última idea o desafío con «ellos». Por supuesto, no puedo reemplazar el trabajo con esas personas, pero me he llevado algo de lo mejor de ellos conmigo a mi nuevo entorno.

¡AHORA PRUEBA TÚ!

Generando máximas

Arnim redactó una lista con los consejos más útiles que sus colegas le habían dado. Como él, pregúntate: ¿a quién has admirado, respetado o bien quién te ha desagradado? ¿Quiénes son las personas en tu vida que son excepcionales en lo que hacen? ¿Qué tipo de preguntas plantean y qué cosas importantes dicen?

Bajo el encabezado: «Máximas», haz una lista de dichos de tus colegas favoritos (y de los «menos favoritos», pero muy competentes). Tu elección de máximas debería estar moldeada por tus deseos y metas, lo que significará que has contribuido a la lista de forma creativa. Puedes consultar esta lista a modo de guía para tus planes de futuro.

Volviendo a capacitarse

Una de las cosas que Arnim no quería hacer al cambiar de trayectoria profesional era volver a capacitarse de manera formal. En lugar de ello, quería alimentar su creatividad librepensadora, que era parte de lo que le había empujado a la carpintería. Así pues, en lugar de apuntarse a un curso académico largo, se inscribió en cursos cortos y trabajó y estudió por su cuenta, leyendo libros y visitando ferias y exposiciones relacionadas con la carpintería en las que hacía muchas preguntas. También probaba ideas con clientes potenciales para que así le proporcionaran su valoración, y trabajó en diversos proyectos de renovación de su propia casa para tener una mejor idea de sus habilidades.

Entonces surgió una oportunidad especial. Mientras charlaba con unos amigos y su familia, de vuelta en Colombia, oyó hablar de, y luego fue a visitar, un retiro religioso en un monasterio dedicado a la carpintería que se encontraba en la localidad de El Rosal, cerca de Bogotá. Arnim no es una persona religiosa, pero respeta a quienes dedican su vida a algo mayor que ella misma.

Entre los líderes de los monjes había un «maestro» carpintero alemán de cabello canoso: un hombre muy querido que parecía proceder directamente de un gremio medieval de carpinteros. Personificaba la magia que se manifestaba en el equipo. Bajo la dirección del maestro, un equipo de doce carpinteros locales fabricaba objetos de madera para iglesias, prisiones y personas que les encargaban trabajos. Arnim le preguntó al maestro si había alguna forma en que él pudiera tan sólo barrer el suelo o recoger lo que iba dejando su equipo de carpinteros: hacer cualquier cosa con tal de poder observarles durante algún tiempo.

El monje, que era un hombre amable y de voz suave, le dio una respuesta breve y evasiva.

Cuando Arnim regresó a Canadá, escribió al maestro, enviándole una carta (al viejo estilo, con un sello). No obtuvo respuesta.

A continuación, Arnim recurrió al teléfono. El maestro, que quizá percibió que podía confiar en Arnim, y probablemente también impresionado por su tenacidad, respondió desde el otro extremo de la línea:

—Siempre eres bienvenido.

Éstas eran las palabras mágicas que Arnim estaba esperando.

—¿Durante cuánto tiempo debería quedarme? –le preguntó.

—Eso es asunto tuyo –fue la respuesta.

Lo que Arnim había preguntado no se había preguntado antes (igual que todas las veces anteriores en las que él había pedido lo imposible. Jamás le habían dado a nadie carta blanca para estudiar durante un breve período de tiempo en el monasterio). Las previsiones habían sido de años de aprendizaje.

Arnim organizó una estancia de catorce días. Vivió en el monasterio, comió con los monjes y pasó los días dedicándose a la carpintería. Estaba viviendo su sueño: aquélla era una de las experiencias más geniales de su vida. Hizo que cada momento contara, formulando preguntas e intentando aprender de todos, pero también esforzándose por ser modesto, agradecido y útil de todas las formas imaginables. Estudió en la biblioteca de los monjes y tomó notas que compartió con ellos. Mientras permaneció allí, empezó a fabricar sus primeros proyectos, buscando siempre las críticas y valoraciones.

El entusiasmo de Arnim era contagioso. Los monjes y los carpinteros se vieron inspirados por el obvio respeto que su protegido les mostraba a ellos y al trabajo que se llevaba a cabo en el monasterio. También apreciaban su capacidad de aprender con rapidez. Incluso en la actualidad, Arnim regresa regularmente al monasterio para mostrar al equipo cómo su formación y sus ideas siguen inspirándole. Se sientan juntos, ríen y se inspiran los unos a los otros. Cuando Arnim regresa a Canadá, cada vez que revisa sus viejas notas capta más cosas en ellas.

—Quizá, lo que fue más importante para mí —recuerda Arnim— fue la forma en que el maestro alentó mi aprendizaje. Que observara y luego probara por mi cuenta, que observara de nuevo y volviera a probar: seguir probando hasta que llegara más allá de lo que creía que pudiera hacerse, y hacerlo con tanta frecuencia que se convirtiera en algo innato.

El maestro intentaba asegurarse de que Arnim desarrollara una actitud de mejora continua: no debía volverse complaciente alcanzada una meta. Arnim sigue oyendo su voz en su interior cada día mientras trabaja en su taller.

De acuerdo con los consejos del maestro, Arnim se asegura de esforzarse yendo en nuevas direcciones cuando recibe nuevos encargos. Intenta, con cada proyecto, asegurarse de disponer de la oportunidad de aprender no sólo un nuevo enfoque sino varios. Ha fabricado puertas y muebles para los Juegos Olímpicos de Invierno de Vancouver, además de para varias casas lujosas, junto con mesas de centro, tallas en paredes, cajas de regalo, atriles, marcos de chimenea, armarios, carteles indicadores, e incluso, si le apetece, encargos de objetos tan sencillos como tablas de cortar.[17] Y sus clientes se han convertido en sus amigos.

Inyecciones de energía

El antiguo entorno de Arnim en el mundo de la alta tecnología era muy activo, con muchas conversaciones profundas, ideas y compañeros de trabajo que le motivaban. ¿Cómo, se preguntaba, podría mantener la energía que surge de trabajar en equipo cuando trabajara como autónomo?

Tener esto en cuenta ayudó a Arnim a reparar (contrariamente a lo que uno podría esperar de forma intuitiva) en que el tiempo no era su recurso más importante. De hecho, era la energía, tanto física como mental. ¿Cómo podría desarrollarla y mantenerla? Arnim empezó a hacer muchas caminatas, senderismo y salidas en bicicleta. Percibió que las ideas y las soluciones interesantes a los problemas se le ocurrían cuando caminaba en medio de la naturaleza. Incluso las duchas después de las excursiones daban sus frutos:

—¡La ducha es mi oficina de creatividad!

Arnim no había sido consciente de cuánto echaría de menos las evaluaciones de rendimiento a que se veía sometido en HP. No le emocionaban las valoraciones negativas, pero siempre las había usado para mejorar. En la actualidad, lleva a cabo lo que él llama «evaluaciones *post mortem*». Realiza una después de cada proyecto, haciéndose (también a sus clientes, amigos y colegas) muchas preguntas, de modo que pueda saber cómo mejorar el siguiente proyecto.

Arnim, que se enorgullece de la artesanía meticulosa, hace un esfuerzo para experimentar y asumir sus errores. Sabe que la creatividad requiere de una actitud receptiva a los fallos. Tal y como él dice:

—Cuando las cosas salen mal o no como se preveían, es divertido asumir un enfoque positivo y, pese a ello, dar con una forma de hacer que las cosas salgan incluso mejor de lo esperado.

Convirtiendo lo negativo en positivo

Muchas personas se sienten desalentadas por haber vivido una experiencia negativa con un profesor: por ejemplo, si tuvieron un mal profesor de matemáticas, quizás usen eso como una explicación de su fracaso de ahí en adelante. Arnim es diferente: hace un esfuerzo por considerar incluso a los profesores más desalentadores como mentores. Por ejemplo, cuando Arnim estaba llegando a la adolescencia, recibió clases de matemáticas de un profesor muy impopular que prácticamente exudaba maldad. En una ocasión, el profesor llamó a Arnim para que saliera a la pizarra y le pidió que dibujara un círculo grande. Arnim lo hizo.

—¡No! —exclamó el profesor—. ¡Mucho más grande!

Arnim así lo hizo.

Su profesor se volvió hacia la clase y dijo:

—¡Ésa es la nota de Arnim en el examen de matemáticas!

Arnim estaba destrozado, pero decidió que ése no iba a ser su destino. Su padre se había ofrecido a ayudarle con las matemáticas, y esa humillación pública por parte de su profesor de matemáticas acabó por hacerle aceptar la oferta de su padre. Décadas después, como un exitoso estudiante de matemáticas que obtuvo un máster en ingeniería eléctrica, Arnim tiene un punto de vista sorprendente: cree que aquel profesor de matemáticas le hizo un favor al empujarle a aceptar que realmente necesitaba ayuda con esta asignatura.

¡AHORA PRUEBA TÚ!

El poder de lo positivo

Incluso las personas más desalentadoras puede hacer contribuciones positivas en tu vida. Anota, bajo el encabezado: «Convertir cosas negativas en positivas», ideas sobre cómo puedes transformar encuentros negativos en experiencias de aprendizaje positivas. Para darle más entusiasmo a este ejercicio, contacta con un amigo alegre e intercambia algunas de tus ideas optimistas (no te dejes desanimar por las cosas negativas).

Los riesgos y el cambio

Arnim asumió riesgos importantes para desarrollar una nueva trayectoria profesional. Al final, no obstante, el malestar inicial que soportó fue mejor que pasar horas cada día para desplazarse al trabajo mientras se preguntaba si podría, repentinamente, ser despedido o reemplazado.

—Las vidas más interesantes –señala Arnim– son las de las personas que asumen riesgos y cometen errores, y que están dispuestas a aprender de esos errores.

Explica que, para él:

—El don de tener una mente trae consigo el deber de experimentar con ella, de moldearla, de jugar con ella.

Como ingeniero eléctrico, Arnim no puede resistirse a comparar su cerebro con un sistema operativo. Una actualización del sistema operativo suele aportar unas mejores características, aunque casi siempre se producen fallos y problemas temporales. Arnim cree que necesita el riesgo para que le aporte el impulso enérgico que requiere para abrir su mente al cambio; y, ciertamente, en el cambio hacia su nueva trayectoria profesional, tuvo que cambiar de manera de pensar, su actitud y sus valores.

Pero Arnim dio con una forma para cambiar que fue más poderosa que prácticamente cualquier cosa que hubiera probado nunca. Eso es lo que vamos a explorar en el siguiente capítulo.

¡AHORA PRUEBA TÚ!

Creando tu sueño

Arnim se veía a sí mismo como quería ser en diez años. Si has intentado llevar a cabo un ejercicio similar, ¿cómo te imaginarías tú? ¿Qué tendrías que hacer para permitir que tu sueño se desarrollase? Anota tus ideas bajo el encabezado: «Creando mi sueño».

Capítulo 11

El valor de los cursos *online* masivos en abierto y el aprendizaje en la red

La educación para adultos está cambiando de una manera espectacular. Puede que la mejor forma de ver esos cambios sea echando un vistazo a un grupo especial de personas: los superparticipantes en cursos *online* masivos en abierto (o superMOOCers, en inglés), que han estudiado una docena, o incluso docenas, de cursos *online* masivos en abierto (COMA). Empezaremos con nuestro viejo amigo Arnim Rodeck, que resulta que no es sólo maestro carpintero, sino también maestro MOOCer, con más de cuarenta COMA en su haber. Como sabemos algo sobre el pasado de Arnim, es más fácil comprender cómo la participación en múltiples COMA le ha llevado a su situación actual. Continuaremos para ver cómo otros superMOOCers hacen uso de lo que han aprendido.

Todo esto es un aperitivo en nuestro viaje hacia un lugar muy especial. (Pista: Tiene un techo bajo).

Armin descubre los COMA

Una década antes de conocer a Arnim, cuando él seguía trabajando en el campo de la alta tecnología, su empleador había sido muy generoso con los programas y las oportunidades de formación. Sin embargo, mientras Arnim empezó a prepararse para el cambio con el fin de trabajar como autónomo, se dio cuenta de que se enfrentaba a un problema. ¿Cómo podía seguir el ritmo con el aprendizaje sin el tipo de formación interna que su empleador le había proporcionado hasta ahora? (El problema de Arnim no era infrecuente: se ha convertido en un asunto importante con la aparición de la economía informal, en la que la gente decide trabajar más como autónomo que como empleado a tiempo completo).

> Me encanta aprender cosas y leo mucho, pero es difícil encontrar buenas lecturas que proporcionen una introducción a una materia al tiempo que enfoquen y cubran áreas importantes de ese campo. ¡Afortunadamente para mí, eso es lo que hacen muchos COMA!
>
> KASHYAP TUMKUR
> Ingeniero de software en Verily Life Sciences

Además, en esa empresa de alta tecnología, Arnim había adquirido el hábito de asimilar nuevos conocimientos relacionándose con gente muy instructiva. Pero en su taller de carpintería no había nadie más que el gato durante la mayor parte del tiempo. Además, en el entorno de alta tecnología de Arnim todo tenía que ver con el cambio. Le preocupaba el hecho de que el cambio a un oficio tan antiguo y aparentemente estático como la carpintería pudiera convertirse en un callejón sin salida desde el punto de vista intelectual.

Para evitar que sucediera esto, Arnim empezó a elegir encargos de carpintería que le obligaran continuamente a aprender nuevos enfoques y técnicas de carpintería. También inició una rutina en la que estudiaba algo nuevo cada mañana durante por lo menos una hora, sirviéndose de libros que pedía prestados en la biblioteca, *podcasts* y *blogs*.

Varios años antes, Arnim había aprendido, de un monje budista, la importancia que tenía el hecho de que lo primero que hiciera por la mañana fuera encaminar su mente y su espíritu por la senda correcta. El monje le señaló a Arnim cómo las noticias sobre los sucesos actuales («si no hay sangre no vende») pueden infundir miedo y preocuparnos sobre asuntos que son irrelevantes y que, incluso, pueden ser nocivos para las actitudes con las que hemos iniciado el día (esto nos recuerda a lo que Claudia averiguó acerca de su depresión, tal y como se comenta en el capítulo 2).

Como resultado del consejo del monje, Arnim se mantiene alejado de las noticias y de los emails por la mañana, cuando está trabajando. Tiende a despertarse temprano, pero se queda en la cama con los ojos cerrados revisando lo que ha aprendido y el vocabulario del día anterior. A continuación, visualiza el qué y el cómo de los proyectos en los que trabajará durante ese día.

A lo largo de los años, Arnim ha intentado mantener su mente en forma y abierta a los nuevos asuntos e ideas difíciles de dominar; pero también se ha percatado de que cuanto más difícil era el material, más complicado le resultaba captarlo por su cuenta. Los libros de texto sobre asuntos como la filosofía o el arte moderno parecían incomprensibles en ocasiones. Al mismo tiempo, los *podcasts* y los *blogs* no eran de mucha ayuda porque no exploraban las materias con el tipo de profundidad y amplitud que buscaba. Contaba con vídeos en Internet, pero solían ser de índole práctica y cubrían temas como, por ejemplo, cómo usar una sierra de mesa o una cámara.

Lo que Arnim anhelaba eran unos profesores con verdadera experiencia: maestros que pudieran concretar la esencia de la materia y transmitirla de una forma fácil. También deseaba implicarse de forma activa con sus condiscípulos y trabajar con el material como lo había hecho en la universidad.

En 2012, Arnim encontró casualmente una charla de la plataforma TED titulada «Lo que estamos aprendiendo de la educación *online*», por Daphne Koller, la cofundadora de una empresa de reciente creación llamada Coursera, que trabajaba con universidades para proporcionar algunos de sus cursos disponibles por Internet en forma de COMA. Daphne hablaba sobre cómo los COMA de Coursera estaban abriendo nuevos horizontes a los estudiantes de todo el mundo. Sus COMA consistían en mucho más que en simples vídeos: también contenían discusiones, pruebas y tareas evaluadas por condiscípulos que respaldaban a los estudiantes mientras asimilaban el material. A Arnim le pareció que aquello era la experiencia universitaria que estaba buscando.

Sólo parte de este enfoque de los COMA en el aprendizaje *online* era nuevo: muchas universidades habían realizado cursos *online* durante años. Lo nuevo consistía en que era fácil acceder a estas clases de Coursera y de otras plataformas, y que eran baratas (muchas incluso gratis). Los COMA tenían una especie de argumento: un inicio, un nudo y un desenlace. Podías hacerlos con un grupo de condiscípulos, algunos de los cuales se convertirían en amigos tuyos. Generalmente había algún tipo de actividad lúdica: los alumnos por lo menos podían ver cómo progresaban en la clase. Y al final había un premio: un certificado de una universidad de élite como Stanford, Yale o Princeton. Estos cursos también eran únicos debido a lo grandes que eran: tenían decenas de miles, e incluso centenares de miles de alumnos. Esto formaba parte de su encanto: la enorme magnitud de las clases provocaba no sólo una gran reducción de los costes, sino que aportaba a los alumnos la oportunidad de interaccionar a nivel internacional.

Arnim se quedó cautivado por la charla de Daphne, y se inscribió en el primer COMA que encontró: «Pensar en modelos», de Scott Page. El curso de Scott no era rico en efectos especiales o en valores de producción onerosos, pero sí en conocimientos sobre cómo usar modelos matemáticos para organizar la información, hacer previsiones y tomar mejores decisiones.

Arnim se sumergió en los COMA. También dedicó tiempo a los materiales suplementarios de cada COMA (libros y manuales). Vio que, con los COMA, incluso las fórmulas matemáticas complicadas y las ideas filosóficas enrevesadas se volvían más comprensibles. Era como si tuviera al profesor a su lado, acompañándole por los «senderos» más difíciles, reforzando por partida doble lo que aprendía. Los COMA le recordaban a Arnim sus viejos tiempos en la universidad, excepto por el hecho de que no tenía que detener su vida total o parcialmente para asistir a las clases.

Arnim vio que no había un límite con respecto a los temas que quisiera conocer. Para su sorpresa, descubrió que algunos de los COMA son tan buenos que incluso expertos en la materia los estaban estudiando como alumnos al lado de Arnim. Esto le proporcionó una extraordinaria oportunidad para aprender de expertos, más allá de sus profesores. La hora o dos horas que dedicaba a sus COMA por la mañana se convirtieron en los momentos más estimulantes del día.

En los últimos cuatro años, los más de cuarenta COMA que Arnim ha estudiado han generado un profundo cambio en su enfoque con respecto al aprendizaje. Dice:

> El año pasado, me encontraba con mi esposa en Lisboa, en el famoso museo de arte moderno. Pasé un mal rato en él. No me gustó la mayor parte de lo que vi y no comprendí por qué lo llamaban arte; pero el hecho de que tanta gente disfrutara con lo que veía me hizo pensar. Así que me inscribí en toda una serie de COMA relacionados con el arte y leí libros sobre la materia. No soy un experto, pero ahora mi forma de ver el arte y cómo lo valoro ha cambiado. Y también mi trabajo está cambiando.

Aquí tenemos algunos de los apuntes de los COMA estudiados por Arnim y los materiales de lectura relacionados. Los COMA le han proporcionado una forma de seguir con un aprendizaje avanzado de nivel universitario, incluso teniendo una vida familiar activa y estando implicado intensamente en la gestión, día a día, de su negocio.

A Arnim le gusta estudiar COMA sobre temas relacionados impartidos por distintas universidades: una oportunidad que resultaba imposible en el pasado para la mayoría de los estudiantes universitarios que iban cortos de dinero. Él es consciente de que está aprendiendo ahora, en su madurez, de una forma en la que no pudo antes: descubriendo conexiones para las que carecía de la experiencia vital con el fin de reconocerlas cuando era el joven que fue a la universidad por primera vez. Las amistades de Arnim se han ampliado gracias a los COMA. Él y su mujer celebran reuniones regulares con condiscípulos de COMA (amigos que viven en su región y a los que Arnim ha introducido en el mundo de los COMA), de modo que puedan hablar de lo que acaban de aprender y repasar el material juntos teniendo en cuenta las perspectivas distintas de otros. Tal y como apunta:

—Estos COMA han cambiado mi vida y siguen haciéndolo. Estoy viajando [virtualmente] por todo el mundo, visitando las mejores universidades. Y todo por un precio muy económico, pero, por supuesto, hay que dedicarlos tiempo y energía. Sí: aprender es duro. Ésa es la razón por la cual por «aprender» quiero decir cambiar de verdad y ser capaz de ver y pensar de formas en que no lo había hecho antes.

Los *superMOOCers* como Arnim constituyen una nueva raza que nos aporta conocimientos sobre cómo los COMA pueden cambiar enfoques completos con respecto a las credenciales y el aprendizaje.

Idea clave

El valor de las oportunidades para aprender

Piensa en las oportunidades para aprender como en un factor importante al tomar decisiones relativas a tu trayectoria profesional y tu trabajo. ¿Cuán alentador es el nuevo entorno para el aprendizaje de cosas nuevas?

La realización de múltiples COMA

Hacer una docena o más COMA (a veces tres o cuatro docenas) aporta una perspectiva especial sobre lo que se puede disponer hoy en día en el mundo de la enseñanza *online*. Incluso el hecho de que existan super-MOOCers es un indicativo de que la gente halla una sensación especial de reto y satisfacción en los COMA: algo parecido a la fascinación por el ajedrez, la emoción de una competición de póker o la sensación social que aportan las reuniones de mujeres para elaborar colchas con retales e intercambiar trozos de tela. Esto significa que vale la pena que dediquemos un poco de tiempo a conocer a una mayor cantidad de estos alumnos procedentes de distintos ámbitos y que estudian por iniciativa propia.

Entre este grupo vivo de gente diestra en la red, las titulaciones universitarias tradicionales siguen teniendo importancia: muchos super-MOOCers ya las poseen. Los COMA son usados frecuentemente para desarrollar una nueva destreza (adquirir un segundo talento) de una forma más flexible y económica. Los superMOOCers son conscientes de que muchos empleadores quieren aprendices emprendedores que se mantengan al día y que, además, deseen ampliar su conjunto de habilidades.

Pero puede que lo mejor sea aprender sobre la motivación directamente de los propios superMOOCers.[1] Vamos allá:

«MBA gratuito»

Laurie Pickard está destinada en Kigali (Ruanda). Trabaja para la Agencia de Desarrollo Internacional de Estados Unidos, una agencia federal que gestiona la mayor parte del presupuesto estadounidense para ayuda exterior. Posee una licenciatura en ciencias políticas por la universidad Oberlin College, ha impartido clases en la escuela pública en Filadelfia, y ha obtenido un máster en geografía por la Universidad de Temple. Laurie hizo sus pinitos en el campo del desarrollo internacional como voluntaria del Cuerpo de Paz en Nicaragua.

Laurie ha realizado unos treinta COMA (dejó de contar después de los veinte) como parte de su proyecto para completar el equivalente educativo de un MBA (Máster en Administración de Empresas). Llama a este proyecto su «MBA gratuito», y ha empezado a escribir sobre ello en un blog (que podrás encontrar en www.nopaymba.com) desde finales de 2013. Laurie admite que su educación no fue completamente gratuita: su mayor gasto ha sido el de pagar por una conexión a Internet de alta velocidad mientras se encontraba en África central, pero en comparación con el precio de un programa de MBA, los COMA le han ayudado a ahorrarse una pequeña fortuna.

Laurie Pickard llevando a cabo varios COMA en Ruanda mientras avanza hacia la obtención del equivalente a un título de MBA.

El trabajo de Laurie implica la creación de sociedades con empresas del sector privado para mejorar la vida de la gente que vive en países en vías de desarrollo. Lo que valora especialmente de lo aprendido con los COMA es cómo es capaz de aplicarlo directamente a su trabajo en el campo del desarrollo internacional. Dice:

Mi foco particular es en el emprendimiento y las asociaciones entre entidades públicas y privadas. He podido desarrollar nuevos talentos, mantener frescos mis conocimientos e, incluso, me han ascendido desde que inicié mi formación con los COMA. Puedo usar lo que aprendo en tiempo real, lo que supone un beneficio enorme con respecto a los programas de grados a tiempo completo. Al saber que conozco el lenguaje de los negocios, me siento mucho más confiada cuando hablo sobre oportunidades de colaboración con altos ejecutivos de empresas privadas. Después de cubrir los aspectos básicos, he desarrollado un estilo de «bajo demanda» en el que me inscribo en los COMA según lo voy necesitando para adquirir nuevos talentos y conocimientos. En la actualidad, estoy haciendo un curso sobre empresas bilaterales en el mercado (piensa en Uber y en Airbnb) en África. He sentido cómo cambiaba mi visión del mundo, he desarrollado un nuevo vocabulario y he conocido a condiscípulos de todo el mundo.

Un programa de máster en análisis de datos a realizar por tu cuenta

El primer período de prácticas de David Venturi, de veintitrés años, para hacer un programa de doble grado en ingeniería química y económicas le restó entusiasmo por la ingeniería química. Un encuentro casual con un amigo que se había entrevistado con un proveedor de COMA le condujo hacia éstos. David acabó probando con el curso CS101 de Udacity (consistente en una introducción a la programación y la informática). Udacity es un proveedor de COMA que se centra más en cursos vocacionales para profesionales que en cursos universitarios generales, aunque recientemente se ha asociado con la Universidad Georgia Tech (Instituto de Tecnología de Georgia) para ofrecer un máster en informática.

A David se le encendió la bombilla: ¡La programación era la actividad y la carrera profesional que había estado buscando! Pero ¿cómo podía realizar la transición hacia ese campo? La forma más fácil consistía en obtener otra licenciatura: en esta ocasión en informática, ya que no cumplía con los requisitos necesarios para hacer un máster.

David presentó una solicitud y fue aceptado en la Universidad de Toronto, que cuenta con uno de los mejores programas de Canadá. Estaba exultante. Enseguida se dirigió a su nueva universidad, planeando completar su programa de estudios en informática, pese a que estaba finalizando su doble grado en la cercana Universidad de Queen's. Empezó a asistir a las clases, pero pronto llegó a una conclusión desconcertante: esos cursos no eran tan buenos como los que había estado haciendo *online*. También se hizo evidente otra realidad: la matrícula costaba unos diez mil dólares canadienses (unos 8.100 dólares estadounidenses o unos 6.500 euros). Le llevaría tres años obtener su segunda licenciatura, y todo esto mientras ganaba muy poco dinero, pero acumulaba una gran deuda. Hacia el final de la segunda semana, abandonó el programa de la Universidad de Toronto. David explica que en la ruta universitaria tradicional para obtener la licenciatura de informática «había algo que no cuadraba»:

> Recuerdo estar sentado en el aula, pensando que el proceso de aprendizaje parecía tan lento e ineficiente en comparación con mi experiencia con Udacity. Siempre he odiado las clases largas... Normalmente tengo que volver a aprender todo el contenido cuando regreso a casa. Con la escucha menos pasiva que se da en los COMA y su enfoque más activo y el botón para pausar los vídeos, podía aprender más rápidamente, de forma más eficiente y por sólo una fracción del coste.

A pesar de que prácticamente ha finalizado su programa de doble grado, David se encuentra ahora en medio de su propio programa de Ciencia de datos que está estudiando utilizando recursos *online*. Ya ha completado aproximadamente el 50 por 100 de su programa de estudios, que consiste en un conjunto de unos treinta COMA.[2]

Además de proporcionar un aprendizaje más eficiente para muchos estudiantes, los COMA ofrecen un enorme ahorro en costes con respecto a los programas universitarios tradicionales. David estima un coste de poco más de mil dólares canadienses (unos 810 dólares estadounidenses o unos 650 euros) por el programa que se diseñó. En comparación, dice: «Pagar más de treinta mil dólares canadienses (unos 24.300 dólares estadounidenses o unos 19.500 euros) para volver a la universidad me parecía una irresponsabilidad».

Lo bueno y lo malo de los programas de grado para estudiar por tu cuenta

Exponemos a continuación las reflexiones de David sobre cómo este programa para estudiar por su cuenta ha funcionado en su caso.

LO BUENO

- ¡Gracias a los COMA acabé encontrando una trayectoria profesional que me emociona!
- Puedo ahorrar decenas de miles de dólares, sin incluir el coste de oportunidad de poder acceder antes a un puesto de trabajo.
- No más asignaturas optativas obligatorias. Sólo aprendo lo que quiero aprender, de forma más rápida y eficiente, y por un menor coste. Escojo mis cursos: una consideración importante, ya que ya estudié bastantes materias en los estudios de mi licenciatura original.
- Puedo acelerar el ritmo de mis estudios sin tener que ir avanzando arduamente a lo largo de un estricto programa cuatrimestral.
- Aprendo donde y cuando quiero. Es genial disponer de la libertad de planificar mi propio horario y escoger dónde estará mi «aula». Todo lo que necesito es un ordenador portátil y unos auriculares. Además, siento menos presión que la que sentí cuando estudiaba para obtener mi licenciatura en ingeniería química, pese a que estoy trabajando el mismo número de horas por semana que entonces. Esto probablemente se deba a una combinación de la mayor eficacia en la captación de los contenidos y la no existencia de unas fechas de entrega estrictas.
- Me conecto con gente de todo el mundo mediante Twitter, Slack, LinkedIn (donde Udacity tiene un grupo de alumnos de nanogrados) y mi página web. La semana que viene tengo una charla vía Skype con un condiscípulo graduado en COMA de la India. Es sencillamente genial.
- Estoy ayudando e inspirando a otras personas, lo que, a su vez, me inspira a mí. Algunas personas (amigos y desconocidos) han contactado conmigo y me han dicho que se vieron inspirados por mi trayectoria, y me han pedido que les oriente con respecto a sus objetivos de apren-

dizaje *online*. Resulta muy satisfactorio oír que se sintieron inspirados por mí y posibilitar que otras personas avancen.

- Estoy despertando conciencias. Mucha gente sigue sin ser consciente de la existencia de increíbles recursos como Udacity, Coursera y edX. Me siento muy afortunado de que los tiempos hayan funcionado en mi caso con respecto al descubrimiento de los COMA. Quiero que la gente los conozca, de modo que no necesite un golpe de suerte para aprovechar una fuente de educación que tiene el potencial de cambiarte la vida.

LO NO TAN BUENO

- Las decisiones relativas al equilibrio en tu vida laboral y personal son más complicadas. Un programa realizado a tu propio ritmo requiere de autodisciplina. Renunciar a actividades sociales para estar al día resulta mucho más complicado sin unas fechas límite impuestas por un profesor o que amenacen la obtención de tu título. Cuando te inscribes en un COMA, tienes que tomar más decisiones relativas al tiempo que dedicas a tu familia, los amigos, la actividad física, la diversión, la escuela, las redes de contactos y el sueño.

- Carezco del nivel de interacción con los condiscípulos que se da en una universidad tradicional. La falta de interacción cara a cara se ve mitigada por la posibilidad de conectar con personas de todo el mundo; pero todo sería genial si pudiéramos salir a tomar algo con condiscípulos de los COMA que viviesen cerca. Servicios como Meetup y Udacity Connect están intentando solucionar esto, pero todavía no están muy bien desarrollados.

- Las fechas límite flexibles favorecen las dudas y la culpabilidad. Nunca se trata de si estoy aprendiendo los contenidos, sino de «¿Avanzo con la suficiente rapidez?», «¿He trabajado suficiente hoy?», «¡Madre mía, ir al gimnasio y preparar las comidas me lleva cuatro horas diarias!». Nunca me sentí insatisfecho con mis progresos en la universidad, donde todos teníamos las mismas fechas límite. Cuando planificas tus propios horarios y creas una mezcla singular de cursos, también estás creando tus propios puntos de referencia sobre lo que quieres conseguir.

Con los COMA, ojear es bienvenido y el fracaso es una opción

Pat Bowden es una jubilada que vive en Queensland (Australia) que empezó a estudiar COMA porque los consideró una forma de dedicarse a cosas que le gustaban y que no había podido hacer anteriormente en su vida. Tras suspender su primer COMA sobre astronomía (había pasado cuarenta años desde que había estudiado física en el instituto), ha acabado completando con éxito setenta y uno, y ha suspendido otros doce.

Pat, que había trabajado como ejecutiva bancaria, dice:

—Los COMA me han abierto a un mundo nuevo. Imaginé una jubilación haciendo manualidades y entreteniéndome en el jardín. En lugar de eso, y pese a un mal inicio en mis estudios en los COMA, he aprendido muchas cosas en los últimos años y ahora me siento con la confianza de iniciar una carrera como escritora.

Vale la pena señalar lo que de verdad significa «suspender» un COMA. Es un tipo distinto de fracaso en comparación con un aula tradicional. En primer lugar, los riesgos son menores, ya que los títulos de los COMA no van a quedar registrados en un expediente académico universitario. Por otro lado, si no superas un COMA tienes oportunidades para volver a intentarlo: suelen volver a ofrecerlos al cabo de algunos meses.

Laurie Pickard, la trabajadora en el campo de la ayuda exterior en Ruanda del «MBA gratuito», señala que es imposible fracasar de verdad en un COMA en el sentido tradicional, ya que los COMA suelen implicar aprender a tu propio ritmo y explorar los límites de tus capacidades actuales. Otra característica agradable de los COMA es que resulta fácil retirarse de uno e inscribirse en otro, o en un par, para obtener los conocimientos básicos que quizá necesites para tener éxito en el primer COMA.

El empresario de las tecnologías de la educación y superMOOCer Yoni Dayan (sabremos más cosas de él más adelante) señala que muchos estudiantes sólo están interesados en partes de un COMA, o en dar una rápida ojeada al material y en ver vídeos concretos. Quizá no completen un COMA, pero lo han usado para que les ayude a tener éxito en sus propios objetivos educativos. En este sentido, los COMA se parecen mucho a los libros de texto. A los alumnos se les hace adquirir libros por valor de doscientos cincuenta dólares estadounidenses (doscientos euros), y quizás hagan uso de menos de la mitad del material contenido en ellos. No obstante, nadie dice que los libros de texto no valgan la pena debido a sus bajas tasas de «compleción».

Una superación personal que también mejora las habilidades relacionadas con los negocios

Cristian Artoni, un gerente de operaciones y analista que trabajaba para el director ejecutivo de una importante empresa de transportes italiana, ha completado casi cincuenta COMA. Es un ávido estudiante y también lee por lo menos una docena de libros al año relacionados con la temática de los COMA que sigue.

En su perfil de LinkedIn, la lista de COMA que Cristian ha estudiado revela un amplio surtido de intereses, que incluyen la filosofía antigua, la gestión, las hojas de cálculo, el hablar en público, la negociación y, por supuesto, «Aprendiendo a aprender». Esto puede parecer un tremendo revoltijo, pero Cristian se basa en una lógica precisa en su enfoque de la elección de COMA. En esencia, toma conceptos teóricos y prácticos de los cursos que no sólo le mejoran como persona, sino que también le permiten actuar de forma más eficiente en su trabajo.

Una piedra angular de los estudios de Cristian ha sido aprender *a aprender de forma eficaz*. Con esta habilidad, siente que ha sido más capaz de acceder a un surtido de otros talentos. Como Cristian desempeña el papel de mentor, *coach* y formador en su empresa, ha sido evidente para él que saber cómo aprende la gente le ha resultado muy útil. También le han resultado útiles los COMA en liderazgo, comunicación y negociación, porque han potenciado la capacidad de Cristian para dar con nuevas ideas, comunicarlas y luego persuadir a la gente para que actúe de acuerdo con ellas.

Cristian también valora el pensamiento crítico. Apunta:

—La filosofía es la base de esta habilidad, mientras que la lógica es su herramienta.

Relacionado con esto tenemos la resolución de problemas y la gestión del tiempo, que son requisitos clave para el trabajo diario de Cristian.

Recientemente he empezado a experimentar con el aprendizaje *online*. Es tanto interesante como relajante. Yo escojo cuándo hacer los cursos. También puedo volver a reproducir los vídeos hasta que comprenda las ideas clave (no puedo hacer eso con mis profesores en una clase normal). La opción *online* es la mejor forma que he encontrado para aprender nuevas habilidades.

SANOU DO EDMOND
Estudiante de Burkina Faso de tercer año de estadística

Cristian se convirtió en mentor sénior del COMA «Aprendiendo a aprender», y luego se hizo cargo de la versión italiana de este curso. Bajo el liderazgo de Cristian, reunir a cincuenta voluntarios y traducir el equivalente a una enciclopedia se consiguió prácticamente de un día para otro. Su formación en organización procedente de los COMA, además de su propia perspicacia, nos han permitido mejorar la gestión de un curso tan extenso que empequeñece cualquier aproximación anterior a la enseñanza.

Haciendo ajustes y ampliando las habilidades técnicas

Como evaluador de programas y administrador de bases de datos en el sector de los servicios sociales sin ánimo de lucro, Jason Cherry ha comprobado que los COMA mejoran su rendimiento laboral. La mayoría de los colegas de Jason son asistentes sociales, lo que ha significado que le ha resultado difícil sintonizar, en el trabajo, sus habilidades técnicas con sus compañeros de tipo más tecnológico. Al principio, Jason estudió COMA para mejorar sus habilidades analíticas y aprender sobre el desarrollo de páginas web y más sobre programación. Una vez que empezó, no pudo parar: hasta la fecha ha completado unos treinta y cinco COMA. Jason dice: «Lo que me gusta de verdad sobre los COMA es la flexibilidad: seguir teniendo fechas límite, pero también que me permiten avanzar tan rápidamente como yo quiera. Para mí es lo suficientemente fácil cubrir la materia de una semana en una sesión de estudio que dure una tarde».

En este preciso momento, Jason está dando respaldo a su departamento de desarrollo de tareas con los conocimientos obtenidos en sus COMA sobre creación de modelos predictivos, y esto va mucho más allá de lo que hubieran tenido antes.

Reinventándote

Brian Brookshire era el niño inteligente que obtenía las máximas calificaciones en los exámenes en Des Moines (Iowa), mientras crecía. Pero, aunque tenía muchos amigos y novias, e incluso pertenecía a una fraternidad, las relaciones sociales nunca habían sido su fuerte. Dice:

—Carecía de un buen algoritmo para las interacciones sociales. La gente me preguntaba por qué era tan callado, y yo contestaba: «Porque no sé qué decir».

Se graduó por la Universidad de Stanford, con una licenciatura en japonés, y algunos meses después estaba en Corea, estudiando un intenso curso de coreano de un año de duración. Una tarde mataba el tiempo en Internet cuando encontró un test que preguntaba: «¿Puedes adivinar cuándo está ella lista para ser besada?». Intrigado, participó en él. Al final apareció un anuncio de un videocurso sobre citas. Por diversión, y sin esperar nada de verdadero valor, Brian se apuntó; pero un recorrido vertiginoso por ideas sobre psicología evolutiva, autoayuda en general y adaptaciones de técnicas de ventas y marketing pronto le convencieron de una idea que encontró revolucionaria: era realmente posible aprender habilidades sociales.

Brian dice:

Descubrí rápidamente que existía toda una categoría consistente en consejos sobre las citas para los hombres, promoviéndose cursillos en Internet y numerosos foros en la red en los que se discutía este material. Lo probé. Lo probé todo. Sorprendentemente, gran parte del material ni siquiera tenía que ver con las citas *per se* en absoluto. Se ponía mucho énfasis en tener en cuenta los puntos de vista de los demás y ser capaz de comprender de dónde vienen los demás: para darse cuenta de que otros tipos pasan por la vida experimentando las mismas preocupaciones, problemas y esperanzas que tú, tal y como lo expuso un orador: «Cuanto más personal parezca un asunto, más universal es».

Aquello funcionó. A lo largo de un período de seis meses, conocí y tuve citas con aproximadamente sesenta mujeres, y acabé casándome con una de ellas. Los efectos inundaron otras facetas de mi vida. Empecé a sentirme cómodo con las interacciones sociales de una forma que nunca antes había sentido. Conocer a gente nueva se convirtió en una experiencia verdaderamente emocionante.

Esta reinvención de sí mismo mediante el aprendizaje *online* sucedió hace algunos años, pero le enseñó a Brian mucho sobre cómo aprender podía provocar cambios extraordinarios en su vida: unos cambios mucho mayores de lo que nunca hubiera imaginado que fuera posible con los enfoques académicos usuales. Ha establecido un récord nacional de levantamiento de potencia, ha aparecido en revistas de moda, domina el japonés a la perfección y se desenvuelve con fluidez en coreano. No está nada mal para un tipo corriente de Des Moines.

Estas reinvenciones de sí mismo anteriores han conducido a Brian a su aventura de aprendizaje más reciente. Como quería saber más sobre el microbioma, estudió un COMA. Antes de darse cuenta, Brian ya estaba metido en quince cursos sobre biología y pasándolo mejor que en muchos años. Una pregunta que siempre le gusta hacerse es: «¿Cómo puedo llevar lo que estoy haciendo al siguiente nivel?». Pensó en cursar un doctorado en biología, pero volver a la universidad durante tres años para estudiar una licenciatura con el fin de satisfacer los requisitos para la solicitud de un programa de doctorado le resultaba poco atractivo. Así pues, inspirado por un programa informático *online* que había visto, Brian organizó un programa de licenciatura en biología lo más parecido posible a uno real con los COMA equivalentes, y ha publicado sus resultados en un blog.[3] Todavía está por ver si Brian obtendrá su doctorado o no, pero su senda de aprendizaje, junto con su negocio anterior y sus habilidades lingüísticas, le están posicionando para ser un experto en un mercado naciente en Asia que fusiona la biología y los negocios.

Superando las discapacidades

El superMOOCer «Hans Lefebvre» quedó tetrapléjico después de una desgraciada caída cuando tenía once años.[4] Escribe con el teclado gracias a un palo en la boca o mediante un programa de reconocimiento de voz. Hans ha conseguido un máster en astrofísica y le gustaría obtener otro en informática; pero no dispone del bagaje de asignaturas necesario para que le permitan matricularse en ese programa sin cursar, partiendo de cero, otra licenciatura.

Sin embargo, resulta que la universidad dispone de otra ruta para acceder a sus programas de máster si se superan sus exámenes de convalidación. Con ese fin, Hans ha hecho más de cincuenta COMA de informática en los que ha sido uno de los mejores estudiantes, e incluso se ha convertido en mentor de un COMA de algoritmos de la Universidad de Princeton. Hans todavía tiene que hacer algunos cursos más antes de sentirse preparado, pero la disponibilidad de asignaturas de nivel avanzado *online* mediante COMA ha abierto un camino para que este estudiante dotado tenga sueños para el futuro. La meta a largo plazo de Hans es obtener un empleo en el campo de la investigación en la universidad. Este sueño no es imposible: vive en una de las ciudades europeas con una mejor accesibilidad para personas con discapacidades físicas.

Hans dice: «Me encanta aprender, así que me estoy divirtiendo mucho. Cuanto más aprendo, más me doy cuenta de que carezco de muchas habilidades, pero eso no hace sino motivarme para seguir aprendiendo».

Cambio de mentalidad social: usar los COMA para desarrollar nuevas redes sociales

El empresario franco-israelí Yoni Dayan, un licenciado en relaciones internacionales por la Universidad de La Sorbona de treinta y cuatro años, siempre ha sentido fascinación por las empresas noveles (*start-ups*). Con tan sólo dieciocho años, cofundó una empresa que escribía reseñas de videojuegos, y desde entonces se ha sentido atraído por la idea de crear negocios que ayuden a los demás.

Un beneficio, que a la vez es un reto para Yoni, han sido los círculos sociales «naturales» que hay a su alrededor. Como estudiante universitario hace más de una década, estableció contactos profesionales en la comunidad de las relaciones internacionales; pero para un empresario como Yoni, este tipo de contactos no era suficiente. Necesitaba redes sociales orientadas empresarialmente que le permitieran incrementar su olfato empresarial.

Los COMA constituían la oportunidad perfecta para el establecimiento de redes de contactos. Yoni ha estudiado varias docenas de COMA, muchos del campo de los negocios y del emprendimiento, y otros de áreas relacionadas, como la programación, la creatividad y el diseño. Yoni sostiene: «Luchando juntos para entregar las tareas en equipo a tiempo, colaborando mediante reuniones en páginas web para socializar, y compartiendo nuestras historias, mis conocidos virtuales se han convertido en mis amigos y socios».

En los últimos años, la sucesión de pequeñas victorias y el apoyo continuo de personas de mentalidad similar que Yoni ha conocido en cursos *online* le han proporcionado la confianza suficiente para abrazar del todo el emprendedor que lleva dentro. Entre muchos otros proyectos, ahora se encuentra en el proceso de hacer uso de los conocimientos y las redes que ha desarrollado gracias a los COMA para crear una nueva empresa novel (*start-up*) sobre la valoración de las maneras informales mediante las que adquirimos conocimientos y destrezas.

Siendo un generalista

El superMOOCer Paul Hundal, un abogado de cincuenta y nueve años de Vancouver, completó recientemente su centésimo COMA mediante la plataforma edX. En una época en la que poseer destrezas específicas en programación o empresariales es algo valioso, es fácil olvidar que la sociedad también necesita a generalistas; y tal y como apunta Paul, ser abogado consiste en ser un generalista. En lugar de poseer conocimientos específicos sobre un área, como en el caso de un científico, un abogado tiene que analizar cada caso como un nuevo patrón de hechos con problemas distintos y a veces ocultos. Cuantos más conocimientos generales posea, mejor podrá analizar Paul una situación.

Durante las dos últimas décadas, Paul ha formado parte de la junta de directores de uno de los grupos ecologistas más antiguos de Canadá: la Society Promoting Environmental Conservation (Asociación

Promotora de la Conservación Medioambiental), donde ha dirigido campañas a favor de la protección de la calidad del agua y el aire, de bosques centenarios, de la fauna salvaje y de la reducción de residuos. Estas campañas requerían que Paul adquiriera un conocimiento general de muchas disciplinas, de modo que pudiera ser eficaz propugnando la conservación.

El enfoque de Paul siempre ha sido el de entender los hechos y aspectos científicos. Recuerda:

—Hace veinticinco años, cuando necesitaba aprender algo rápidamente en un campo especializado, solía telefonear a la universidad local y hablaba con un académico experto. En esa época, los profesores se mostraban muy abiertos a la hora de hablarle a alguien que llamaba espontáneamente, sobre todo cuando sabían por qué hacía preguntas. Sin embargo, a lo largo de los años, eso se ha vuelto mucho más difícil. La gente ya no es tan abordable a través de llamadas imprevistas.

Ahora disponemos de mucha información en Internet, pero la clave consiste en saber distinguir el grano de la paja: puede que haya veinte fuentes que citen la misma afirmación falsa procedente de la misma fuente errónea. Paul se ha visto obligado a convertirse en alguien que hace las cosas por su cuenta para dar con los conocimientos que necesita con el fin de llevar a cabo su trabajo de forma adecuada. Añade:

—La primera vez que oí hablar de edX (cursos *online* gratuitos impartidos por los mejores profesores del mundo) me convencí de inmediato de su valor. Podía estudiar prácticamente cualquier tema, beneficiándome de la mejor formación del mundo, rápida y fácilmente desde casa. Después de haber estudiado cien COMA, esto ha supuesto una maravillosa experiencia para ampliar mis conocimientos de la forma más eficiente, de modo que puedo compartir esos conocimientos con otras personas. Esto me convierte en un mejor abogado y en un mejor ambientalista en defensa de la conservación de la naturaleza y de un mundo mejor.

Cambio de mentalidad clave

Con las nuevas formas de aprender, tú eres el conductor

Recuerda que las nuevas formas de aprender te permiten asumir el mando. Los COMA son un nuevo recurso importante para alcanzar tus objetivos en el aprendizaje, tanto si exigen habilidades técnicas, como sociales o incluso habilidades sobre el propio aprendizaje.

Cambiando tu cerebro: el aprendizaje online *lo hace más fácil*

Jonathan Kroll es un emprendedor al que le gusta aprender idiomas, y decir eso es quedarse corto. Se licenció en la Universidad de California, siendo sus estudios principales el francés y español, y estudiando también, en menor grado, portugués (pero sólo porque no le dejaron estudiar portugués como tercera asignatura principal). También había estudiado latín, italiano y catalán.

La facilidad de Jonathan para los idiomas no se combinaba con unas buenas destrezas matemáticas. De hecho, Jonathan era malísimo en esta área. Sin embargo, esto no era algo importante para él, ya que estaba planeando una carrera profesional en el servicio diplomático.

Pese a ello, poco después de su graduación, Jonathan se vio atraído por el potencial de Internet, que entonces estaba despegando. Había numerosas oportunidades empresariales, y Jonathan se lanzó de cabeza a la competición con otros que estaban fundado empresas nuevas y ofreciendo servicios como Facebook, YouTube y Gmail.

De día, Jonathan iba a clase para aprender y repasar los idiomas que siempre se le habían dado tan bien, y por la noche regresaba a su casa para investigar, aprender y experimentar con lenguajes de programación. Se sorprendió al ver que tenía unas destrezas transferibles: la gramática, la sintaxis y la semántica de las lenguas que había estudiado durante tantos años habían preparado a su cerebro para asimilar y comprender con facilidad las normas que rigen los lenguajes de programación (una vez más, vemos cómo la experiencia «irrelevante» del pasado puede aportarnos una ventaja sorprendente en una nueva trayectoria profesional).

Con el tiempo, con la esperanza de tener una mejor comprensión del mundo empresarial que estaba abrazando, Jonathan puso la vista en la escuela de negocios. Empezó a prepararse para el examen de admisión de licenciados en la carrera de empresariales (GMAT, por sus siglas en inglés). El GMAT es un examen muy exigente en cuanto a las matemáticas, por lo que Jonathan sabía que le resultaría difícil superarlo. Como no se permite el uso de calculadoras, Jonathan tendría que hacer todos los cálculos manualmente durante la prueba. Dispondría de menos de dos minutos por pregunta, por lo que cada segundo contaba. Sin embargo, Jonathan, que entonces tenía veintinueve años, apenas podía efectuar una multiplicación o una división sencillas sin la ayuda de una calculadora, y mucho menos resolver un polinomio o calcular el número de permutaciones de n objetos distintos en una disposición circular.

Hizo el examen y obtuvo los resultados: fue algo parecido a que le atropellara un camión. No era simplemente malo en matemáticas: por lo visto un estudiante de primero de primaria podría haberlo hecho mejor.

Sin embargo, él se recompuso, se sacudió el polvo de encima y volvió a empezar con sus estudios. Comprendiendo la carencia que tenía de conocimientos matemáticos, decidió iniciar su proceso de revisión con las matemáticas de primaria. Trabajó con profesores particulares y expertos en la preparación de exámenes, y estudió durante horas por su cuenta. Poco a poco fue dominando cada concepto.

A lo largo de dos años, hizo el examen GMAT, que dura cuatro horas, en seis ocasiones. Además, se presentó al examen de acceso a estudios de posgrado (GRE, por sus siglas en inglés) cuatro veces. Al final, sus resultados superaron con mucho a los de la amplia mayoría de los estadounidenses. Lo realmente importante era comprobar cómo, tras esos dos años de estudio, Jonathan había obtenido una perspectiva completamente distinta en cuanto a sus destrezas matemáticas. En verdad, fue capaz de hacerlo, después de todo.

Jonathan sabía que tenía que haber una mejor forma para que la gente estudiara las secciones cuantitativas (las partes con todas las preguntas relacionadas con las matemáticas) de exámenes como el GMAT y el GRE. Él y sus antiguos profesores particulares se dieron cuenta de que tenían una oportunidad al alcance de la mano en la creación de una empresa ya existente llamada Target Test Prep (que podría traducirse como Preparación para Exámenes Vitales). Se trataba de una compañía que no era plenamente consciente de su potencial. Sus activos eran su amplia oferta de asignaturas y las miles de preguntas para practicar patentadas, pero su software estaba obsoleto, su estrategia de marca era mediocre y su penetración en el mercado era pobre. Jonathan vio las posibilidades y decidió retrasar sus planes relativos a la facultad de empresariales para, en vez de eso, unirse a Target Test Prep como director en jefe de tecnología. Al cabo de algunas semanas, había creado un plan para renovar, desde cero, su software para el examen GMAT, y un mes más tarde se logró reunir un equipo de diez personas que estaba listo para empezar a trabajar.

Los COMA iban siendo más conocidos, y Jonathan ya había hecho algunos por pura curiosidad. Se quedó sorprendido al ver que sus nuevos conocimientos le resultaron útiles de inmediato.

En primer lugar, el pánico es un factor importante en los exámenes de certificación. Jonathan ya se había encontrado en esa situación: la presión te deja la mente en blanco, te sientes prácticamente petrificado, aparece la visión en túnel, el reloj corre y el estrés hace que la aplicación de tus conceptos mejor sabidos resulte prácticamente imposible. El COMA del Instituto Tecnológico de Massachusetts (MIT) titulado «Diseño y desarrollo de tecnología educativa» le enseñó a Jonathan aspectos sobre el «aprendizaje activo» y acerca de cómo las habilidades no cognitivas pueden ser tan importantes como los conocimientos sobre las materias cuando uno se está preparando para un entorno de elevada presión y estrés como el examen GMAT. Esto le permitió a Jonathan desarrollar conocimientos e ideas sobre características que se podían implementar que puso sobre la mesa durante las discusiones de planificación.

De forma parecida, resulta que el examen GMAT contiene tantos conceptos que a los estudiantes puede resultarles agobiante organizar sus estudios. En el COMA «Aprendiendo a aprender», Jonathan había asimilado el concepto de la fragmentación (si recuerdas, tal y como se explicaba en el capítulo 3, la fragmentación implica asimilar pequeños fragmentos de conocimiento mediante la práctica y la repetición diarias. Constituye la base del dominio en cualquier materia).

El conocimiento de la fragmentación llevó a Jonathan a hacer que los contenidos de Target Test se organizaran *online* de modo que cada unidad fuera lo suficientemente pequeña como para fragmentarla. Su equipo diseñó, entonces, un sistema para que los estudiantes practicaran preguntas relacionadas con cada fragmento concreto. Tomaron, por ejemplo, el concepto de «exponentes y raíces» y crearon su propia unidad pedagógica: un «superfragmento». Esta porción grande se subdividió entonces en cincuenta fragmentos menores, cada uno de ellos con su propio conjunto de preguntas de práctica. Todo esto se incorporaba en la estructura más profunda del software. Este enfoque puede parecer propio del sentido común, pero no es algo que otras empresas de preparación de exámenes hagan en la misma medida, ya que, por ejemplo, todo lo relacionado con los exponentes pueden incluirlo en una gran categoría bajo el título de «aritmética».

La experiencia de Jonathan como «mal» estudiante de matemáticas fue sorprendentemente valiosa. En primer lugar, sabía con exactitud dónde los estudiantes se encontrarían con dificultades. Tal y como diría Adam Khoo, de Singapur, Jonathan convirtió un problema (su inutilidad con las matemáticas) en una oportunidad.

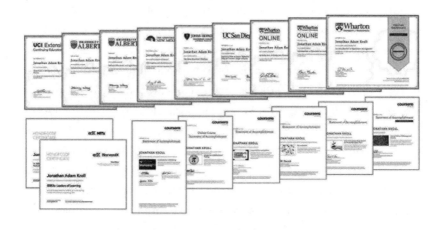

La colección de COMA de Jonathan Kroll. Los COMA han ayudado a Jonathan a incorporar nuevas ideas procedentes de las investigaciones neurocientíficas directamente a la creación de un producto nuevo, útil y popular.

Desde su relanzamiento, Target Test Prep ha aparecido en revistas importantes y se ha asociado con universidades y organizaciones de élite.[5] Han ayudado a miles de estudiantes a obtener unas calificaciones magníficas en los exámenes GMAT, GRE y MCAT, y quizás, e igual de importante, la empresa ha permitido que los alumnos mejoren su pensamiento crítico y su capacidad de análisis, tan demandados en la actualidad. No sólo consiste en enseñar para superar la prueba, sino también en enseñar destrezas de vital importancia.

¿Y qué hay de Jonathan? Aunque realizó sus estudios de matemáticas antes de la llegada de los COMA, ahora comprende el poder del aprendizaje para realizar cambios cruciales en la vida. Se ha convertido en un superMOOCer, y a día de hoy ha completado dieciocho COMA. Siempre está aprendiendo algo nuevo, ya sea para su mejora profesional o por simple curiosidad.

Cambio de mentalidad clave

El aprendizaje online *proporciona una gran vía para la renovación*

Puede resultar sorprendente darse cuenta de cómo se han atrofiado los conocimientos adquiridos en el instituto o que, ya para empezar, apenas los habíamos adquirido. El aprendizaje *online* aporta una gran forma de refrescar los viejos conocimientos, ponerse al día con las destrezas que necesitas para un examen vital o, sencillamente, adquirir conocimientos básicos.

Los consejos del superMOOCer Ronny De Winter para sacarle el máximo partido a los COMA

Ronny De Winter es un ingeniero de software belga que trabaja como autónomo y que ha completado cincuenta COMA. Aquí tenemos sus consejos para obtener el máximo rendimiento posible:

- Define qué te gustaría aprender en los próximos dos o tres años.[6]
- Encuentra los COMA y otros medios para aprender que mejor satisfagan tus necesidades. En este caso, Class-Central.com es muy útil.
- Antes de inscribirte en un COMA, haz averiguaciones sobre el esquema de los temas del curso, los prerrequisitos, el programa y la carga de trabajo semanal recomendada.
- Programa tiempo cada semana. Para ir sobre seguro, es buena idea que te organices de modo que dispongas del doble del tiempo recomendado para el aprendizaje.
- A algunas personas les gusta ver u oír los vídeos a entre 1,2 y 2,0 veces su velocidad normal. Los MOOCers más avanzados emplean una técnica llamada «fast-MOOCing». Con este enfoque se ojea el esquema de los temas del curso y las diapositivas antes de ver los vídeos. Luego se ven los vídeos a una velocidad de hasta el doble de la normal.
- Observa cómo van las cosas la primera semana. Si no estás sacando mucho de una COMA, déjalo.
- No te inscribas en demasiados cursos al mismo tiempo. Es mejor estudiar algunas materias en profundidad que muchos cursos superficialmente. La mayoría de los cursos se van repitiendo, así que por lo general podrás hacerlo más adelante si no encaja en tu agenda.
- Utiliza el foro de discusión para potenciar tu aprendizaje y obtener respuestas a tus preguntas, pero sé consciente de que esto puede consumir tiempo.
- Cada vez que te inscribas en un curso nuevo, quizá lo encuentres un poco defectuoso, así que, si esto te molesta, espera hasta que halla una edición posterior. Pese a ello, los cursos nuevos pueden seguir siendo divertidos, así que no los descartes de buenas a primeras.

¿Podemos aprender demasiado?

A veces, los COMA son valiosos porque hacen que demos un paso atrás y nos fijemos en lo que de verdad queremos aprender y por qué. Ana Belén Sánchez Prieto, profesora madrileña de estudios sobre manuscritos medievales, nos aporta ideas interesantes al respecto. Ana era, al principio, una escéptica total con respecto al valor del aprendizaje *online*, pero cuando su universidad inició un programa piloto para un grado de máster *online*, se presentó voluntaria para dar una clase, principalmente porque pensaba que enseñar vía Internet le permitiría pasar más tiempo con su marido, que trabajaba en el extranjero. Al fin y al cabo, si enseñaba *online* podría hacerlo desde cualquier lugar.

Como Ana iba a crear una clase *online*, quiso probar haciendo un curso. Se inscribió en el COMA «Los pequeños secretos inconfesables de la arqueología», impartido por Sue Alcock, una arqueóloga del mundo clásico de la Universidad de Brown. A Ana le encantó: le dio muchas ideas para su propia clase *online*, pero, curiosamente, también le mostró que, precisamente porque conocía su materia, esto no quería decir que conociera la forma más eficaz de enseñarla. Teniendo eso presente, Ana se inscribió en otro COMA titulado «Las bases de la enseñanza para aprender». Pensó que también fue una buena clase.

Después, Ana se dio cuenta de que había todo un grupo de COMA relacionados con la educación, una «especialización» de Coursera. Pensó: «Una especialización se vería bien en mi currículum», aunque ya era una profesora titular con plaza fija a la que le encantaba su trabajo y no tenía intención de cambiarlo.

Ana acabó estudiando todos los COMA que pudo encontrar sobre educación. Sin embargo, el COMA «Enseñar a tener carácter y crear un aula positiva», impartido por Dave Levin, de la Relay Graduate School of Education, supuso un punto de inflexión. Para cuando Ana alcanzó la segunda mitad del curso, su marido le estaba preguntando: «Ana, ¿qué te ha pasado?».

Ana dice:

—Desconozco si el COMA me ayudó a convertirme en mejor profesora, pero desde luego que me ayudó a convertirme en un mejor ser humano.

Cree que el COMA le aportó un mejor conocimiento de los demás y la voluntad de perdonar sus debilidades.

Luego Ana empezó a descubrir COMA relacionados con materias sobre las que siempre se había hecho preguntas, pero acerca de las que nunca había tenido la oportunidad de aprender, como por ejemplo los ordenadores. Las clases del doctor Charles Severance sobre Internet y Python (un lenguaje de programación) fueron fantásticas para abrirle los ojos. (Nota al margen: A la mayoría de la gente que hace y ve COMA le encanta el «Doctor Chuck», que es el apodo del doctor Charles Severance).

Después Ana empezó a estudiar cursos sobre HTML y otras herramientas para el desarrollo de redes.

A continuación, empezó a abrirse camino en las matemáticas con la Academia Khan.

Ana estaba tan emocionada con su capacidad para aprender (y obtener credenciales por ese aprendizaje), que se entusiasmó, e hizo COMA sobre prácticamente cualquier cosa.

Me provocó un verdadero estrés, ya que también tengo mis propias clases. Mi vida social empezó a desvanecerse. Al final tuve que afrontarlo: era adicta a los COMA; y lo que es peor, frecuentemente no aprendía porque estaba más centrada en completar el curso y obtener el certificado.

Para entonces había obtenido unos cincuenta certificados de COMA y noventa y una insignias de la Academia Khan.

Ana paró en seco. Acabó por darse cuenta de que puede ser interesante aprender sobre muchas cosas, pero que tenía que escoger.

Algunos meses después de su retirada en seco de los COMA, Ana volvió a inscribirse en estos cursos, pero esta vez adoptó un enfoque más equilibrado. Ha empezado a «asistir como oyente» en un COMA sobre diseño de videojuegos, de modo que pueda aplicar técnicas propias de los videojuegos para mejorar sus clases. Está pensando en repetir el curso sobre videojuegos una vez más antes de inscribirse de manera formal, para que pueda aprender los contenidos de verdad. Ahora, el objetivo de Ana es aprender, pero no sentirse agobiada.

La profesora Ana Belén Sánchez Prieto, a la derecha, mientras se prepara para presentar su COMA sobre manuscritos medievales.

Para cuando estés leyendo esto, el COMA de Ana, titulado «Descifrando secretos: Los manuscritos iluminados de la Europa medieval» ya se habrá puesto en marcha.

Cambio de mentalidad clave
Equilibrio

La vida nos ofrece muchas (a veces demasiadas) oportunidades para aprender. Si estás empezando en el mundo de los COMA, ten en cuenta que pueden ser adictivos. Si un tema te interesa, puedes asistir como oyente a un curso para ojear el material cuando y donde quieras, sin la presión de las tareas y las fechas límite. Los certificados pueden ser geniales para motivarte, pero usa el sentido común para equilibrar el aprendizaje y los certificados con tus obligaciones profesionales y tu vida familiar.

Por qué los COMA y otros cursos para el aprendizaje *online* son importantes

Puede que te preguntes por qué hecho tanto hincapié en los COMA y en las asignaturas *online* en este capítulo, en oposición a la vieja televisión y los vídeos tradicionales. La cuestión es que la televisión y los vídeos tradicionales contienen materiales frecuentemente pasivos, que sólo se pueden «mirar» (con algunas excepciones importantes que abordaremos pronto). Esto significa que la televisión y los vídeos tradicionales pueden suponer un gran inicio para el aprendizaje, pero no suelen resultar suficientes. Mucha gente necesita un pequeño empujón para dedicarse en serio a estudiar el material. Los COMA bien diseñados proporcionan ese empujón: ayudan a que el material cobre vida mediante el aprendizaje activo: el tipo de aprendizaje que conduce a que se produzcan cambios físicos más profundos en el cerebro. Recuerda que el aprendizaje activo es lo que Jonathan Kroll vio que era tan valioso al diseñar un formidable sistema para la preparación del examen GMAT. Estos cambios neuronales fundamentales tienen un impacto no sólo sobre la flexibilidad mental, sino sobre la salud a largo plazo y la longevidad.

Aquí tenemos lo que quiero decir: con el aprendizaje pasivo, puedes estar viendo un programa de televisión y descubrir que existe un instrumento musical llamado oboe. Con el aprendizaje activo, serás capaz de tocar el oboe. El aprendizaje activo es excepcionalmente poderoso: es el tipo de aprendizaje que te permite alcanzar argumentos lógicos, formular buenas preguntas, resolver problemas, chutar un balón de fútbol con destreza, hablar un idioma extranjero, tocar un instrumento musical o, sencillamente, ser más creativo con lo que estás aprendiendo.[7] (¿No te has preguntado por qué disponemos de las secciones «¡Ahora prueba tú!» en este libro?).

Los COMA, y especialmente los bien diseñados, proporcionan abundantes oportunidades estructuradas para el aprendizaje activo mediante sus exámenes, tareas, proyectos y foros de discusión. Incluso aunque sólo hagas algunas pruebas para reforzar tus conocimientos mientras ves, despreocupadamente, los vídeos de un COMA, comprobarás que esas pruebas te permiten comprender el material de una forma nueva; y, por supuesto, las pruebas refuerzan tus nuevos conocimientos y te permiten comprobar si has comprendido el material de verdad (naturalmente, las pruebas en profundidad que implican los conceptos fundamentales son mucho mejores que los exámenes ligeros con respuestas de tipo «memoriza esto»;[8] pero los exámenes en profundidad pueden ser mucho más difíciles de crear). Dicho esto, a veces no es necesario exagerar con el aprendizaje activo, especialmente cuando todo lo que necesitas es una visión general sobre un tema. Una vez más, ésta es la razón por la cual los COMA pueden ser tan útiles: puedes asomar la cabeza y obtener lo que quieres o necesitas.

Lo genial para los alumnos es que los COMA compiten entre sí. Todo lo que tienes que hacer es acudir a una plataforma como Class-Central. com, que analiza y compara los COMA. Puedes aprovechar sus valoraciones para dar con el mejor COMA sobre negociación, hablar en público, química orgánica, o todo lo que te puedas imaginar. También puede ser divertido leer las críticas, que a veces parecen sacadas de Rotten Tomatoes (una página web dedicada a las críticas cinematográficas).

Sin embargo, existen retos. En la actualidad, muchos estudiantes tienen dificultades para motivarse y completar las partes activas de los COMA. Ésta es la razón por la cual talleres de programación como Dev Bootcamp, con un gran componente cara a cara, pueden valer tanto la pena a pesar de su elevado coste. Otro problema consiste en que los COMA aportan una educación que, en general, no proporciona créditos válidos para la obtención de una licenciatura universitaria (las nuevas tecnologías que aplican las tecnologías de reconocimiento facial en los aeropuertos para así supervisar los COMA pueden desencadenar grandes cambios en este supuesto). Otra cuestión es que muchos COMA actuales tienen una estructura demasiado convencional y son demasiado pasivos desde el punto de vista pedagógico. Los profesores hablan monótonamente a lo largo de extensas clases que se han dividido en partes para que los vídeos parezcan más cortos, mientras que las únicas partes «activas» del curso consisten en exámenes someros con proyectos superficiales. Nada de esto es suficiente para que te concentres en un tema y abraces el aprendizaje mediante el esfuerzo y la práctica.

El superMOOCer Jonathan Kroll ha observado que nos dirigíamos hacia un modelo de credenciales a la carta que respalden destrezas en el que la educación se convierte más en algo así como un bufet de ensaladas que en un restaurante en el que nos sirvan camareros. Existen buenas compañías de educación *online* que están empezando a comprender las numerosas formas de aprender que existen. Si acudes a la compañía *online* Degreed, por ejemplo, verás formas de registrar tu propio aprendizaje procedente de distintas plataformas, como la Academia Khan, Coursera y Udacity, además de libros, las charlas de la plataforma TED, artículos y asignaturas universitarias y licenciaturas. El lema de Degreed es: «Un millón de formas de aprender, y un lugar para descubrirlo, monitorizarlo y medirlo todo». En cualquier caso, ahora que dispones de una introducción a los COMA y a cómo encajan, de forma más general, en el mundo del aprendizaje *online*, pasaremos a descubrir cómo es llevar a cabo un aprendizaje *online* desde el otro lado de la cámara. Finalmente, nos dirigimos a ese lugar con el techo bajo del que te he hablado.

Capítulo 12

La creación de cursos *online* masivos en abierto

Una visión desde las trincheras

Soy una ingeniera del medio-oeste de Estados Unidos bastante franca y de la vieja escuela: el tipo de persona al que le gusta que le inviten a salir a comer con los amigos en un McDonald's. Por lo tanto, para mí fue una sorpresa que me invitaran a hablar en la Universidad de Harvard sobre «Aprendiendo a aprender», el COMA que creé junto con Terry Sejnowski, el experto en neurobiología computacional del Salk Institute. Me quedé todavía más perpleja cuando llegué a Cambridge (Massachusetts) y vi la sala abarrotada de gente de la Universidad de Harvard y el MIT, todos ansiosos por aprender cuál era el «ingrediente secreto» subyacente a la creación de nuestro COMA.

Finalmente, comprendí (por lo menos en parte) la razón de su curiosidad. «Aprendiendo a aprender» era una obra de amor hecha por menos de cinco mil dólares estadounidenses (cuatro mil euros). Pese a ello, tenía, más o menos, el mismo número de alumnos que *todas* las docenas de COMA de la Universidad de Harvard juntos, que habían costado millones de dólares y habían sido creados por cientos de personas.[1]

Lo que resulta curioso (aunque no compartí esto con el público) es que una de mis motivaciones para crear este COMA fue el recuerdo del peor profesor que tuve en la universidad: llamémosle profesor Ni Idea. Un día, mientras se encontraba frente a la pizarra dándole vueltas a alguna ecuación relativamente sencilla con la que había metido la pata, los alumnos empezaron a hablar de un programa de televisión. Se dio la vuelta, dando la cara a la clase, hinchó el pecho y dijo:

—Nunca veo la televisión.

Estaba en mi treintena entonces, y yo misma apenas veía la televisión, pero como este horrible profesor había hecho ese comentario despectivo, pensé: «¡Será mejor que empiece a ver algo la televisión!».

Y así lo hice. No la veía mucho: sólo un par de horas a la semana; pero a lo largo de las dos últimas décadas, ese poco de ver la televisión me ha hecho valorar de verdad el poder del vídeo y de las imágenes para transmitir información. Como autora, podría escribir un libro sobre «Abre tu mente a los números: cómo sobresalir en ciencias aunque seas de letras», sobre cómo aprender matemáticas o cualquier otra cosa, pero al ver la televisión y al hablar con gente que la veía, además de vídeos *online*, empecé a ser consciente de algo importante. La gente que más necesitaba obtener la información sobre el aprendizaje en cualquier libro nunca leía ese tipo de libros (ni ningún tipo de libro). En lugar de eso, esta gente ve vídeos.

Y no había nada de malo en eso. ¿Recuerdas que he mencionado, en el capítulo anterior, que la televisión y el vídeo no siempre implican un aprendizaje pasivo? El vídeo no sólo puede proporcionar el trabajo preliminar para el aprendizaje activo («¡Imítame y tú también podrías desatascar tu váter!»), sino que puede servir como motivador, mediante unos guías fantásticos, para estudiarlo todo: desde la antigua mitología griega hasta la teoría de cuerdas. Cuando un vídeo está bien hecho, es agradable de ver, incluso cuando enseña materias difíciles, como el cálculo. Incorporado a los tipos de materiales de apoyo al aprendizaje activo que pueden proporcionarte los COMA, el vídeo puede tener un gran impacto sobre el aprendizaje. Los buenos COMA quizá no hagan que el aprendizaje sea fácil, pero pueden ayudar a motivarte a través del material y ayudar a que asimiles la materia.

En el capítulo anterior también he mencionado que nos dirigíamos a un lugar especial. Pues bien: hemos llegado a él. Se trata de la sala de estar que tenemos en el sótano: el estudio de vídeo de techo bajo en el que nació buena parte del COMA «Aprendiendo a aprender». Verás una foto en la siguiente página. Creo que considerarás que vale la pena saber lo que pasó en ese sótano. Te proporcionará pistas sobre en qué fijarte cuando busques una enseñanza *online* o personal de calidad. Espero que, además, te hagas una mejor idea del futuro del aprendizaje.

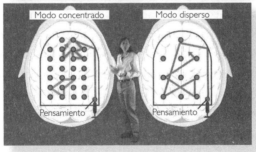

La imagen superior muestra el rodaje sin editar en el que aparezco en el sótano. La porción negra en la parte superior de la fotografía muestra parte del *teleprompter.* Esos «paraguas» con capucha negra a la derecha y la izquierda son focos de estudio (y sí, puedes ver la chimenea y las persianas al fondo). La imagen inferior corresponde a la fotocomposición final que me muestra entre dos representaciones o metáforas del pensamiento concentrado y el disperso. Cuando me grababan en vídeo, actuaba como el meteorólogo que habla teniendo detrás un telón de fondo verde, así que tuve que imaginarme qué aspecto tendría todo al final cuando editara el metraje en el que aparecía yo con el de las animaciones en PowerPoint por las que «paseaba» (sí, buena parte de las imágenes que se mueven en el fondo en «Aprendiendo a aprender» eran simples PowerPoint tomados con un programa de captura de pantalla).

El aprendizaje *online:* entre bastidores

Progresando

Una vez que Terry Sejnowski y yo decidimos crear el COMA «Aprendiendo a aprender», nos dimos cuenta de que no sería fácil. Al contrario que la mayoría de los creadores de COMA, no disponíamos de ninguna subvención importante ni de ningún tipo de respaldo institucional sólido, pero sí que teníamos algo a favor: Terry era profesor en la Universidad de California en San Diego, que tenía conexiones con el proveedor de cursos *online* Coursera.

Después de averiguar de qué opciones disponíamos para crear nuestro curso, estaba claro que la única opción real era comprar una cámara, montar un pequeño estudio casero y llevar a cabo el grueso de las grabaciones ahí, así que eso es lo que hicimos.

Por supuesto, este enfoque presentaba un problema. No tenía ninguna experiencia en la producción ni la edición de vídeos. Apenas sabía presionar el botón correcto de una cámara, y eso si alguien me señalaba cuál era. Recuerdo cómo, hace sólo tres años, tras ver una fotografía del estudio de vídeo de la oficina de alguien, pensé: «¡Caramba... no hay forma de que yo llegue a adquirir la experiencia para montar algo así!».

Para crear el estudio de grabación en el sótano, busqué en Google «cómo crear un estudio con un fondo verde (croma)» y «cómo instalar la iluminación de un estudio». Vi vídeos de YouTube sobre la edición de vídeos y luego probé cosas por mi cuenta. De hecho, poder ver y luego probar cosas por mi cuenta es lo que constituyó la parte del aprendizaje *online* que hizo que todo se cohesionara en mi caso (si te apetece, date un pequeño paseo por las notas finales para encontrar un listado de conocimientos obtenidos con esfuerzo.[2] ¡Un buen COMA sobre cómo crear los COMA me podría haber ahorrado muchos problemas!).

Con el enfoque del «fondo croma», te grabas con un telón verde de fondo (incluso un simple buen pedazo de tela verde servirá). La magia informática durante el proceso de edición posterior puede entonces reemplazar ese telón verde por lo que desees, como por ejemplo las representaciones que recuerdan a una máquina de *pinball* que aparecen en la primera ilustración de este capítulo. Escogí la opción de la pantalla croma, ya que me proporcionaría mucha flexibilidad para así permitir que mi imagen fuera movida por la pantalla y añadir efectos visuales muy atractivos (no fue hasta más adelante que descubrí que la pantalla verde se considera una técnica de vídeo avanzada).

Quizá pienses que, por ser ingeniera, aprender videografía me resultó más fácil de lo que te resultaría a ti, pero lo cierto es que crear vídeos educativos con una imagen y un sonido que parezcan profesionales (incluso con un «sofisticado» fondo verde) no es algo tan difícil para en la actualidad. No te voy a engañar: al igual que sucede con cualquier nueva empresa, hubo momentos de frustración, pero siempre que me quedaba encallada, le pedía ayuda a algún muchacho que fuera al instituto local.

Terry grabó metraje de su parte en el COMA en San Diego y me lo envió. Introduje, editándolos, sus conocimientos, que ayudaron a aportar la sustancia neurocientífica del curso. Una de las muchas cosas geniales de Terry es que no sólo es un neurocientífico legendario, sino que muestra cómo usar las investigaciones del campo de la neurociencia de formas prácticas para mejorar nuestra vida.

Terrence Sejnowski, coprofesor de «Aprendiendo a aprender», practica lo que predica en el curso sobre la importancia del ejercicio. Cuando fui a visitarle a California, le pregunté dónde hace ejercicio. Lo siguiente que sé es que Terry estaba escalando, como una cabra montesa, descendió por un acantilado de ciento veinte metros y corrió varios kilómetros en la playa.

Mi valiente esposo, Philip Oakley, fue el hombre que había detrás la cámara y que también manejaba el *teleprompter* y se ocupaba del audio. Además, llevó a cabo parte de la edición inicial básica. Además del apoyo psicológico que me proporcionó. Metí la pata en una toma por cuarta vez y me arranqué el micrófono diciendo, melodramáticamente:

—¡No puedo hacerlo!

Él me escuchaba y luego me decía, tranquilamente, que me pusiese las pilas y regresara a la tarea. Nuestro yerno se ocupó de parte de las bonitas imágenes ilustrativas: zombis que surfeaban, vampiros metabólicos, un pulpo relacionado con la atención. Nuestras dos hijas se presentaron «voluntarias» para partes como el meter un coche en una zanja dando marcha atrás o tener un aspecto estúpido llevando unos auriculares enormes. Esto mantuvo los costes de producción bajos.

El uso de, digamos «actrices», de la familia también nos depararía sorpresas más adelante. Nuestra hija mayor, por ejemplo, que estudiaba medicina en esa época, se quedó de piedra cuando su profesor (un distinguido especialista) paró la clase de repente y, señalándola, dijo:

—¡Espera… tú sales en el COMA!

Mientras trabajaba en el COMA, las preinscripciones empezaron a aumentar: diez mil, treinta mil, ochenta mil. Los COMA no suelen recibir un interés de este tipo tan pronto. Esto resultaba amedrentador, especialmente porque no estábamos haciendo nada especial para promocionar el curso. No tenía tiempo para ello.

Mi esposo, Phil, sin correr ningún peligro tras el *teleprompter* mientras disfruto de un momento como diva.

A mitad de camino de la producción, cometí el error de contactar con un profesor que tenía un COMA popular.

—Tiene algún consejo que quiera compartir –le pregunté.

—¿Por qué no habla con mi productora? –me respondió.

—De acuerdo –le dije, pensando: «¡Madre mía, este tipo tiene una productora!». No tenía ni un céntimo para pagar a personal.

Así pues, hablé con la productora, quien me dijo:

—Prepárate para no dormir apenas en seis meses, porque intentar hacer que las veinte personas del equipo de producción se pongan todas de acuerdo es una locura.

Pensé: «¡Veinte personas! ¡Equipo de producción!» [...] Me empezó a entrar el pánico. Estaba trabajando sin parar escribiendo guiones, filmando y editando entre catorce y dieciséis horas diarias.

En esa época, incluso dentro de los círculos académicos, poca gente había oído hablar de los COMA, por lo que no podía explicar con facilidad qué era lo que estaba haciendo. Mi editora supereficiente de Tarcher/Penguin, Joanna Ng, me llamó para instarme a que hiciera las cosas típicas que hacen los escritores y redactara artículos de opinión de mi libro *Abre tu mente a los números: cómo sobresalir en ciencias aunque seas de letras*, que se iba a publicar pronto (se trata del libro en el que se basa «Aprendiendo a aprender»). Le dije a Joanna:

—Estoy un poco preocupada porque me hallo en mi sótano haciendo un COMA.

Hubo una larga pausa. Joanna fue extremadamente amable, como la gente cuando no está segura de si a alguien le falta un hervor.

—¿Qué es un COMA? –me acabó preguntando.

Los beneficios de una perspectiva nueva

Para mí, el mayor inconveniente y (al mismo tiempo) la mayor ventaja de ligar todo el contenido del COMA por mi cuenta fue aprender a editar vídeos. Resulta que la edición de vídeo es uno de los aspectos de la producción que más tiempo lleva, más caro es y, como pude saber, más crítico, porque la edición va directa al meollo de lo que desencadena nuestra atención, y la atención es esencial para el aprendizaje.

Vale la pena apuntar que la producción y la edición televisiva y cine-matográfica giran alrededor de sonidos, imágenes e historias cautivadoras para que así la *gente preste atención a lo que aparece en la pantalla.* En el campo académico, por otro lado, el foco se centra en *crear el número prescrito de horas de contenidos,* lo que resulta importante para la obtención de las certificaciones. Por desgracia, la tradición académica de «simplemente ofrecer un número de horas» se ha extendido a la producción y a la edición de un número sorprendente de los COMA actuales. Aunque puede que haya unos grandes valores de producción, éstos no logran que un COMA se pueda ver o que valga la pena aprender de él. Para comprender qué es lo que sí hace que un COMA sea agradable de ver y valga la pena aprender de él, recorramos juntos la creación de un COMA: seré tu guía para una perspectiva, desde dentro, de la realización de un COMA.

Cambio de mentalidad clave
El valor de las perspectivas nuevas

A veces puede valer la pena hacer las cosas por tu cuenta y no seguir enfoques tradicionales. Aunque puede que resulte intimidador, busca oportunidades para aportar tus propios conocimientos y formas nuevas de hacer las cosas en tu trabajo o tu afición.

La historia de Dhawal: un buen ojo para las oportunidades y la buena disposición para aprender

Saber, al vuelo, cuándo puede surgir la oportunidad adecuada forma parte de la clave para el éxito. Tomemos como ejemplo a Dhawal Shah, el fundador de Class-Central.com, un portal web en el que la gente puede encontrar los COMA mejor valorados en cualquier campo que escoja (de forma muy parecida a cómo Amazon proporciona un sistema de valoración de libros). Dhawal dice:

Class Central era algo que creé para mí mismo a lo largo de un solitario fin de semana de Acción de Gracias en Dallas, donde estaba trabajando como ingeniero de software. Todos mis amigos se habían ido a visitar a sus familias, así que no tenía nada que hacer; pero estaba realmente emocionado con los cursos *online* gratuitos (COMA) de la Universidad de Stanford que se estaban anunciando. Así pues, creé un portal sencillo web que sólo tenía una página para mantener un registro de estos cursos. Compartí el enlace con Class-Central.com en las redes sociales. Al cabo de algunas semanas del lanzamiento, Class-Central.com estaba siendo usado, cada mes, por decenas de miles de personas de todo el mundo.

A medida que cada vez más universidades empezaron a ofrecer cursos *online* gratuitos, Class-Central.com creció en popularidad. Quería trabajar a jornada completa para desarrollar el portal web, así que presenté una solicitud a un prestigioso vivero de empresas de tecnologías de la educación de Silicon Valley llamado Imagine K12. Para mi sorpresa, fui aceptado e invirtieron 94.000 dólares (unos 75.700 euros) en Class Central.

Dhawal Shah, fundador/director ejecutivo de Class Central, que describe los COMA, de modo que la gente pueda hacer mejores elecciones sobre qué COMA pueden ser los mejores.

La transición fue muy abrupta. Un buen día, Class-Central. com era simplemente una cosa entretenida que había hecho para mí, y al día siguiente era una empresa novel con grandes expectativas en Silicon Valley; pero lo único en lo que tenía experiencia era en el lenguaje de programación. No tenía ni idea sobre cómo gestionar un negocio. Tuve que aprender rápidamente algunas destrezas nuevas, incluyendo *bloguear*, gestionar finanzas y planificar proyectos, además de habilidades de desarrollo personal como liderazgo y la gestión del tiempo. Con algunas de ellas fui improvisando o las aprendí en el trabajo, y en el caso de otras obtuve ayuda de recursos como foros *online*, publicaciones en *blogs*, cursos *online* y COMA.

Para mi sorpresa, averigüé que era bastante bueno en algunas de estas nuevas destrezas. Resulta que con esas habilidades pude llegar a, y ser útil, para millones de personas de todo el mundo que están intentando averiguar qué curso *online* hacer. En cada etapa del negocio tengo que aprender nuevas destrezas para llevar a Class-Central.com al siguiente nivel. Mi capacidad de aprender nuevas habilidades se ha convertido en mi destreza más importante.

Los instructores son clave

En las aulas universitarias, son los profesores los que suelen estar al cargo. Ciertamente, deben cubrirse algunos temas, pero el instructor decide sobre la mecánica y los aspectos específicos de la impartición: si leer unas notas, dar volteretas, hablar con monotonía mientras se presenta un PowerPoint, o si hacer exámenes los días de luna llena. Nadie cuestiona una decisión tomada por el profesor, especialmente si ese docente es una eminencia y pertenece a una universidad de élite: el tipo de profesor al que se pide, con más frecuencia, que cree un COMA.

Este enfoque tradicional de «los profesores toman todas las decisiones clave» también se ha adoptado en el caso de los COMA: todos en la cadena de producción de un COMA se adhieren a la opinión de los profesores. Esto puede generar verdaderos problemas, ya que la mayoría de los ellos no tienen ni idea sobre los COMA.

Hay instructores espectaculares de COMA que están verdaderamente interesados en crear una experiencia de aprendizaje fantástica en sus cursos *online*. Pongamos como ejemplo a Jim Fowler, de la Ohio State University, que hace que el cálculo no sólo sea divertido, sino comprensible en su COMA artístico prácticamente mágico «Cálculo básico»; y a Al Filreis, de la Universidad de Pensilvania, que enseña el COMA «ModPo», sobre la poesía moderna, que supuestamente es difícil de comprender. Estos profesores ya saben cómo aprovecharse del medio: Filreis, en especial, se toma mucho interés en conectar con los alumnos mediante *webcasts* (retransmisiones vía Internet) y la participación activa en los foros.

Pero no todos los profesores son así. Por ejemplo, después de una embarazosa implosión de tipo «no puedes inventarte esto» frente a cuarenta y un mil alumnos, el primer COMA sobre la creación de COMA fue suspendido tras una primera semana caótica, cuando a los estudiantes se les dieron unas instrucciones vagas para llevar a cabo varias tareas imposibles de completar.[3] Muchos otros COMA no son malos: sencillamente son aburridos. Los profesores permanecen de pie frente a la cámara y hablan sin parar, apenas aportan elementos visuales eficaces ni se aprovechan del poder del vídeo.

Los mejores instructores *online* son, por supuesto, expertos en su área, pero además son receptivos a aprender por lo menos algo sobre algunas de las nuevas tecnologías que respaldan el aprendizaje *online*: las capturas de pantalla, la animación, la música, los efectos de sonido, la edición de vídeo, las cámaras, etc. Parte del reto de crear un COMA consiste en que son tan nuevos que pocos instructores tienen experiencia en profundidad. Mientras escribo esto, no hay buenos libros, y mucho menos un buen COMA sobre la creación de los COMA; y, por supuesto, la mayoría de los profesores carecen de formación alguna sobre cómo enseñar, ya sea en clase u *online*. Esto significa que incluso profesores diligentes y que trabajan duro que quieren, de verdad, hacer un trabajo excelente en un COMA, pueden encontrarse con dificultades para llevarlo a cabo.

Aquí, el mensaje con el que quedarse es que, para una experiencia de aprendizaje sobresaliente, debes buscar instructores que tengan un fervor casi religioso para transmitir su información de forma eficaz en este nuevo terreno *online*. Una vez más, aquí es donde las valoraciones *online* valen tanto la pena.

Otra herramienta valiosa para decidir en qué COMA inscribirse es la siguiente: las investigaciones han mostrado que si ves a un profesor en un vídeo durante unos treinta segundos puedes hacerte una muy buena idea sobre lo eficaz que es ese profesor como educador.[4] Sorprendentemente, un período tan breve como tan sólo seis segundos puede permitirte hacer un juicio rápido basado en parte en las microexpresiones emocionales demasiado fugaces como para registrarlas de verdad (a veces juego a un juego, en silencio, en el que trato de adivinar, mientras veo cómo la gente pide su café, lo buena que sería como instructora). Pese a ello, he de hacerte una advertencia: a veces, profesores muy analíticos pueden empezar como terribles tipos aburridos, pero ten cuidado cuando empiecen a desplegar su sentido del humor deliciosamente travieso.

Hay gente llamada «diseñadores educativos» que pueden ayudar a los profesores a conseguir una estructura cautivadora en sus COMA. El «aula» *online* es distinta a una clase en persona, ya que el tempo es diferente: las buenas lecciones en vídeo, por ejemplo, duran entre seis y diez minutos. Los diseñadores educativos más útiles explican esto a los instructores y les muestran cómo adaptarse a este tempo. Los malos diseñadores educativos, por otro lado, tienden a estar más apegados a la teoría que a la práctica, y no perciben bien lo imprácticas que son algunas teorías. Por ejemplo, algunos diseñadores educativos insisten en que cualquier vídeo instructivo debería empezar con viñetas que les muestren a los estudiantes los puntos clave que aprenderán en él . Este enfoque podría haber sido bueno en los viejos días de las clases presenciales de dos horas de duración, pero para un vídeo de cinco minutos, el título por sí solo suele ser el único punto clave necesario. De hecho, una lista de puntos clave al principio de un vídeo de cinco o diez minutos de duración proporciona una pista de que el contenido será «pedagógicamente respetable» y del todo merecedor de una siesta.

Allí donde el entusiasmo interno de un profesor por crear una experiencia educativa soberbia queda claro es en las preguntas de las pruebas. Crear preguntas puede resultar tedioso y duro, por lo que algunos profesores les encargan este trabajo a asistentes. Cuando hacen eso (pese a que hay algunos asistentes brillantes), lo que estás obteniendo es al sustituto, y no a la estrella. Eso no está bien, y no es una experiencia educativa tan buena.

En una ocasión me dijeron que la mejor forma de crear un COMA consistía, simplemente, en «actuar de una manera natural» y hablar espontáneamente. Eso no me parecía correcto, sobre todo porque al principio de grabar en vídeo mi tendencia era la de quedarme petrificada y tartamudear frente a la cámara debido al miedo. Así pues, en lugar de eso escribía guiones de todo y usaba un *teleprompter* (no más «um...» ni «eh...» para mí).[5] Al final, los estudiantes apreciaron de verdad las actuaciones aparentemente relajadas y fáciles de seguir que aparecían en los vídeos. Un aspecto importante del que puedo dar fe es que cuando te están grabando en vídeo por primera vez, puede resultar totalmente intimidador. No importa lo mucho que intentes ahuyentar esos sentimientos: siempre existe esa sensación de los nervios que provocan los futuros cientos de miles de espectadores que imaginas que tendrás. Algunos de mis primeros vídeos (me avergüenza decir cuántos) acabaron en la papelera del ordenador.

Existe una razón más por la cual los instructores son clave: los buenos pueden dejar atrás las convenciones y presentar el material de forma original y completamente útil. Esto es lo que quiero decir, basándome en mis propias experiencias con la creación de los COMA.

Un COMA convencional titulado «Aprendiendo a aprender» habría sido creado por profesores de una escuela de magisterio, y no por una ingeniera y un neurocientífico trabajando por su cuenta. El curso habría estado enfocado, con toda probabilidad, a profesores, ya que los maestros de profesores piensan, instintivamente, que los profesores son los que tienen un verdadero interés por el aprendizaje (si piensas que cualquier curso sobre aprendizaje eficaz para estudiantes generales sería algo fácil de hacer y se convertiría en un éxito al instante, pregúntate por qué, de los miles de COMA disponibles cuando *Aprendiendo a aprender* apareció nadie había pensado nunca en crear un curso así antes).

Un curso de *Aprendiendo a aprender* hecho de forma convencional habría estado estructurado con algo así como dos semanas sobre la historia de la educación, dos semanas sobre teorías del aprendizaje, dos semanas más sobre cómo aprenden los bebés, y las últimas semanas dedicadas a cómo las emociones moldean nuestro aprendizaje y quizás un poco acerca de la práctica deliberada y cosas por el estilo. Tal vez hasta hubiera habido una breve clase o dos que describieran una disciplina llamada «neurociencia»: nada demasiado profundo, porque, al fin y al cabo, la neurociencia es difícil de entender.

Aprender a aprender funciona porque recurrió a los principios básicos para presentar lo que sabemos del aprendizaje de forma original e inmediatamente útil. La neurociencia no se añade a modo de parche debido a una ocurrencia tardía, sino que es la base de las ideas clave del curso. Allá donde los aspectos científicos son profundos, usamos metáforas: confiamos en la capacidad de nuestros alumnos para captar incluso las ideas más difíciles cuando éstas se presentan usando los mismísimos métodos que recomendamos para aprender. Proporcionamos enlaces a las investigaciones originales, de modo que los estudiantes pudieran comprobar cualquiera de nuestras afirmaciones por su cuenta.

¿Qué cantidad de lo que aprendemos en la universidad podría revitalizarse examinando los materiales de una forma novedosa? Los COMA ofrecen a los profesores originales y no a los conformistas oportunidades para empezar de cero, proporcionándoles, además, la plataforma para llegar a estudiantes de todo el mundo.

El sentido del humor

Aquí tenemos un secreto inconfesable sobre el aprendizaje que quizá conozcas desde siempre, pero del que nadie habla realmente: incluso el simple hecho de *pensar* en estudiar algo a lo que seas proclive, como por ejemplo estudiar matemáticas, activa el córtex insular (un centro del dolor del cerebro).[6] El humor puede contrarrestar este dolor, ya que activa los sistemas opioides de recompensa del cerebro.[7] (Sí, el humor es como drogarte, pero de forma saludable). El humor posee una incongruencia que genera conexiones neuronales inesperadas: los distintos tipos de humor pueden activar partes muy diferentes del cerebro.[8] Tal vez, pues, el humor sea el equivalente neuronal de permitir que las áreas de tu cerebro que están implicadas activamente en el aprendizaje se relajen durante un momento mientras otras toman el control para captar el chiste. Sea o no cierto esto, varios estudios han mostrado que el humor es de utilidad para aprender.[9]

Lamentablemente, para mucha gente (quizás sobre todo para los profesores), ser divertido no es fácil. Que se te ocurra una pequeña broma, especialmente si incluye una animación, puede llevar tiempo y dedicación. Terry y yo recibimos, en una ocasión, una carta de una chica de quinto de primaria que nos elogiaba, ya que no podía creerse que los profesores pudieran ser tan ingeniosos. Todo lo que pude pensar fue: «Por supuesto que fuimos ingeniosos: "¡Pasamos días escribiendo las secuencias de comandos de esas cosas ingeniosas, maldita sea!"».

Hasta hace poco, cuando el aprendizaje iba ligado a la presencia física en las aulas, era fácil mostrarse perezoso en cuanto a ser tanto educativo como entretenido: «¡No es nuestra tarea ser divertidos!». Los profesores podían restarle importancia al humor afirmando que había «demasiada materia que impartir» como para tomarse el tiempo para hacer un chiste (por supuesto, el simple hecho de cubrir el material en clase no garantiza, en modo alguno, que los estudiantes sean capaces de aprenderlo).[10] También podría ser que un poco de ingenio se malinterpretara como un detalle tentador que le restaría valor a la enseñanza.[11] Pero el mundo *online* es muy competitivo. La gente que crea un COMA, dedicando tiempo y cuidados a integrar el humor de forma fluida en lo que se está enseñando, no sólo puede hacer que el aprendizaje de materias difíciles sea más agradable, sino que también logrará unos cursos a los que los estudiantes acudirán en manada.

La conclusión es que, cuando estés buscando un curso que tenga un verdadero valor para ti, debes estar atento a las valoraciones que digan que un profesor es «divertido» o «ingenioso», ya que esto sugiere un nivel de preocupación y creatividad, y el conocimiento de lo que necesita un alumno que quizás no encuentres en otros cursos... y seamos sinceros: si hubiera dos cursos de la misma calidad, ¿cuál escogerías: el aburrido o el divertido?

Editar: cada segundo cuenta

En una ocasión, una amiga que solía producir anuncios televisivos para una gran agencia de publicidad de Nueva York mostró su sorpresa cuando vio parte del metraje que había editado para mi COMA. Al principio pensé que era porque había hecho un trabajo horrible. Para mi asombro, me felicitó, diciéndome:

—La gente que no ha producido para ganarse la vida generalmente llega lejos. No sé cómo lo has conseguido, y te lo digo en el mejor sentido: has hecho que parezca un anuncio de televisión, has logrado que cada segundo cuente.

En cuanto a cómo conseguí que cada segundo contara, no sólo redacté unos guiones concisos, sino que también me preocupé de que nada estuviera fijo en la pantalla durante demasiado tiempo. Incluso me resultaba aburrido ver mi propio busto parlante demasiado rato, razón por la cual aparezco primero a un lado de la pantalla, y luego, quizá diez segundos después, estoy al otro lado; o me coloco lo suficientemente atrás para que puedas ver todo mi cuerpo de pie, y luego cambio de repente a una toma a media distancia en la que se me vea de cintura para arriba, lo que aporta la sensación de un movimiento de acercamiento. Desde una perspectiva evolutiva, el movimiento de acercamiento o amenazador solía implicar a animales u objetos que podían matarte, así que los humanos tendemos a prestar atención cuando algo se acerca, incluso aunque sólo sea en un vídeo.[12]

Algo que resultó ser una gran sorpresa fue cómo, a veces, me llevaba diez horas editar cinco minutos de vídeo (por supuesto, si hubiera sido una profesional de la edición de vídeo, habría sido más rápida). Aunque editar me llevaba mucho tiempo, descubrí que es algo increíblemente creativo. Empecé a ver la televisión de forma diferente: es fascinante descubrir los inteligentes métodos que se usan para mantener el interés del espectador y evitar que una escena estática se vuelva aburrida.

Cómo los grandes vendedores son como los grandes profesores

«Los vendedores también son profesores, y el tiempo es de la máxima importancia. Si un cliente potencial no puede captar rápidamente qué le estás vendiendo y por qué eso que vende le resultará útil, no harás la venta y no llegarás a fin de mes. Esto es especialmente desafiante cuando vendes productos y servicios técnicos complejos. Nosotros pasamos horas intentando que se nos ocurrieran metáforas para explicar de forma más rápida y concisa lo que estábamos ofreciendo. Imagina si los profesores tuvieran ese tipo de presión a cada momento sobre el conocimiento de sus alumnos».

BRIAN BROOKSHIRE
Antiguo director de ventas de MortgageLoan Directory and
Information, LLC, y también superMOOCer

Parece ser que los mejores editores de vídeo poseen una sensación intuitiva de los circuitos neuronales subyacentes que mantienen la atención de los espectadores. Hacen lo suficiente para potenciar el mensaje que se está transmitiendo, evitando que desviemos la atención del mismo. Como el movimiento capta nuestra atención (sobre todo los inesperados y de acercamiento), es muy importante en el aprendizaje *online*, al igual que lo es para el aprendizaje en general. Ésta es la razón por la cual algunos profesores que han conseguido galardones saltan sobre su escritorio y algunos de los peores profesores nos matan con un PowerPoint con un montón de imágenes sin vida.[13] Lamentablemente, y a pesar de su importancia, la edición de vídeo es como la hermanastra fea del proceso de producción de un COMA: frecuentemente se la trata como añadidura.

Lo que los buenos editores hacen es ayudar a diseñar las imágenes, el sonido y el ritmo de una producción. Son colaboradores en la resolución de problemas y comprenden los trucos que el profesor puede usar para transmitir información de las formas más cautivadoras, pero ciñéndose al presupuesto. Un buen editor es consciente tanto del conjunto de la historia o de la producción como de sus pequeñas partes. La misma escena puede ser muy diferente y enormemente más o menos entretenida dependiendo que cómo se haya filmado y editado y de su audio. El simple hecho de ver un primer plano de alguien hablando puede resultar agotador, a no ser que, quizá, sea tan expresivo y divertido como un buen comediante. Pocos de nosotros poseemos este don, razón por la cual los instructores inteligentes forman un equipo con sus editores.

Cada pequeña campanilla, pitido, y zumbido y explosión que se añade a un vídeo para hacerlo más interesante implica tiempo y dinero. Si eres el editor de vídeo de un COMA, normalmente no se te paga por hacer un vídeo *extraordinario* de diez minutos que quizá te lleve veinte horas editar, sino que se te paga por hace *un* vídeo de diez minutos que pueda llevarte, como máximo, un par de horas de edición. Lo cierto es que muchos COMA sólo muestran al profesor sentado delante de las estanterías de una biblioteca llenas de libros, intercalando eso con algunas imágenes y algo de escritura. Incluso, aunque seas un fantástico editor de vídeo, no hay mucho que puedas hacer para darle «vidilla» a un metraje de un profesor delante de las estanterías de una biblioteca llenas de libros.

Los conocimientos del mundo de los videojuegos están muy relacionados con la edición de vídeo. Creo que los mejores COMA del futuro introducirán más aspectos de los videojuegos *online*, y no sólo en el sentido de «hacer que se parezcan más a un videojuego», sino más bien usando técnicas que los creadores de éstos han comprobado que captan enormemente la atención de la gente hacia lo que aparece en la pantalla. La música, el sonido, el movimiento, el humor, el diseño como el de un juego y las interfaces humano-ordenador desempeñan un papel muy importante en el proceso de aprendizaje que puede subestimarse con facilidad debido a los enfoques del aprendizaje en el que la gente está encerrada en un aula a los que estamos acostumbrados.

«Los mejores COMA son una mezcla del mundo académico, Silicon Valley y Hollywood».

A medida que el precio de los buenos equipos para realizar vídeos sigue bajando, éstos están más al alcance de estudiantes cada vez más jóvenes. En la actualidad, algunos niños diestros con las tecnologías serán los profesores que crearán unos COMA fantásticos, mucho más allá de lo que podemos imaginar hoy en día. Así pues, los mejores COMA entonces, al igual que ahora, serán una mezcla del mundo académico, Silicon Valley y Hollywood.

Deslízate hacia el interior de una metáfora

Nos encantan las metáforas, ya que nos proporcionan una forma telegráfica de decir algo similar a otra cosa: «La vida es una montaña rusa» o «El tiempo es un ladrón». Usé abundantes metáforas en «Aprendiendo a aprender», e incluso me recreaba en ellas, como en el caso de la ilustración del «*pinball* en el cerebro» que ha aparecido antes en este capítulo. Por desgracia, muchos profesores desconfían del uso de las metáforas, ya que creen que harán bajar el nivel de los materiales. No son conscientes de que la teoría «de la reutilización neuronal» plantea que las metáforas usan los mismos circuitos neuronales que el concepto subyacente más difícil.[14] Lo cierto es que las metáforas no hacen bajar el nivel de los estudiantes, sino que, por el contrario, hace que comprendan mucho más rápidamente ideas nuevas complicadas.

Otra razón por la cual la metáfora no ocupa un puesto de honor en la enseñanza es porque muchos proveedores de los COMA y universidades se basan en conocer la analítica de datos (los datos estadísticos sobre cómo interacciona la gente con los cursos *online*) para realizar mejoras en su realización de cursos. Estas analíticas de datos pueden señalar dificultades obvias al realizar un COMA, como unas preguntas nefastas en las pruebas, un material presentado de forma confusa y unos vídeos excesivamente largos que la gente no ve hasta el final. Pero el análisis de datos no te dice cosas como: «Si hubieras usado una metáfora al principio de tu explicación teórica, los estudiantes habrían comprendido el concepto en la mitad de tiempo y, además, se habrían divertido más con ella».

Mi predicción es que los futuros COMA harán un uso mucho mayor de efectos visuales metafóricos, ya que los COMA que usen estas técnicas tenderán a ser más exitosos. En tu caso, e independientemente de lo que estés aprendiendo, intenta hacer una metáfora para que te ayude a comprender los temas más difíciles: te sorprenderás de lo mucho que puede hacer que la idea clave cobre vida.

De forma parecida, imaginar que tienes el mismo tamaño que aquello que estés estudiando ha tenido una rica historia a la hora de avivar la creatividad científica. Einstein redujo su tamaño cinco millones de veces para imaginarse viajando tan rápido que alcanzó un rayo de luz con una longitud de onda. La citogenetista y ganadora del Premio Nobel Barbara McClintock redujo su tamaño cuarenta millones de veces para entrar en el reino de los genes nanométricos que estaba estudiando, donde se convirtieron en una familia para ella.[15]

En un vídeo podemos, de hecho, mostrar al profesor montado sobre un rayo de luz. El profesor puede desplazarse por un alvéolo, mostrando exactamente lo que sucede en tus pulmones cuando respiras. Los instructores pueden subirse a un protón dentro de un semiconductor. Claro que puedes mostrar, simplemente, una representación de un rayo de luz, un alvéolo o un protón, pero ver a una persona guiándote a través de las complejidades de lo que sea puede hacer que resulte una experiencia más personal y atractiva. La «capacidad de visualizar lo que no puede verse siempre ha sido la clave del genio creativo», dice el biógrafo de Einstein, Walter Isaacson.[16] Usando el poder del vídeo *online* podemos enseñar a la gente corriente estas excepcionales herramientas visualizadoras de la imaginación.

Conexiones del aprendizaje formales e informales

Mi propia sensación, a partir de la interacción con cientos de miles de estudiantes de todo el mundo es que, quizá, sólo entre un 5 y un 10 por 100 de los alumnos tienen una automotivación elevada. Éstos son, además, los que tienden a mostrar determinación y a llevar a cabo cada prueba, proyecto y tarea necesarios para la compleción formal de un COMA. También aprenden a aprender por su cuenta muy bien.

Sin embargo, quizás haya otro 60 por 100 de estudiantes que aprenden bien *cuando son capaces de conectar con otras personas para hacer que el material cobre vida*. Los foros de discusión *online* incluidos en la mayoría de los cursos *online* hacen que las conexiones sociales resulten fáciles. Las redes sociales (como LinkedIn, Facebook, Twitter y Snapchat) también son usadas por muchos MOOCers. Por otro lado, otros MOOCers, además de bibliotecas, crean sus propios clubes de COMA en los que la gente interacciona en persona, de forma parecida a los clubes de lectura. Hay matrimonios que hacen COMA juntos, y los progenitores disfrutan cursando COMA con sus hijos. Las universidades también están empezando a estudiar la idea de proporcionar a los nuevos alumnos una experiencia común con los COMA previa a su orientación. Los proveedores de los COMA han experimentado con encuentros casuales y centros de alumnos, pero sólo una comunidad de código abierto llamada Free Code Camp parece estar cosechando éxito (mientras escribo esto, Free Code Camp tiene unos mil grupos permanentes de estudio gratuitos).[17] También existen experimentos de aprendizaje conjunto en los que los mejores alumnos de un gran COMA, junto con decenas de miles de estudiantes, son encauzados hacia una experiencia intensa y en un campus que es similar a un campamento de entrenamiento.[18]

Como nota al margen, los profesores están acostumbrados a decirles a los alumnos que lean libros de texto. Pero incluso, pese a que los COMA pueden ser tan útiles como los libros para una clase, los profesores todavía no están acostumbrados a decirles a sus alumnos que se vayan a ver un COMA, aunque eso pueda significar que los profesores tengan que acudir a la clase física sólo la mitad del tiempo para realizar trabajos en persona (éste es el llamado formato virtual). Sin embargo creo que, una vez que los profesores se den cuenta de que pueden enseñar igual de bien en la mitad del tiempo compartiendo la carga educativa con materiales *online* de la máxima calidad, resultará difícil volver atrás.

En cualquier caso, la conclusión es que establecer contactos con otros estudiantes supone una gran forma de potenciar tu propio aprendizaje. A algunas personas les gusta hacer estos contactos, y a otras no. Pero incluso, aunque seas un tipo muy independiente o solitario, quizá te sorprenda averiguar lo mucho que disfrutas haciendo un COMA con amigos o familiares.

¿Hacia dónde nos llevarán los COMA?

A lo largo del último siglo, los cocientes intelectuales (CI) en su conjunto han mejorado enormemente. Este rápido ascenso de los CI recibe el nombre de efecto Flynn (por James Flynn, el sociólogo neozelandés que lo descubrió). Es real, y no es una casualidad estadística: la mayoría de la gente de principios del siglo XX carecía de las oportunidades para aprender de las que disponemos en la actualidad para incrementar nuestras destrezas cognitivas.[19]

Flynn transmite este cambio con el ejemplo de las mejoras en las destrezas baloncestísticas. En la década de 1950, cuando la televisión se convirtió en un electrodoméstico básico en los hogares, los niños podían ver a los mejores jugadores de baloncesto en acción. Veían lo que hacían los profesionales, y lo llevaron a los partidos que jugaban en el barrio. Al empezar a jugar unos niños contra otros que eran un poco mejores, los primeros también mejoraban, y lo hacían cada vez más. Se produjo un ciclo continuo de mejora a medida que los niños competían, y no mejoraban sólo ellos, sino que también se obligaban a mejorar mutuamente. Esto, a su vez, llevó estos mayores niveles de destreza al baloncesto profesional.[20]

Los COMA y los cursos similares son, de algún modo, el equivalente a los partidos del campeonato de baloncesto televisados que los niños empezaron a ver. Los COMA pueden presentar una enseñanza espectacular por parte de profesores extraordinarios, por lo que cualquiera, ya sea alumno o maestro, de todo el mundo, puede mejorar su juego. Pero hay más, mucho más. Los COMA pueden incluir pequeños trucos de edición de vídeo que capten tu atención, y frases clave divertidas e inesperadas que pueden hacernos reír y abrir nuestra mente a la siguiente idea difícil. Asimismo, pueden incluir metáforas que mejoren nuestra comprensión, además de sistemas de evaluación espléndidamente organizados que refuercen lo que necesitemos saber para ponernos al día y que nos obliguen a seguir avanzando una vez que alcancemos una meta.

En esencia, los COMA son como tener citas. Cuando empiezas a salir con alguien que te gusta, tiendes a mostrar sólo tu mejor cara. Del mismo modo, los COMA permiten esta selectividad de la «mejor cara»: si el instructor la fastidia en una toma, ese vídeo puede eliminarse y sustituirse por una mejor toma. Las clases tradicionales, por otro lado, se parecen más a un matrimonio: ves todas las caras del instructor. ¿Estás de mal humor ese día?: lo siento. Las clases son en directo, y no hay forma de retirar una lección mal enseñada.

Las clases tradicionales son deficientes, en comparación con los COMA, en otro sentido. Pueden ser fantásticas, pero no consiguen un seguimiento que vaya más allá del aula o la sala de conferencias. Los COMA son distintos. De forma muy parecida a los grandes libros (y quizás incluso más), los COMA pueden desarrollar una vida propia. El aprendizaje que se da dentro de un COMA puede quedar pillado en una corriente ascendente *online*, diseminándose a otros: a nivel local y global.

El mundo de los COMA se encuentra en su infancia. Nos hallamos en el punto inicial de un ciclo continuo completamente nuevo de mejora en la enseñanza y el aprendizaje no sólo para estudiantes adultos y alumnos universitarios, sino también para los niveles de la escuela primaria y la secundaria de todo el mundo. Pese a que, en el momento de escribir esto, «Aprendiendo a aprender» es el COMA más popular en todo el mundo, con independencia de la magia que hayamos usado, acabará siendo eclipsado por COMA incluso mejores: más pegadizos, divertidos y, en general, más instructivos y fáciles de aprender. Esto supondrá un gran beneficio para el cambio de mentalidad que mucha gente está llevando a cabo para encajar en esta nueva era del aprendizaje durante toda la vida.

Qué buscar en un buen aprendizaje
online y en cualquier tipo de aprendizaje

La forma más fácil de decidir si una experiencia de aprendizaje es adecuada para ti, consiste en echar una ojeada en una página web de clasificaciones. Class-Central.com, por ejemplo, dispone de una forma estupenda de comparar los COMA de distintas plataformas examinando las valoraciones de la gente. Mientras intentas evaluar los mejores COMA para satisfacer tus objetivos, echa un vistazo a las siguientes técnicas, enfoques, estrategias y trucos que pueden suponer una diferencia en cuanto a lo bien que aprendas y lo mucho que disfrutes del proceso de aprendizaje:

- **Metáforas y analogías** insertadas, allá donde sea posible, en elementos visuales y en el movimiento. Tal y como muestra la «teoría de la reutilización neuronal», el uso de las metáforas y las analogías te permiten comprender conceptos difíciles más rápidamente.
- **Elementos visuales bien hechos que se relacionen directamente con el material, y no imágenes recortadas.** Si el instructor no puede tomarse el tiempo necesario para desarrollar unas ilustraciones útiles, eso te dirá mucho sobre lo involucrados que están ese instructor y su institución en el curso. Pero el simple hecho de embutir una imagen compleja procedente del libro del profesor en la pantalla tampoco da la talla. La gente aprende de una forma diferente en los vídeos que en los libros. Las imágenes complejas deben aparecer parte por parte: aprenderás mejor en la misma cantidad de tiempo si no te ves impactado visualmente por todo al mismo tiempo.
- **Mucho movimiento y montajes rápidos.** Si se realiza de forma inteligente (y no sólo por amor al estilo), la buena edición mantiene tus circuitos de la atención en acción mientras acrecienta tu comprensión. La gente está cada vez más acostumbrada a los montajes rápidos que se ven en los vídeos de YouTube, en los que incluso una simple espiración se corta para generar una sensación de velocidad que nos deje sin aliento.

- **Humor.** El contenido que integra humor y te hace reír puede ayudar a activar los circuitos del placer de la dopamina, que son adictivos. También te proporciona el equivalente mental a una plataforma para descansar un momento y recuperar el aliento cuando estés escalando una montaña intelectual.

- **Unos instructores amistosos y optimistas.** Busca a profesores accesibles, alentadores y divertidos que puedan simplificar el material y hacer que el contenido difícil resulte fácil. Parece obvio que todos los profesores deberían ser así, pero no lo son: la realidad es que los maestros *se* convierten en profesores porque han demostrado continuamente lo bien que pueden gestionar las materias difíciles, o por lo menos el contenido que pueden hacer complejo y hacer que parezca difícil. Y, de acuerdo, seamos sinceros: algunos profesores pueden ser fanfarrones pomposos.

- **Un mínimo de «um...» y «eh...».** Lamentablemente, a los instructores de los COMA se les suele decir que hablen de forma «espontánea», en lugar de leer un guión. Algún que otro profesor de un COMA, como Eric Lander, del MIT; en su famoso curso «Introducción a la biología» puede conseguirlo, pero hasta Lander consulta sus notas. Muchos profesores permanecen rígidos frente a la cámara y, en consecuencia, su discurso se ve afectado; otros no son tan pulcros como creen serlo. Quizá te preguntes por qué todos los vídeos de un COMA no pueden ser «espontáneos» como las charlas de la plataforma TED, pero una típica charla TED de veinte minutos requiere de unas setenta horas de práctica.[21] Ningún profesor dispone de esa cantidad de tiempo de preparación para las horas de metraje de un COMA.

- **Un entorno *online* agradable con los mentores y asistentes desempeñando un papel importante.** Los mentores y los asistentes son algo así como unos guardabosques, deambulan por los foros *online*, se aseguran de que la experiencia es gratificante para todos y apagan fuegos en caso necesario. Estos alegres asistentes también son como ayudantes de campo y lugartenientes de los instructores: con frecuencia tienen ideas muy creativas sobre cómo mejorar el curso (aquí es donde disponer de un líder, como Princess Allotey, que estaba dispuesta a solicitar y usar las mejores ideas de los miembros de su equipo, es muy valioso).

- **Foros de discusión y otras formas de interactuar con otros alumnos activamente.** Muchos estudiantes se benefician del estímulo de la conexión con otros condiscípulos. Con gran sorpresa comprobamos que algunos de los alumnos más introvertidos disfrutan con los foros de discusión: éstos suponen una forma de interacción con otras personas, incluso aunque seas demasiado tímido como para hacerlo en la vida real.

- **Ludificación: introduciendo puntuaciones y elementos divertidos y de competición para mejorar el aprendizaje.** Los COMA bien hechos toman, cada vez más, apuntes del mundo de los videojuegos. Éstos pueden ser adictivos: suelen estar diseñados para aportarte una serie de pequeñas victorias cuidadosamente planeadas que te atraen para profundizar cada vez más en el material («Espera... ¿almorcé hace dos horas?»). La música y los efectos sonoros animados en los momentos adecuados pueden potenciar las sensaciones de inmersión.

- **Una estructura del curso bien diseñada y de fácil seguimiento.** Una ojeada al temario y al programa del curso en la página web te aportará una idea de si el curso está hecho para ti o no. Si al leer las descripciones de los materiales del curso te entra la curiosidad por saber más, será una buena señal.

- **Pruebas.** Uno de los mejores métodos para asegurarse de que te sabes bien el material consiste en ponerte a prueba a cada oportunidad que tengas. Las pruebas o los exámenes *online* hacen que este proceso resulte más sencillo. Además, las pruebas bien diseñadas fortalecen tu retención de los aspectos más importantes del material. Sé precavido si las valoraciones de un curso mencionan problemas con las pruebas.

- **Un proyecto final.** Es asombroso comprobar cómo podemos recordar que hicimos un proyecto o un informe para una clase años después de haberlo olvidado prácticamente todo. Y no sólo eso: un buen proyecto final puede dejarte sintiendo un verdadero cariño por el material. (En una ocasión conocí a un hombre que se mudó a Pensilvania porque se había enamorado de ese estado después de escribir un reportaje sobre él en la escuela primaria).

¡AHORA PRUEBA TÚ!

¡Encuentra un COMA!

Navega por Internet y encuentra un COMA sobre un tema que te interese. La forma más fácil consiste en acudir a Class-Central.com y hacer una búsqueda. Class-Central te permite elaborar tu propia lista de cursos y seguir a universidades o temas, además de recibir notificaciones vía email de cursos venideros y de los cursos más populares.

Cuando estés buscando un COMA de interés, deberás ser cuidadoso. Los contenidos de los COMA son tan variados que quizá ni se te ocurra buscar un COMA sobre tu novelista o tu telenovela, poco famosos, aunque puede que sí exista un COMA así.

Resulta de utilidad saber cuáles son algunos de los principales COMA y los «actores» del aprendizaje *online*. Este listado es de proveedores estadounidenses y asociados con universidades, a no ser que se indique lo contrario. La palabra «COMA» se usa liberalmente para dar a entender que se trata de cursos *online* económicos o gratuitos.

- **Coursera:** Es el mayor proveedor de COMA. Dispone de cursos sobre temas muy distintos y en muchos idiomas. También ofrece un MBA y un máster en ciencia de datos, además de «especializaciones» (grupos de COMA).

- **edX:** Dispone de un gran número de cursos sobre muy distintas materias y en muchos idiomas diferentes. Ofrece «Micromásters» (grupos de COMA).
- **FutureLearn:** Tiene un gran número de cursos sobre muchas materias distintas y en muchos idiomas diferentes, sobre todo, aunque no exclusivamente, de universidades británicas. Ofrece «Programas» (grupos de COMA).
- **Khan Academy:** Ofrece vídeos tutoriales sobre un gran número de temas, desde historia hasta estadística. Este portal web es multilingüe y hace uso de la ludificación.
- **Kadenze:** Se centra en el arte y la tecnología creativa.
- **Open2Study:** Radicado en Australia, ofrece muchos temas.
- **OpenLearning:** Radicado en Australia, ofrece muchos temas.
- **Canvas Network:** Diseñado para ofrecer a los profesores una oportunidad para dar a sus clases *online* un público más amplio. Dispone de un gran número de cursos sobre materias muy distintas.
- **Open Education by Blackboard:** Similar a Canvas Network.
- **World Science U:** Es una plataforma diseñada para usar grandes elementos visuales para comunicar ideas en el campo de la ciencia.
- **Instructables:** Proporciona proyectos creados y colgados por usuarios que son valorados por otros usuarios.

Aquí tenemos una lista de plataformas orientadas a los profesionales y los especialistas (algunas requieren de suscripción):

- **MasterClass:** Grandes maestros que enseñan sobre su campo: Kevin Spacey enseña a actuar, Serena Williams enseña tenis, Christina Aguilera enseña a cantar, Annie Leibovitz enseña fotografía, etc.
- **Udacity:** Cursos relacionados con la tecnología para profesionales. Ofrece «Programas de nanogrados» y un grado de máster en informática a través de la Universidad Georgia Tech.
- **Lynda.com/LinkedIn Learning:** Miles de cursos sobre software y destrezas creativas y empresariales.

- **Codeacademy:** Clases gratuitas de programación con distintos lenguajes de programación.
- **Shaw Academy:** Radicada en Irlanda. Cursos sobre muchos temas relacionados con el ámbito profesional que se dan en vivo en un horario conveniente. Los estudiantes pueden interactuar con los instructores, además de con sus condiscípulos.
- **Pluralsight:** Desarrollador *online*, tecnologías de la información y formación creativa. Es una gran biblioteca de recursos. (Sus derechos de autor dieron lugar al primer profesor millonario en el ámbito de la educación *online*).
- **Udemy:** Cursos impartidos por expertos autoproclamados sobre una amplia variedad de temas, entre los que se incluyen temas técnicos y destrezas relacionadas con el trabajo. Es popular entre los instructores de empresas.
- **Stone River Academy:** Desarrollo de páginas web, aplicaciones y juegos.
- **Skillshare:** Cursos impartidos por expertos autoproclamados en artes creativas, diseño, emprendimiento, estilo de vida y tecnología.
- **Eliademy:** Es una plataforma sencilla radicada en Finlandia para cualquiera, como, por ejemplo,maestros y profesores que educan a niños desde el jardín de infancia hasta el último año de secundaria, para que así creen, compartan e impartan cursos *online*.
- **Treehouse:** Cursos sobre diseño de páginas web, programación, negocios y temas relacionados.
- **General Assembly:** Cursos sobre diseño, marketing, tecnología y datos.
- **Tuts+:** Cómo crear tutoriales.

También existen plataformas de COMA y de aprendizaje *online* que se especializan en ciertos idiomas y esferas culturales (se produce algún solapamiento entre las áreas y los idiomas). Aquí tenemos algunos ejemplos:

- **Países de habla árabe:** Rwaq, Edraak.
- **Austria:** iMooX.
- **Brasil:** Veduca.
- **China (chino simplificado):** XuetangX, CNMOOC, Zhihuishu.
- **Europa:** EMMA (European Multiple MOOC Aggregator), Frederica.EU.
- **Francia:** The France Université Numérique, OpenClassRooms, Coorpacademy.
- **Alemania:** openHPI, Lecturio, Moocit, Mooin, OpenCourseWorld.
- **Grecia:** Opencourses.gr.
- **India:** SWAYAM; NPTEL.
- **Italia:** EduOpen, Oilproject.
- **Japón:** JMOOC.
- **Rusia:** Stepik, Intuit, Lektorium, Universarium, Openedu.ru, Lingualeo.com.
- **Países de habla española y portuguesa:** Miríada X, Openkardex, Platzi.
- **Sri Lanka:** Edulanka.
- **Taiwán (chino tradicional):** eWant.
- **Ucrania:** Prometheus.

También vale la pena destacar:

- **Duolingo:** Aplicación para el aprendizaje gratuito de idiomas para muchas lenguas.
- **Crashcourse:** Una serie de ingeniosos vídeos educativos que se han ampliado desde los campos iniciales de las humanidades y las ciencias (YouTube).
- **VSauce:** Vídeos educativos increíblemente divertidos y poco convencionales (YouTube).

Anota tus ideas sobre los COMA bajo el encabezado: «Posibilidades para expandir mi aprendizaje».

Capítulo 13

Cambio de mentalidad y más

«Louise» tenía un problema: su caballo Specs intentaba matarla.[1] Acababa de cocearle en la cabeza, haciendo que cayera al suelo, inconsciente. Tardó cinco minutos en recuperar la conciencia (afortunadamente, después de besar el suelo y dejar de moverse, Specs había perdido el interés y se había alejado).

Louise había visto un anuncio en el que aparecía Specs en el tablón publicitario de una gasolinera cuando su esposo y ella habían conducido desde su hogar, en la zona costera del estado de Washington hasta la zona oriental de dicho estado para visitar a unos familiares. El propietario de Specs, que era un ranchero, le había descrito como un animalillo adorablemente curioso al que le encantaba investigar cualquier cosa nueva, incluso aunque implicara meter las dos patas delanteras en un abrevadero nuevo o enredarse dentro de una tienda de campaña recién comprada. Había algo en aquella descripción que conquistó el corazón de Louise. Estaba segura de que Specs se convertiría en el caballo perfecto para ella. Era la afición tranquila que necesitaba para su jubilación, después de sus muchos años de trabajo como secretaria a jornada parcial y como madre y ama de casa. En su camino de regreso a la zona occidental del estado de Washington, Louise y su marido acordaron ir a conocer a Specs.

Curiosamente, Specs la ignoró en gran medida. Cuando le sacó del establo, el caballo asumió el mando, llevándola a rastras mientras daba bocados a la hierba que crecía en los bordes del camino. Pese a ello, Louise ya se había quedado prendada de él: lo compraron de inmediato. Es cierto que Specs era un poco bruto, pero Louise estaba segura de que con algo de adiestramiento sería un caballo fenomenal en poco tiempo.

Las cosas no estaban yendo así. Una tarde, Specs se encabritó para atacar: Louise pudo ver hasta sus muelas posteriores mientras el animal se inclinaba para morderla. En otra ocasión, Specs le dio patadas a Louise hasta echarla del establo. Louise se golpeó contra un tablón y se pasó las siguientes semanas cojeando. Su lista de heridas y lesiones prosiguió: un pulgar con un corte que le llegaba al hueso, cardenales y dedos de los pies pisoteados.

Louise intentaba montar a Specs, pero él corcoveaba y la tiraba tan pronto como le montaba, o esperaba hasta que ella estuviera más relajada y luego se tiraba de lado e intentaba darse la vuelta con ella debajo. Si conducía a Specs con un ronzal, él esperaba a que llegaran a una ladera empinada y luego darle un cabezazo para que cayera por la loma, o salía disparado y se ponía a galopar por los jardines de los vecinos.

A Louise le habían encantado los animales desde siempre: había estado fascinada, toda su vida, por la forma en la que pensaban y aprendían; pero esta situación se estaba descontrolando cada vez más. De hecho, Louise empezaba a sospechar que Specs era algo así como un equino psicópata.

Pero había otro problema: si Louise le decía a alguien lo que estaba pasando con Specs, éste acabaría convirtiéndose en comida para perros.

Se sentía atrapada, y el problema con Specs empeoraba.

Descubriendo el potencial oculto

Se cree que los humanos actuales se dirigieron hacia Europa y Asia hace unos sesenta mil años, donde les estaban esperando los caballos actuales.[2] ¡Comida! Los humanos cazaron, mataron y comieron equinos sin el menor reparo durante decenas de miles de años. Finalmente, hace unos seis mil años, el hombre empezó a darse cuenta de que los caballos tenían un potencial oculto.[3] Podían ordeñarlos, podían transportar y arrastrar cosas. Incluso podían (¡caramba!) ser montados. La domesticación del caballo tuvo un profundo efecto en el curso de la civilización. En *Cam-*

biar de mentalidad, hemos visto los ecos del poder de los caballos en los extraordinarios progresos de los comanches.

Piensa en lo que significa esto: a los humanos les llevó más de cincuenta mil años descubrir el extraordinario potencial oculto de los caballos, que estaba escondido pese a que lo tenían delante de sus narices.

El subtítulo de este libro es «Supera los obstáculos para el aprendizaje y descubre tu potencial oculto». Esto cubre un ámbito enorme, tal y como hemos visto mientras conocíamos a personas de todo el mundo y de todas las condiciones sociales que han llevado a cabo cambios de mentalidad. Pero, especialmente cuando curioseamos en el mundo científico, hay un hilo común que se vuelve claro: la gente frecuentemente puede hacer más, cambiar más y aprender más (a menudo mucho más) de lo que nunca hubiera imaginado. Nuestro potencial está oculto, pese a tenerlo delante de nuestras narices siempre.

Me vi inspirada a escribir este libro porque, al igual que la jugadora de videojuegos *online* Tanja de Bie, soy una persona de mediana edad que ha tenido una segunda oportunidad. Mucho después de estar, supuestamente, asentada en mi carrera profesional y de tener unas costumbres muy arraigadas, fui lo suficientemente afortunada como para haber tenido la oportunidad de transformarme, siendo entonces una persona cuyo único talento aparente era en el campo de las lenguas y las humanidades. Esto me permitió virar hacia una nueva trayectoria profesional que acabó conduciéndome a ser profesora de ingeniería.

En la actualidad, trabajando tras los bastidores dirigiendo el COMA «Aprendiendo a aprender», me siento de nuevo inspirada por todos los cambios que están experimentando los estudiantes. Veo, una y otra vez, que la gente tiene la capacidad de aprender y cambiar a cualquier edad y en cualquier etapa, y no sólo de las humanidades a la ingeniería, como en mi caso, sino en prácticamente cualquier dirección. Este tipo de cambio de mentalidad no consiste sólo en seguir tus pasiones, sino en ampliarlas, volviendo a imaginarte en nuevas direcciones, tanto en tu vida personal como en tu carrera profesional, y dando luego pasos como estudiante para ampliar tus horizontes.

He oído miles de historias inspiradoras mientras escribía este libro. Lo que esto debería decirte es que las anécdotas biográficas que destaco en *Cambiar de mentalidad* aportan sólo un diminuto vistazo de lo que es posible. *Cambiar de mentalidad* podría haber tenido fácilmente diez veces más anécdotas de las que he escrito, pero seguirían estando unidas por el hilo común de la gente que utiliza el aprendizaje para remodelar su trabajo y su vida.

Existen dos aspectos del aprendizaje que se superponen, y ambos los hemos examinado en este libro. El primero consiste en ser consciente de que el cambio de mentalidad (los cambios profundos en la vida que se dan a través del aprendizaje) es algo que puede hacerse a cualquier edad y con cualquier objetivo en mente. Los libros y otras formas de aprendizaje pueden ayudar a desencadenar una serie de cambios, tal y como vimos con la salida de Claudia Meadows de la depresión y con el éxito de Adam Khoo en su vida profesional y personal mediante restructuración de su actitud. Los superMOOCers nos muestran lo poderoso, divertido e incluso adictivo que puede ser el aprendizaje. También mantiene nuestra mente fresca a medida que envejecemos. Ciertamente, los jubilados a los que he conocido que disfrutan aprendiendo me recuerdan a los adolescentes intelectuales extraordinariamente maduros: son el tipo de gente con la que es, simple y llanamente, divertido relacionarse.

El segundo aspecto del cambio de mentalidad está relacionado con la carrera profesional: la selección de una trayectoria profesional, su potenciación y el cambio de carrera profesional. Cada una de ellas no sólo exige hambre de conocimiento, sino la capacidad de mirar desapasionadamente en la dirección y a los objetivos de tu aprendizaje. En ocasiones, como en el caso de Terrence Sejnowski, el licenciado en física que se convirtió en neurocientífico, puede que valga la pena dar un paso atrás y valorar el panorama general de una disciplina. Al reconocer las limitaciones de su rama concreta dentro de la física, dirigió su mirada a la neurociencia, donde pudo hacer contribuciones mucho más importantes. En contraste, el genio del marketing Ali Naqvi aterrizó en un campo (la optimización de motores de búsqueda) en el que su limitado conjunto de habilidades informáticas suponía un problema. Progresó en ese campo utilizando los COMA para llenar los huecos de sus destrezas. Su creciente competencia dio como resultado un ascenso tras otro, lo que le permitió pasar rápidamente a la esfera de la gerencia.

Es importante recordar que tanto Terry como Ali se encontraron con que su pasado aparentemente irrelevante les proporcionó activos en su nueva trayectoria profesional. La formación de Terry en el campo de la física le aportó el apoyo para los modelos matemáticos que usa en la neurociencia. La experiencia de Ali en el golf le proporcionó la conciencia emocional para evitar que sus errores pasados afectaran a sus acciones futuras, además de una aptitud especial para el marketing relacionado con los deportes.

De hecho, un tema común a lo largo de este libro es que la experiencia y la formación del pasado, que al principio parecen completamente inútiles, suelen mostrarse valiosos en tu nuevo trabajo. Por ejemplo, la forma analítica de pensar de Arnim Rodeck, que surgió de su formación como ingeniero eléctrico, potenció su cambio, más adelante en la vida, para pasar a trabajar como carpintero. Los aparentemente frívolos antecedentes de Tanja de Bie con los videojuegos tuvieron como resultado que obtuviera un magnífico trabajo gestionando comunidades *online*. La experiencia de Jonathan Kroll con las lenguas románicas le ayudó a aprender informática. Y Graham Keir, el músico que se convirtió en estudiante de medicina, pudo hacer mejores diagnósticos médicos debido a su experiencia musical.

El improbable cambio de Graham Keir de su amada música a la difícil ciencia de la medicina también ilustra cómo podemos ampliar pasiones aparentemente invencibles («ésta es la única vida posible para mí») para incluir pasiones del todo nuevas, incluso en áreas que anteriormente habíamos despreciado. La creciente disponibilidad de herramientas para el aprendizaje *online* hace que éste resulte más posible que nunca. Tal y como hemos visto, Graham inició su cambio de mentalidad al curiosear un sencillo libro electrónico sobre precálculo en su iPhone, lo que le permitió repasar conceptos mientras viajaba en el autobús a sus ensayos o a la escuela. Otros usan herramientas digitales y los COMA para potenciar su conocimiento en sus especialidades, o para adquirir segundas destrezas, para así explorar nuevas posibilidades de trayectorias profesionales e intereses generales.

Lo que resulta tan hermoso del mundo del aprendizaje *online* es que se presta bien a la forma en la que el cerebro aprende. Con los COMA, por ejemplo, la enseñanza puede condensarse en breves vídeos fáciles de recordar que captan tu atención. Cada lección en vídeo puede que sea la mejor clase que haya dado un profesor. Las potentes herramientas *online* pueden permitirte practicar, una y otra vez, hasta que cada concepto sea fragmentado y se convierta en algo instintivo. Si se combina con libros de texto convencionales e incluso con la orientación en persona junto con actividades en un aula, el aprendizaje *online* puede convertirse en parte de «lo mejor de cada casa» del mundo del aprendizaje.

Las comunidades de aprendizaje conectadas socialmente de los COMA suponen otro extra. A medida que los COMA vayan madurando, estas comunidades seguirán mejorando. Y los COMA están, ciertamente, madurando: en el capítulo anterior has podido echar un buen vistazo tras el escenario de la realización de los COMA y quizás hayas percibido la dirección del futuro de los mejores COMA.

Lo que resulta especialmente alentador es que la enseñanza *online* reflexiva, creativa y fácilmente disponible no sólo mejora la vida de los estudiantes, sino que también hace que los profesores mejoren su nivel. Los nuevos materiales educativos están desencadenando una revolución del aprendizaje digital en el campo de las tecnologías de la educación, lo que, a su vez, está revitalizando el sector de la educación y el aprendizaje. Por supuesto, están sucediendo muchas más cosas con el aprendizaje por cuenta propia en el que se trastea con los temas, como los «makerspaces» (espacios físicos donde la gente se reúne para compartir recursos y conocimientos, trabajar en proyectos, hacer redes de contactos y construir cosas) en bibliotecas y centros comunitarios en los que se puede acceder a impresoras en 3D y a diversas herramientas.

Parte del reto del cambio de mentalidad consiste en que en etapas tempranas a la mayoría de nosotros no se nos enseña cómo aprender. Esto significa que, en nuestra juventud, frecuentemente nos vemos inmersos en una actividad que, por lo menos en esa época, pensamos que es la que se nos da mejor. Entonces asumimos que ésa es nuestra pasión, que es lo que deberíamos hacer. Este pensamiento se ve reforzado, ya que nuestras calificaciones tienden resentirse cuando nos aventuramos fuera de aquello en lo que somos buenos «por naturaleza». Tendemos a olvidar que, en el caso de algunas destrezas, cuesta más dominarlas, y que, al dominarlas, esas destrezas pueden, a su vez, convertirse en nuevas pasiones. Todavía hay más: tal y como nos ha mostrado la educadora en matemáticas Princess Allotey, cuando nuestras pasiones se ven bloqueadas temporalmente por desafortunados golpes del destino, podemos usar ese tiempo no sólo para desarrollar pasiones generales, sino también para convertirnos en seres humanos más maduros. Las habilidades oratorias de Princess, además de su capacidad de dejar atrás sus sentimientos de ser una impostora, le servirán a lo largo de toda su vida.

«Para cada empleo [...] lo primero en lo que nos fijamos es en la capacidad cognitiva general, y no se trata del cociente intelectual. Consiste en la capacidad de aprendizaje. Es la capacidad de procesar al vuelo. Es la habilidad de reunir fragmentos de información diversos».[4]

LASZLO BOCK
Vicepresidente ejecutivo del departamento
de Recursos Humanos de Google Inc.

Como en el transcurso de los últimos siglos el acceso a la enseñanza estandarizada estaba prácticamente limitado a escuelas físicas diseñadas para los jóvenes, las sociedades cayeron en una especie de mentalidad de «la educación es sólo para los jóvenes»; pero gracias a los COMA y a otras oportunidades para el aprendizaje *online*, la gente está empezando a reconocer que el aprendizaje es para todos y en todas las etapas de la vida. Ésta es la razón por la cual países innovadores como Singapur están haciendo hincapié en estilos de vida educativos que valoren el aprendizaje de cualquier tipo, independientemente de la materia o el objetivo.

El conocimiento del funcionamiento del cerebro puede permitirnos apuntalar cualquier aspecto de nuestro aprendizaje. En este libro hemos intentado transmitir algunos de los últimos y esperanzadores conocimientos sobre cómo los adultos pueden seguir aprendiendo y creciendo hasta bien entrada su madurez, y cómo un estilo de vida de aprendizaje ayuda a prevenir el estancamiento y el declive mental que solemos relacionar con la vejez. El medio digital forma parte de todo esto. Por ejemplo, tal y como han mostrado los investigadores Daphne Bavelier y Adam Gazzaley, los videojuegos pueden proporcionar nuevas y fantásticas formas no sólo de mantener sino de potenciar nuestras capacidades cognitivas; pero los medios no digitales, como las formas de atención focalizada de la meditación, potencian las redes neuronales implicadas en nuestra capacidad de concentración, mientras que la atención «panorámica» puede mejorar los procesos difusos e imaginativos relacionados con la red neuronal en modo estándar.

¡AHORA PRUEBA TÚ!

Ideas clave en *Cambiar de mentalidad*

Elabora una lista, bajo el encabezado: «Ideas clave para el cambio de mentalidad», de los que crees que eran los puntos clave de este libro (esto te ayudará a fragmentar y a recordar esas ideas). ¿Crees que las listas de otras personas se parecerían a las tuyas? ¿Por qué podrían ser diferentes otras listas?

Siendo dueño de la situación

Otros mamíferos parecen aprender de muchas de las mismas formas en que lo hacemos los humanos: incluso muestran evidencias de usar los modos focalizado y disperso.[5] Lo único que sucede es que la incapacidad de un mamífero corriente para usar el habla puede hacer que el aprendizaje resulte mucho más difícil. Piensa en un perro mientras salta intentando averiguar qué es lo que quieres: «¿Querías que dé vueltas? No... ¿Qué tal si me siento? ¡Vaya!... tampoco era eso. ¡Por favor, simplemente dime qué es lo que quieres que haga y lo haré!».

Al parecer no ser capaz de comunicarse era parte del problema de Specs.

Specs era un caballo negro azabache con un reguero de manchitas blancas en el lomo, de aquí su nombre (*specs* es un diminutivo de *speckles*, que en inglés significa 'manchitas'). Su nacimiento fue complicado, y estuvo enfermo durante su primer mes de vida, pero era un pequeño y adorable pendenciero que pronto se convirtió en algo parecido a una mascota. Edwina, la hija quinceañera del ranchero, había planeado quedárselo, así que empezó a enseñarle trucos que había aprendido de un viejo trabajador del rancho. Uno de los primeros trucos que Edwina le enseñó fue a tumbarse. Lamentablemente, la forma en que lo hacía era dándole a Specs repetidas patadas en su pata posterior izquierda y tirando de su cabeza, lo que le hacía perder el equilibrio y caer.

Louise, reflexionando sobre este tipo de adiestramiento, dijo:

—Algunas personas creen que enseñarle trucos a un caballo es algo ingenioso, pero debe hacerse correctamente, porque lo que le enseñas a un caballo pasa a formar parte de él. En otras palabras: trucos aparentemente tontos pueden pasar a formar parte fundamental de la forma de interacción de un caballo con los humanos.

Y, efectivamente, este truco concreto *formaba parte* de Specs. Tumbarse se convirtió en su comportamiento estándar. Siempre que se estresaba, se dejaba caer: al fin y al cabo, eso es lo que parecía que los humanos querían que hiciera. En cualquier caso, Specs descubrió que tumbarse, independientemente de la instigación, solía hacer que cualquier situación desagradable desapareciera. Incluso algo mejor: le confería el poder de controlar a la gente que tenía a su alrededor. Por ejemplo, si alguien lo estaba montando y no le apetecía que le montaran, todo lo que tenía que hacer era pararse, dejarse caer y rodar sobre sí mismo. Eso ponía fin, de inmediato, a que le montaran.

Tumbarse no fue la única cosa que Specs aprendió de Edwina. Ésta usaba herramientas (que causaban dolor) para provocar el comportamiento que deseaba. Para hacer que Specs volviera a ponerse de pie, le golpeaba el pecho con un limpiacascos metálico. Él se incorporaba, pero lo que había aprendido estaba claro: «¡Me levantaré ahora porque me estás lastimando, pero no esperes que lo haga si no tienes ese estúpido limpiacascos para golpearme!».

Entre los comportamientos que los caballos muestran cuando están frustrados y no respetan a ni confían en la persona que tienen delante destacan dar patadas o coces, morder y dar pisotones. Specs los empleaba todos. Edwina tenía otros caballos que eran más grandes y dóciles que Specs, así que acabó montándolos a ellos y dejando que Specs se las apañara solo. Specs no era lo suficientemente grande como para hacer el trabajo regular en la granja, así que el padre de Edwina le mandó a participar en un programa para que niños discapacitados montaran a caballo. Era necesario que los caballos destinados a estos niños fueran muy dóciles y que mostraran mucha paciencia. Specs no era así, así que regresó al rancho.

Los caballos pueden aprender comportamientos, como tumbarse, que pueden ser buenos o malos. Edwina no había pretendido hacerle daño en sus intentos por adiestrarle: simplemente siguió las recomendaciones del empleado del rancho; pero debido a la forma en que Edwina había tratado a Specs al principio de su vida, éste mostraba una actitud de resentimiento hacia el aprendizaje y las personas. Él no comprendía lo que le estaban enseñando. Si hubiera podido hablar, casi habría podido decir: «¡Me están tratando de forma tan injusta!». Estaba claro que, desde esta perspectiva, aprender era algo molesto: de hecho, la gente era molesta.

Este sentimiento de que aprender es molesto, y que debe hacerse sólo como respuesta al hecho de ser pinchado, no se ve sólo en los caballos: también en las personas. Al principio de su vida, Zach Cáceres, que había sido un mal estudiante en la escuela secundaria, vio cómo muchos de sus amigos a los que les asqueaban los estudios cayeron en comportamientos mucho más problemáticos. Por supuesto, estos chicos no estaban encerrados en un establo ni atados a un poste: tenían muchas más opciones que Specs. Así que, en lugar de eso, hacían el tonto en clase, no prestaban atención a los profesores por los que no sentían respeto, hacían sólo lo mínimo para aprobar (imitando a Specs: «¡Lo haré ahora, pero no esperes que lo haga si no tengo que hacerlo!»). Los amigos de Zach se metieron, al poco tiempo, en el mundo de las drogas o se utilizaron la violencia para conseguir lo que querían. Era el equivalente humano del camino al infierno de Specs.

El avance

Cuando Louise era una niña en la localidad rural de Forks, en el estado de Washington, hace cincuenta años, había tenido un caballo dulce y dócil que la llevaba, alegremente, de un lugar a otro. Esta experiencia de hacía medio siglo formaba parte del problema: Louise pensaba que conocía a los caballos. Lo cierto era que con un animal cascarrabias como Specs ella era una neófita de sesenta y dos años que se había metido en camisas de once varas. Nada de lo que había probado funcionaba. El comportamiento beligerante de Specs (que obligaba a retroceder, daba patadas y coces y mordía) podría haber sido manejado por un entrenador de caballos experimentado, que le habría puesto en cintura en poco tiempo. Pero para Louise, los comportamientos agresivos de Specs eran amedrentadores y molestos. En cualquier caso, meter a un caballo en cintura no era el estilo de Louise.

Desesperada, dejó a un lado sus libros de adiestramiento equino y se puso en contacto con una adiestradora de caballos experta (en otras palabras, al igual que mucha gente a la que hemos conocido en *Cambiar de mentalidad*, se buscó un mentor). Louise dice:

—La adiestradora me enviaba ejercicios, y filmaba en vídeo lo que hacíamos Specs y yo. ¡Hay que ver lo dura que era! Me gritó muchas veces por mis errores, y todo porque le preocupaba mi seguridad. Trabajó conmigo durante dos años. No hablé de ello, ya que nadie se habría creído que estuviera intentando solucionar mi problema trabajando con alguien que vivía en la otra costa de Estados Unidos, pero lo conseguimos. Le debo mucho. ¡Gracias a Dios que existe el aprendizaje *online*!

Louise se sorprendió al descubrir, de entrada, que Specs no había aprendido a respetar el espacio personal de un ser humano. Por ejemplo, cuando Louise entraba en el establo para pasar tiempo con Specs, él avanzaba hasta su silla, le dejaba las gafas torcidas con el morro, cogía su libro con los dientes, e incluso tiraba su silla mientras ella saltaba a un lado para evitarle. Nunca había aprendido a tener paciencia, así que la empujaba a un lado para conseguir lo que quería (generalmente comida). Specs también había aprendido que, si mordía, se encabritaba, se resistía o se tumbaba, podía salirse con la suya. Por supuesto, todo esto hacía que Louise se sintiera muy insegura cuando estaba cerca de Specs.

Louise se preguntaba cómo podría siquiera empezar a abordar todos estos problemas; pero al final experimentó un avance, que llegó cuando la adiestradora le enseñó a Louise las complejidades de la sencilla forma de comunicarse con los caballos llamada «puente y objetivo».[6] Resumiendo, el «puente y objetivo» implica enseñar al animal un *objetivo* hacia el que quieres que se dirija (en el caso de Specs se trataba de un disco de plástico de unos sesenta centímetros de diámetro con una «X»). El puente para hacer que el animal se dirija al objetivo es una especie de sonido similar a un cloqueo que haces a medida que el animal se acerca al objeto: cuanto más se acerca el animal, más rápido cloqueas. Este tipo de adiestramiento es similar al juego de «frío / caliente» al que juegan los niños, usando un sonido de cloqueo rápido que indica «¡Caliente... te quemas... encontrado!».

Al igual que la profesora Anne Sullivan dio con una forma de comunicarse con Helen Keller, que era ciega, sorda y rebelde, escribiendo palabras en su mano, el «puente y objetivo» acabó proporcionando a Louise una forma de comunicarse con Specs. A través de esta técnica, el caballo descubrió que si él decidía dirigirse hacia un objetivo (¡aprendizaje activo!), no sólo podía obtener una señal de la persona que le indicaba que iba por el buen camino, sino que podía conseguir un premio en forma de arándano al llegar al lugar adecuado. ¡Él era quien decidía! Nadie le lastimaba con limpiacascos de metal ni haciendo que se cayera al suelo.

La adiestradora enseñó a Louise a empezar a mirar a Specs, para que así pudiera interpretar su actitud y su comportamiento. Al observarle, Louise se dio cuenta de que, aunque Specs haría lo que ella le pedía, a veces lo hacía con los ojos medio cerrados, las orejas echadas hacia atrás, lo que denotaba ira, y el cuerpo tenso, como si pensara: «Lo haré, pero vete al infierno».

Louise señala que el truco para comprender el pensamiento de un animal consiste en buscar el razonamiento subyacente al comportamiento, y no sólo en fijarse en si el animal completa la tarea en cuestión. Tenemos, por ejemplo, al niño que acaba recogiendo su habitación después de que se lo digan por enésima vez. Sí, claro que la recoge, pero sólo después de alejarse airado pronunciando un irrespetuoso «¡Pues vale!» y murmurando después por lo bajo palabras feas contra su madre.

Pues bien: llevar a cabo la tarea con una mala actitud no es exactamente lo mismo que hacer la tarea. Louise apunta: «La actitud lo supera todo. Tienes que ser muy consciente de lo que estás recompensando».

Cambio de mentalidad clave

Actitud

«La actitud lo supera todo».

Para interpretar la actitud hay que empezar por recordar que hay que fijarse en ella, recomienda Louise:

—De hecho, puedes sentir cuándo un caballo está feliz y relajado, en oposición a cuando está tenso y algo va mal.

Ésta es la parte difícil de captar en un libro. Louise comenta:

—Es la parte intuitiva del aprendizaje que llega con la experiencia y con un buen mentor la que nos muestra estas cosas.

Otro aspecto inestimable del aprendizaje de Louise fue grabarlo en vídeo y evaluar su desempeño. Tal y como explica Louise:

—Pensaba que era muy buena como adiestradora.

Pero luego, su mentora veía el vídeo y le decía qué era lo que estaba pasando en realidad.

Cuando Louise empezó a educar a Specs bajo la dirección de la adiestradora, se mantuvo detrás de la valla durante algunas semanas. La primera lección de Specs consistió en mantener la cabeza en su lado de la valla mientras conservaba una actitud alegre: con las orejas hacia delante (generalmente, éste, es un signo positivo en los caballos) y el cuerpo relajado. Cuando hacía eso se ganaba un premio. Louise castigaba a Specs si se comportaba con rudeza, pero su castigo consistía simplemente en que se iba, lo que significaba que Specs había perdido la oportunidad de obtener recompensas. Añadir un coste por el mal comportamiento incrementó la importancia de Louise a ojos de Specs, ya que, si no obedecía las normas, ella se iba y se acabó lo que se daba. Curiosamente, esto también significaba que Specs tenía el control de la situación.

Louise empezó a trabajar gradualmente con Specs en el establo. Aprendió a fijarse en y potenciar la espiración, que, al igual que en las personas, es un signo de relajación física y emocional. Louise dice:

—Si cualquiera de los dos está ansioso, realizo una espiración sonora, larga y tranquila, y frecuentemente él hace lo mismo.

Explica que el hecho de hacer esto (simplemente respirar) cambia el panorama emocional para ambos.

A medida que el lenguaje mutuo de Louise y Specs se desarrolló, el caballo empezó a aprender cada vez más. Aprendió a jugar a fútbol, a buscar y traer un objeto, a pintar dibujos con un pincel, a pasar zumbando frente a Louise en una ronda de «mantente alejado del establo», y a tocar el piano al estilo del artista Liberace, deslizando su morro por el teclado con gran placer. Louise observaba desde la ventana de la cocina y veía a Specs practicar las lecciones por su cuenta e, incluso, crear nuevas ideas que mostrarle.

A Specs ahora le encanta que le arreglen los cascos, y se estira para dar suaves mordiscos cariñosos a Louise mientras ella le coge un casco para hacerle la «manicura» como si estuviera en un balneario. Louise puede ahora montar a Specs sin silla y sin brida: simplemente le hace saber, mediante su voz, en qué dirección quiere que se encaminen.

Por lo tanto, en último término, el «puente y objetivo» proporcionó un lenguaje que Louise y Specs podían usar para comunicarse. Todavía mejor: la comunicación permitía que Specs conservara la dignidad (sí, parece que incluso los caballos tienen un sentido del orgullo personal) y que disfrutara del éxito. Specs tenía ahora la capacidad de controlar su entorno de formas positivas y ser recompensado por ello.

Al echar la vista atrás y fijarse en los progresos que ambos consiguieron, Louise comenta:

—Si hay confianza y respeto con cualquier animal, y encuentras una forma de comunicarte con él, éste también se comunicará contigo, y ambos empezaréis a encontrar niveles ocultos de potencial.

Louise, al igual que Specs, ha experimentado un cambio de mentalidad. Con dos hermanas que son profesoras, no puede evitar reflexionar sobre los paralelismos humanos con la transformación de Specs: que los maestros de las escuelas públicas no suelen contar con el respeto o la confianza de los alumnos, y que los castigos permitidos como consecuencia de un comportamiento descortés, irrespetuoso o peligroso son limitados.

Louise comenta:

—Specs se rebelaba contra lo que no comprendía o consideraba que era injusto. La mayoría de los caballos aceptan y no retan. Si Specs es distinto a muchos caballos, parte de esa diferencia consiste en que intentar presionarle no hacía sino generar más ganas de pelear en su interior. A veces, incluso en la actualidad, Specs intenta cruzar la raya con un comportamiento antiguo, como por ejemplo dar mordiscos. Sin embargo, acepta las correcciones con calma, como al niño al que le regañan cuando intenta poner a prueba a sus padres.

Hoy en día, ver a Specs y a Louise juntos es una maravilla: esta pareja muestra un claro respeto y amor mutuo. Specs no está simplemente interesado en los premios y en la atención que Louise le presta: le encanta la capacidad de aprender.

Louise añadió recientemente la idea de la fragmentación de su educación: ha comprobado que después de tres repeticiones, Specs suele captar la idea de alguna nueva tarea o truco, tanto si consiste en coger un pincel y pintar con él, subirse a un pedestal o cerrar una verja. Louise se queda maravillada cuando Specs usa una práctica intencionada para perfeccionar sus destrezas, quizás a la hora de patear un balón hacia una red, de coger un bastón de plástico para dejarlo caer a través de un aro, o de ir a medio galope en un pequeño círculo (cosa que no es nada fácil para un caballo). Louise cree que Specs quiere dominar de verdad lo que está aprendiendo. Lo que le resulta especialmente divertido es lo «humano» que es Specs en cuanto a su aprendizaje: se esfuerza con algo nuevo, pero cada vez vuelve a intentarlo para hacerlo mejor que la última vez.

Para sorpresa de Louise, Specs no es un simple estudiante: es un creador innovador que disfruta al ocurrírsele ideas nuevas. Tal y como ha descubierto Louise:

—Cuando desarrollas la mente de un estudiante sofisticado como Specs, éste mostrará su creatividad para complacerse a sí mismo, y no a ti. Parte de su creatividad consiste en que ha aprendido a manipularme para conseguir lo que él quiere. Esto es algo muy distinto al simple hecho de él aprenda las tareas que se me ocurren.

Así, por ejemplo, cuando está listo para tener compañía, se sube al pedestal más alto del establo y emite un único relincho con un tono concreto que significa: «Sal a verme, y quizá podrías traerme un poco de heno». En otras palabras, Specs se las ha ingeniado para adiestrar a Louise con el fin de que ésta acuda a su llamada. Y Louise escucha y responde a Specs, como cuando muestra sus opiniones sobre algunas de las lecciones, aportando a veces sus propias variaciones. Curiosamente, y al igual que un gran maestro, Specs tiene un lado alegre: le gusta de verdad hacer reír a Louise. La alegría de su dueña parece proporcionarle gran satisfacción y orgullo, empoderándole como profesor y alumno. Su alegría repercute en Louise de forma similar.

Louise echa la vista atrás en el camino recorrido: desde cuando lloraba cada noche hasta acabar considerando a Specs como un regalo muy especial en su vida. Dice:

—Creo que cuando Specs empezó a comprender su mundo y descubrió que podría manipularlo activamente de formas positivas, modificó su actitud.

Está emocionada por lo lejos que Specs y ella llegarán, y comenta cuántas más cosas les quedan por aprender a los dos.

Lejos de ser un caballo psicópata, Specs es algo así como un genio equino. Tanto si intenta subirse a un coche con su dueña, como si sale y entra del establo por la noche para entrar a hurtadillas en casa, siempre está dispuesto a explorar nuevos mundos y a presumir de lo que sabe ante cualquiera que quiera mirar.

Abriendo la puerta

Si has leído este libro, es indudable que tienes sed de conocimiento. Espero que lo que hayas leído haya ampliado los límites de lo que creías que podías hacer, ayudándote a expandir tu pasión por el descubrimiento. Recuerda que a los humanos nos llevó casi cincuenta mil años darnos cuenta de la utilidad de los caballos, pese a tenerlos frente a nuestras propias narices. ¿Cuántas ideas tenemos, hoy en día, delante de nosotros, que podrían suponer una diferencia espectacular en nuestra vida si las descubriéramos? Aprender puede ser una búsqueda apabullante, pero también nos proporciona una forma de conocer algunas de nuestras más profundas necesidades para vivir como seres plenos y dinámicos.

Sin embargo, y al igual que Specs, muchos se rebelan contra el aprendizaje o se resignan a quedarse en el lugar que ocupan en la vida. ¿Qué puede hacerse por estas personas?, te podrías preguntar. ¿Cómo pueden llevar a cabo un cambio de mentalidad?

Si puedo darte un último mensaje en este libro, es el siguiente: a veces simplemente hace falta una persona especial o un mentor para abrir (o reformular) las puertas, tal y como Louise hizo en el caso de Specs. Espero que este libro te haya inspirado para que te dirijas hacia otros (hacia aquellos que están cerrados en banda). Ojalá que muchos de tus propios descubrimientos abran la mente de las personas con las que te relacionas para que así ellas también puedan descubrir la belleza y la alegría del aprendizaje.

¡AHORA PRUEBA TÚ!

Dominando tu *Cambio de mentalidad*

Éste es el momento de revisar tus notas y pensamientos en relación con este libro. Hemos cubierto muchas áreas, pero tus observaciones deberían encajar en categorías distintas: ampliar tu pasión, crear tu sueño, trucos mentales para el éxito y, por supuesto, muchas otras. Cuando revises tus notas y reflexiones sobre tus pensamientos, pregúntate:

¿qué hilos comunes sobre ti, tus objetivos y tus sueños percibes en tus escritos? Escribe, bajo el encabezado: «Dominando mi cambio de mentalidad» tus pensamientos sintetizados sobre tus logros personales y revelaciones. ¿Cuáles son tus planes concretos ahora como resultado de lo que has descubierto durante la lectura de este libro?

Una última cuestión: mediante tus reflexiones, has encontrado, sin duda, un camino positivo hacia tu futuro. ¿Existe también la posibilidad de que inicies a otra persona en una senda positiva?

Agradecimientos

Es difícil saber por dónde empezar a la hora de dar las gracias a las grandes personas que han ayudado a que este libro cobre vida. Un agradecimiento especial a Joanna Ng, mi editora en TarcherPerigee/Penguin Random House, cuyas incisivas correcciones y su dirección integral han tenido un gran impacto en la forma en la que este proyecto se ha desarrollado. También le doy las gracias a Sara Carder, directora editorial de TarcherPerigee/Penguin Random House, cuya orientación y aportaciones entre bastidores han sido inestimables. Ningún autor podría ser más afortunado al tener a una agente literaria del calibre de Rita Rosenkranz. El haber formado un equipo con Rita es una de las gratificaciones más envidiables que he tenido como autora.

Amy Alkon es una fantástica escritora y editora de contenidos científicos, además de una gran amiga que revisó cuidadosamente todas las palabras del primer borrador de este libro, haciéndolo mejor durante ese proceso. Estoy profundamente agradecida de que quisiera compartir su talento pese a estar trabajando en su propio libro, de inminente publicación. Es difícil tener amigos mejores que Amy Alkon.

Un gran agradecimiento a Cristian Artoni, Daphne Bavelier, Pat Bowden, Brian Brookshire, Zachary Cáceres, Jason Cherry, Tanja de Bie, Ronny De Winter, Adam Gazzaley, Alan Gelperin, Soon Joo Gog, Charles G. Gross, Paul Hundal, Graham Keir, Adam Khoo, Jonathan Kroll, «Hans Lefebvre», «Louise», Claudia Meadows, Ali Naqvi, Mary O'Dea, Laurie Pickard, Arnim Rodeck, Patrick Tay, Ana Belén Sánchez Prieto, Geoff Sayre-McCord y Terrence Sejnowski, cuyos perspicaces emails, ensayos y discusiones personales ayudaron a constituir la base de sus capítulos o secciones, y cuyos comentarios frecuentemente mejoraron el libro en su conjunto.

Un agradecimiento especial también a Charlie Chung, Sanou Do Edmond, Stephanie Cáceres, Wayne Chan, Jerónimo Castro, Yoni Dayan, Giovanni Dienstmann, Desmond Eng, Beatrice Golomb, Jeridyn Lim, Edward Lin, Vernie Loew, Chee Joo «CJ» Hong, Anuar Andrés Lequerica, Hilary Melander, Mary O'Dea, Patrick Peterson, Emiliana Simon-Thomas, Alex Sarlin, Mark Smallwood, Kashyap Tumkur, Brenda Stoelb, David Venturi y Beste Yuksel.

Sobre todo, quiero dar las gracias a mi maravillosa familia. Mi yerno, Kevin Mendez, siempre ha estado ahí cuando he necesitado conocimientos artísticos. Además, ha sido una fuente de sabiduría en relación con los materiales de lectura relevantes. Mi hijo kosovar, Bafti Baftiu, y mi nieta, Iliriana, me han dado grandes abrazos y ánimos. Mi hija Rosie Oakley es tan buena editora como médico, lo que significa que soy muy afortunada por haber contado con su ayuda. Mi hija Rachel Oakley siempre está ahí para mí, con su inspiración y su don para la fotografía. Mi hermano, Rodney Grim, es un pilar para la familia.

Por último, no puedo evitar pensar que soy la mujer viva más afortunada que ha conocido y luego ha dicho «Sí» a Philip Oakley cuando me pidió que uniéramos nuestras vidas. Él es el faro para mi alma y la estrella polar para mi espíritu. Este libro está dedicado a él.

Créditos de ilustraciones y fotografías

1-1 Fotografía de Graham Keir, cortesía de Graham Keir.

1-2 Fotografía de un temporizador Pomodoro hecha por Francesco Cirillo y expedida a Erato; OTRS proseguirá con los permisos subyacentes; disponible en http://en.wikipedia.org/wiki/File:Il_pomodoro.jpg.

2-1 Mapa de Seattle (Estado de Washington), derivado del mapa disponible en https://commons.wikimedia.org/wiki/File:Blankmap-ao-090W-americas.png.

2-2 Fotografía de Claudia Meadows © 2016 Susie Parrent Photography.

3-1 Mapa de los viajes de Ali Naqvi, derivado del mapa del mundo disponible en https://commons.wikimedia.org/wiki/File:BlankMap-World-v2.png.

3-2 Fotografía de Ali Naqvi, cortesía de Ali Naqvi.

3-3 Imagen de microscopía óptica de una neurona con nuevas sinapsis © 2017 Guang Yang.

4-1 Mapa de los Países Bajos, derivado del mapa del mundo disponible en https://commons.wikimedia.org/wiki/File:Netherlands_(orthographic_projection).svg.

4-2 Fotografía de Tanja de Bie, cortesía de Barbara Oakley.

4-3 Los chicos y las chicas poseen unas habilidades matemáticas similares © 2017 Barbara Oakley.

4-4 Los chicos y las chicas poseen unas habilidades verbales distintas © 2017 Barbara Oakley.

4-5 Los chicos y las chicas poseen unas habilidades matemáticas similares y unas habilidades verbales distintas © 2017 Barbara Oakley.

4-6 Fotografía de Kim Lachut © 2016 Kim Lachut.

5-1 Mapa de los viajes de Zach Cáceres, derivado del mapa del mundo disponible en https://commons.wikimedia.org/wiki/File:BlankMap-World-v2.png.

5-2 Fotografía de Zachary Cáceres © 2017 Philip Oakley.

5-3 Fotografía de Joan McCord, cortesía de Geoff Sayre-McCord.

6-1 Mapa de Singapur, derivado del mapa del mundo disponible en https://commons.wikimedia.org/wiki/File:Blankmap-ao-270W-asia.png.

6-2 Fotografía de Patrick Tay, cortesía de Patrick Tay.

6-3 Ilustración del enfoque tripartito de Singapur © 2017 Barbara Oakley.

6-4 Imagen de una «T» © 2017 Kevin Mendez.

6-5 Imagen de una «π» © 2017 Kevin Mendez.

6-6 Adquisición de una segunda destreza © 2017 Barbara Oakley.

6-7 Seta © 2017 Kevin Mendez.

6-8 «Montón de talentos» de destrezas © 2017 Kevin Mendez.

6-9 Doctora Soon Joo Gog © 2017 Barbara Oakley.

7-1 Fotografía de Adam Khoo, cortesía de Adam Khoo.

7-2 Mapa mental de los negocios, cortesía de Adam Khoo.

7-3 Globos de los modos de pensamiento © 2017 Jessica Ugolini.

8-1 Fotografía de Terrence Sejnowski cuando era joven, cortesía de Terrence Sejnowski.

8-2 Mapa de los viajes de Terrence para estudiar y trabajar, derivado del mapa del mundo disponible en https://en.wikipedia.org/wiki/File:BlankMap-USA-states.png.

8-3a Ondas theta frontales de la línea media © 2017 Kevin Mendez.

8-3b Ondas theta que discurren de delante a atrás © 2017 Kevin Mendez.

8-4 Fotografía de Terrence Sejnowski en Waterton, cortesía de Terrence Sejnowski.

8-5 Fotografía de Alan Gelperin, cortesía de Alan Gelperin.

9-1 Mapa de Acra (Ghana), derivado del mapa disponible en https://commons.wikimedia.org/wiki/File:Ghana_(orthographic_projection).svg.

9-2 Fotografía de Princess Allotey, cortesía de Princess Allotey.

Referencias bibliográficas

ACKERMAN, P. L., *et al.*: «Working memory and intelligence: The same or different constructs?», *Psychological Bulletin*, vol. 131, n.° 1, 2005, pp. 30-60.

AMBADY, N. Y ROSENTHAL, R.: «Half a minute: Predicting teacher evaluations from thin slices of nonverbal behavior and physical attractiveness», *Journal of Personality and Social Psychology*, vol. 64, n.° 3, 1993, pp. 431-441.

AMIR, O., *et al.*: «Ha! versus Aha! A direct comparison of humor to non-humorous insight for determining the neural correlates of mirth», *Cerebral Cortex*, vol. 25, n.° 5, 2013, pp. 1405-1413.

ANDERSON, M. L.: *After phrenology: Neural reuse and the interactive brain.* MIT Press, Cambridge (Massachusetts), 2014.

ANGUERA, J. A., *et al.*: «Video game training enhances cognitive control in older adults», *Nature*, vol. 501, n.° 7465, 2013, pp. 97-101.

ANTONIOU, M., *et al.*: «Foreign language training as cognitive therapy for age-related cognitive decline: A hypothesis for future research», *Neuroscience & Biobehavioral Reviews*, vol. 37, n.° 10, 2013, pp. 2689-2698.

ARSALIDOU, M., *et al.*: «A balancing act of the brain: Activations and deactivations driven by cognitive load», *Brain and Behavior*, vol. 3, n.° 3, 2013, pp. 273-285.

BAILEY, S. K. Y SIMS V. K.: «Self- reported craft expertise predicts maintenance of spatial ability in old age», *Cognitive Processing*, vol. 15, n.° 2, 2014, pp. 227-231.

BAVELIER, D.: «Your brain on video games», TED Talks, 19 de noviembre de 2012. www.youtube.com/watch?v=FktsFcooIG8

BAVELIER, D., *et al.*: «Brain plasticity through the life span: Learning to learn and action video games», *Annual Review of Neuroscience*, n.° 35, 2012, pp. 391-416.

—: «Removing brakes on adult brain plasticity: From molecular to behavioral interventions», *Journal of Neuroscience*, vol. 30, n.° 45, 2010, pp. 14964-14971.

BAVISHI, A., *et al.*: «A chapter a day: Association of book reading with longevity», *Social Science & Medicine*, n.° 164, 2016, pp. 44-48.

BEATY, R. E., *et al.*: «Creativity and the default network: A functional connectivity analysis of the creative brain at rest», *Neuropsychologia*, n.° 64, 2014, pp. 92-98.

BELLOS, A.: «Abacus adds up to number joy in Japan», *Guardian*, 25 de octubre de 2012. www.theguardian.com/science/alexs-adventures-in-numberland/2012/oct/25/abacus-number-joy-japan

—: «World's fastest number game wows spectators and scientists», *Guardian*, 9 de octubre de 2012. www.theguardian.com/science/alexs-adventures-in-numberland/2012/oct/29/mathematics

BENEDETTI, F., *et al.*: «The biochemical and neuroendocrine bases of the hyperalgesic nocebo effect», *Journal of Neuroscience*, vol. 26, n.° 46, 2006, pp. 12014-12022.

BENNETT, D. A., *et al.*: «The effect of social networks on the relation between Alzheimer's disease pathology and level of cognitive function in old people: A longitudinal cohort study», *Lancet Neurology*, vol. 5, n.° 5, 2006, pp. 406-412.

BIGGS, J., *et al.*: «The revised two-factor study process questionnaire: R-SPQ-2F», *British Journal of Educational Psychology*, n.° 71, 2001, pp. 133-149.

BLOISE, S. M. y JOHNSON, M. K.: «Memory for emotional and neutral information: Gender and individual differences in emotional sensitivity», *Memory*, vol. 15, n.° 2, 2007, pp. 192-204.

BREWER, J. A., *et al.*: «Meditation experience is associated with differences in default mode network activity and connectivity», *PNAS*, vol. 108, n.° 50, 2011, pp. 20254-20259.

BUCKNER, R., *et al.*: «The brain's default network», *Annals of the New York Academy of Sciences*, n.° 1124, 2008, pp. 1-38.

BUHLE, J. T., *et al.*: «Cognitive reappraisal of emotion: A meta-analysis of human neuroimaging studies», *Cerebral Cortex*, vol. 24, n.° 11, 2014, pp. 2981-2990.

BURTON, R.: *On being certain*. St. Martin's Griffin, Nueva York, 2008.

CÁCERES, Z.: «The Michael Polanyi College: Is this the future of higher education?», *Virgin Disruptors*, 17 de septiembre de 2015. www.virgin.com/disruptors/the-michael-polanyi-college-is-this-the-future-of-higher-education

CHAN, Y. C. y LAVALLEE, J. P.: «Temporo-parietal and fronto-parietal lobe contributions to theory of mind and executive control: An fMRI study of verbal jokes», *Frontiers in Psychology*, n.° 6, 2015, p. 1285. doi:10.3389/fpsyg.2015.01285.

CHANNEL NEWSASIA 2015: «Committee to review Singapore's economic strategies revealed», 21 de diciembre de 2015. www.channelnewsasia.com/news/business/committee-to-review-singapore-s-economic-strategies-revealed-8239498

CHOI, H.-H., *et al.*: «Effects of the physical environment on cognitive load and learning: Towards a new model of cognitive load», *Educational Psychology Review*, vol. 26, n.° 2, 2014, pp. 225-244.

CHOU, P. T.-M.: «Attention drainage effect: How background music effects concentration in Taiwanese college students», *Journal of the Scholarship of Teaching and Learning*, vol. 10, n.° 1, 2010, pp. 36-46.

CLANCE, P. R. y IMES, S. A.: «The imposter phenomenon in high achieving women: Dynamics and therapeutic intervention», *Psychotherapy: Theory, Research & Practice*, vol. 15, n.° 3, 1978, p. 241.

COGNITIVE SCIENCE ONLINE: «A chat with computational neuroscientist Terrence Sejnowski». 2008, http://cogsci-online.ucsd.edu/6/6-3.pdf

CONWAY, A. R., *et al.*: «Working memory capacity and its relation to general intelligence», *Trends in Cognitive Sciences*, vol. 7, n.° 12, 2003, pp. 547-552.

COOKE, S. y BLISS, T.: «The genetic enhancement of memory», *Cellular and Molecular Life Sciences*, vol. 60, n.° 1, 2003, pp. 1-5.

COTMAN, C. W., *et al.*: «Exercise builds brain health: Key roles of growth factor cascades and inflammation», *Trends in Neurosciences*, vol. 30, n.° 9, 2007, pp. 464-472.

COVER, K.: *An introduction to bridge and target technique*. The Syn Alia Animal Training Systems, Norfolk, 1993.

CRICK, F.: *What mad pursuit*. Basic Books, Nueva York, 2008. (Trad. cast.: *Qué loco propósito: una visión personal del descubrimiento científico*. Tusquets, Barcelona, 2008).

CRUM, A. J., *et al.*: «Mind over milkshakes: Mindsets, not just nutrients, determine ghrelin response», *Health Psychology*, vol. 30, n.º 4, 2011, pp. 424-429.

DAVIES, G., *et al.*: «Genome-wide association studies establish that human intelligence is highly heritable and polygenic», *Molecular Psychiatry*, vol. 16, n.º 10, 2011, pp. 996-1005.

DAVIS, N.: «What makes you so smart, computational neuroscientist?», *Pacific Standard*, 6 de agosto de 2015. www.psmag.com/books-and-culture/what-makes-you-so-smart-computational-neuroscientist

DEARDORFF, J.: «Exercise may help brain the most», *Waterbury* (CT) *Republican American*, 31 de mayo de 2015.

DE BIE, T.: «Troll Hunting», *Drink a Cup of Tea: And Other Useful Advice on Online Community Management*, 15 de diciembre de 2013.

DECARO, M. S., et al.: «When higher working memory capacity hinders insight», *Journal of Experimental Psychology: Learning, Memory, and Cognition*, vol. 42, n.º 1, 2015, pp. 39-49.

DE LUCA, M., *et al.*: «fMRI resting state networks define distinct modes of long-distance interactions in the human brain», *NeuroImage*, vol. 29, n.º 4, 2006, pp. 1359-1367.

DEMING, W. E.: *Out of the crisis*. MIT Press, Cambridge, 1986. (Trad. cast.: *Calidad, productividad y competitividad: la salida de la crisis*. Díaz de Santos, D.L.: Madrid, 1989).

DERNTL, B., *et al.*: «Multidimensional assessment of empathic abilities: Neural correlates and gender differences», *Psychoneuroendocrinology*, vol. 35, n.º 1, 2010, pp. 67-82.

DE VRIENDT, P., *et al.*: «The process of decline in advanced activities of daily living: A qualitative explorative study in mild cognitive impairment», *International Psychogeriatrics*, vol. 24, n.º 6, 2012, pp. 974-986.

DI, X. y BISWAL, B. B.: «Modulatory interactions between the default mode network and task positive networks in resting-state», *PeerJ*, n.º 2. 2014, e367.

DIENSTMANN, G.: «Types of meditation: An overview of 23 meditation techniques», *Live and Dare: Master Your Mind, Master Your Life*. 2015, http://liveanddare.com/types-of-meditation/

DIMILLO, I.: «Spirit of Agilent», *InfoSpark (The Agilent Technologies Newsletter)*, enero de 2003.

DISHION, T. J., *et al.*: «When interventions harm: Peer groups and problem behavior», *American Psychologist*, vol. 54, n.º 9, 1999, pp. 755-764.

DOHERTY-SNEDDON, G. y PHELPS, F. G.: «Gaze aversion: A response to cognitive or social difficulty?», *Memory & Cognition*, vol. 33, n.º 4, 2005, pp. 727-733.

DUARTE, N.: *HBR guide to persuasive presentations*. Harvard Business Review Press, Cambridge (Massachusetts), 2012.

DUCKWORTH, A.: *Grit*. Scribner, Nueva York, 2016. (Trad. cast.: *Grit: el poder de la pasión y la perseverancia*. Urano, Barcelona, 2016).

DWECK, C.: *Mindset*. Random House, Nueva York, 2006. (Trad. cast.: *Mindset: la actitud del éxito*. Sirio, D.L.: Málaga, 2016).

DYE, M. W., *et al.*: «The development of attention skills in action video game players», *Neuropsychologia*, vol. 47, n.º 8, 2009, pp. 1780-1789.

—: «Increasing speed of processing with action video games», *Current Directions in Psychological Science*, vol. 18, n.º 6, 2009, pp. 321-326.

EINOTHER, S. J. y GIESBRECHT, T.: «Caffeine as an attention enhancer: Reviewing existing assumptions», *Psychopharmacology*, vol. 225, n.º 2, 2013, pp. 251-274.

EISENBERGER, R.: «Learned industriousness», *Psychological Review*, vol. 99, n.º 2, 1992, p. 248.

ELLIS, A. P., *et al.*: «Team learning: Collectively connecting the dots», *Journal of Applied Psychology*, vol. 88, n.º 5, 2003, p. 821.

ERICSSON, K. A. y POOL, R.: *Peak*. Eamon Dolan/Houghton Mifflin Harcourt, Boston, 2016. (Trad. cast.: *Número uno: secretos para ser el mejor en lo que nos propongamos*. Conecta, Barcelona, 2017).

FELDER, R. M. y BRENT, R.: *Teaching and learning STEM: A practical guide*. Jossey-Bass, San Francisco, 2016.

FENDLER, L.: «The magic of psychology in teacher education», *Journal of Philosophy of Education*, vol. 46, n.º 3, 2012, pp. 332-351.

FINN, E. S., *et al.*: «Disruption of functional networks in dyslexia: A whole-brain, data-driven analysis of connectivity», *Biological Psychiatry*, vol. 76, n.º 5, 2014, pp. 397-404.

FOX, M., *et al.*: «The human brain is intrinsically organized into dynamic, anticorrelated functional networks», *PNAS*, n.º 102, 2005, pp. 9673-9678.

FRANK, M. C. y BARNER, D.: «Representing exact number visually using mental abacus», *Journal of Experimental Psychology: General*, vol. 141, n.º 1, 2012, pp. 134-149.

FREEMAN, S., *et al.*: «Active learning increases student performance in science, engineering, and mathematics», *PNAS*, vol. 111, n.º 23, 2014, pp. 8410-8415.

FRIEDMAN, T. L.: «How to get a job at Google», *New York Times*, 2 de febrero de 2014. www.nytimes.com/2014/02/23/opinion/sunday/friedman-how-to-get-a-job-at-google.html?_r=0

GARRISON, K. A., *et al.*: «Meditation leads to reduced default mode network activity beyond an active task», *Cognitive, Affective, & Behavioral Neuroscience*, vol. 15, n.º 3, 2015, pp. 712-720.

GAZZALEY, A.: «Harnessing brain plasticity: The future of neurotherapeutics», GTC Keynote Presentation, 27 de marzo de 2014. http://ondemand.gputechconf.com/gtc/2014/video/s4780-adam-gazzaley-keynote.mp4

GIAMMANCO, M., *et al.*: «Testosterone and aggressiveness», *Medical Science Monitor*, vol. 11, n.º 4, 2005, pp. RA136-RA145.

GOLOMB, B. A. y EVANS, M. A.: «Statin adverse effects», *American Journal of Cardiovascular Drugs*, vol. 8, n.º 6, 2008, pp. 373-418.

GOYAL, M., *et al.*: «Meditation programs for psychological stress and well-being: A systematic review and meta-analysis», *JAMA Internal Medicine*, vol. 174, n.º 3, 2014, pp. 357-368.

GREEN, C. S. y BAVELIER, D.: «Action video game training for cognitive enhancement», *Current Opinion in Behavioral Sciences*, n.º 4, 2015, pp. 103-108.

GROSSMAN, P., *et al.*: «Mindfulness-based stress reduction and health benefits: A meta-analysis», *Journal of Psychosomatic Research*, vol. 57, n.º 1, 2004, pp. 35-43.

GRUBER, H.: «On the relation between 'aha experiences' and the construction of ideas», *History of Science*, n.° 19, 1981, pp. 41-59.

GUIDA, A., *et al.*: «Functional cerebral reorganization: A signature of expertise? Reexamining Guida, Gobet, Tardieu, and Nicolas' (2012) two-stage framework», *Frontiers in Human Neuroscience*, n.° 7, 2013, p. 590. doi:10.3389/fnhum.2013.00590.

GWYNNE, S. C.: *Empire of the Summer Moon*. Scribner, Nueva York, 2011. (Trad. cast.: *El imperio de la luna de agosto: auge y caída de los comanches*. Turner, Madrid, 2011).

HACKATHORN, J., *et al.*: «All kidding aside: Humor increases learning at knowledge and comprehension levels», *Journal of the Scholarship of Teaching and Learning*, vol. 11, n.° 4, 2012, pp. 116-123.

HANFT, A.: «What's your talent stack?», *Medium*, 19 de marzo de 2016. https://medium.com/@ade3/what-s-your-talent-stack-a66a79 c5f331#.hd72ywcwj

HARP, S. F. y MAYER, R. E.: «How seductive details do their damage: A theory of cognitive interest in science learning», *Journal of Educational Psychology*, vol. 90, n.° 3, 1998, pp. 414.

HARVARDX: «HarvardX: Year in Review 2014-2015». 2015, http://harvardx.harvard.edu/files/harvardx/files/110915_hx_yir_low_res. pdf?m=1447339692

HOROVITZ, S. G., *et al.*: «Decoupling of the brain's default mode network during deep sleep», *PNAS*, vol. 106, n.° 27, 2009, pp. 11376-11381.

HOWARD, C. J. y HOLCOMBE, A. O.: «Unexpected changes in direction of motion attract attention», *Attention, Perception & Psychophysics*, vol. 72, n.° 8, 2010, pp. 2087-2095.

HUANG, R.-H. y SHIH, Y. N.: «Effects of background music on concentration of workers», *Work*, vol. 38, n.° 4, 2011, pp. 383-387.

IMMORDINO-YANG, M. H., *et al.*: «Rest is not idleness: Implications of the brain's default mode for human development and education», *Perspectives on Psychological Science*, vol. 7, n.° 4, 2012, pp. 352-364.

ISAACSON, W. 2015: «The light-beam rider», *New York Times*, 30 de octubre de 2015. www.nytimes.com/2015/11/01/opinion/sunday/the-light-beam-rider.html?_r=0

Jang, J. H., *et al.*: «Increased default mode network connectivity associated with meditation», *Neuroscience Letters*, vol. 487, n.° 3, 2011, pp. 358-362.

Jansen, T., *et al.*: «Mitochondrial DNA and the origins of the domestic horse», *PNAS*, vol. 99, n.° 16, 2002, pp. 10905-10910.

Jaschik, S: «MOOC Mess», *Inside Higher Ed*, 4 de febrero de 2013. www.insidehighered.com/news/2013/02/04/coursera-forced-call-mooc-amid-complaints-about-course

Katz, L. y Rubin, M.: *Keep your brain alive*. Workman, Nueva York, 2014.

Kaufman, S. B. y Gregoire, C.: *Wired to create*. TarcherPerigee, Nueva York, 2015.

Keller, E. F.: *A feeling for the organism: The life and work of Barbara McClintock*, 10th Anniversary Edition. Times Books, Nueva York, 1984.

Kheirbek, M. A., *et al.*: «Neurogenesis and generalization: A new approach to stratify and treat anxiety disorders», *Nature Neuroscience*, n.° 15, 2012, pp. 1613-1620.

Khoo, A.: *Winning the game of life*. Adam Khoo Learning Technologies Group, Singapur, 2011.

Kojima, T., *et al.*: «Default mode of brain activity demonstrated by positron emission tomography imaging in awake monkeys: Higher rest-related than working memory-related activity in medial cortical areas», *Journal of Neuroscience*, vol. 29, n.° 46, 2009, pp. 14463-14471.

Kuhn, S., *et al.*: «The importance of the default mode network in creativity: A structural MRI study», *Journal of Creative Behavior*, vol. 48, n.° 2, 2014, pp. 152-163.

Kuhn, T.: *The structure of scientific revolutions*. University of Chicago Press, Chicago 1962 (1970, 2.ª ed.). (Trad. cast.: *La estructura de las revoluciones científicas*. Fondo de Cultura Económica, México, 1981).

Li, R., *et al.*: «Enhancing the contrast sensitivity function through action video game training», *Nature Neuroscience*, vol. 12, n.° 5, 2009, pp. 549-551.

Lieberman, H. R., *et al.*: «Effects of caffeine, sleep loss, and stress on cognitive performance and mood during U.S. Navy SEAL training», *Psychopharmacology*, vol. 164, n.° 3, 2002, pp. 250-261.

Lu, H., *et al.*: «Rat brains also have a default mode network», *PNAS*, vol. 109, n.° 10, 2012, pp. 3979-3984.

Lv, J., *et al.*: «Holistic atlases of functional networks and interactions reveal reciprocal organizational architecture of cortical function», *IEEE Transactions on Biomedical Engineering*, vol. 62, n.° 4, 2015, pp. 1120-1131.

Lv, K.: «The involvement of working memory and inhibition functions in the different phases of insight problem solving», *Memory & Cognition*, vol. 43, n.° 5, 2015, pp. 709-722.

Lyons, I. M. y Beilock, S. L.: «When math hurts: Math anxiety predicts pain network activation in anticipation of doing math», *PLoS ONE*, vol. 7, n.° 10, 2012, e48076.

Mantini, D., *et al.*: «Default mode of brain function in monkeys», *Journal of Neuroscience*, vol. 31, n.° 36, 2011, pp. 12954-12962.

Maren, S., *et al.*: «The contextual brain: Implications for fear conditioning, extinction and psychopathology», *Nature Reviews Neuroscience*, vol. 14, n.° 6, 2013, pp. 417-428.

Markoff, J.: «The most popular online course teaches you to learn», *New York Times*, 29 de diciembre de 2015. http://bits.blogs.nytimes.com/2015/12/29/the-most-popular-online-course-teaches-you-to-learn

Marshall, B. J. y Warren, J. R. 2005: «Barry J. Marshall: Biographical», Nobelprize.org. www.nobelprize.org/nobel_prizes/medicine/laureates/2005/marshall-bio.html

Martin, C.: «It's never too late to learn to code», 7 de mayo de 2015. https://medium.com/@chasrmartin/it-s-never-too-late-to-learn-to-code-936f7db43dd1

Martin, D.: «Joan McCord, who evaluated anticrime efforts, dies at 73», *New York Times*, 1 de marzo de 2004. www.nytimes.com/2004/03/01/nyregion/joan-mccord-who-evaluated-anticrime-efforts-dies-at-73.html

Mazur, A. y Booth, A.: «Testosterone and dominance in men», *Behavioral and Brain Sciences*, vol. 21, n.° 3, 1998, pp. 353-363.

McCord, J.: «Consideration of some effects of a counseling program», *New Directions in the Rehabilitation of Criminal Offenders*, 1981, pp. 394-405.

—: «Learning how to learn and its sequelae». En *Lessons of criminology*, editado por Geis, G. y Dodge, M., pp. 95-108. Anderson Publishing, Cincinnati, 2002.

—: «A thirty- year follow-up of treatment effects», *American Psychologist*, vol. 33, n.° 3, 1978, pp. 284-289.

MEHTA, R., *et al.*: «Is noise always bad? Exploring the effects of ambient noise on creative cognition», *Journal of Consumer Research*, vol. 39, n.° 4, 2012, pp. 784-799.

MELBY-LERVAG, M. y HULME, C.: «Is working memory training effective? A meta-analytic review», *Developmental Psychology*, vol. 49, n.° 2, 2013, pp. 270-291.

MENIE, M. A., *et al.*: «By their words ye shall know them: Evidence of genetic selection against general intelligence and concurrent environmental enrichment in vocabulary usage since the mid-19th century», *Frontiers in Psychology*, n.° 6, 2015, p. 361. doi:10.3389/fpsyg.2015.00361.

MERZENICH, M.: *Soft-wired*. 2.ª ed. Parnassus Publishing, San Francisco, 2013.

MIMS, C.: «Why coding is your child's key to unlocking the future», *Wall Street Journal*, 26 de abril de 2015. www.wsj.com/articles/why-coding-is-your-childs-key-to-unlocking-the-future-1430080118

MONDADORI, C. R., *et al.*: «Better memory and neural efficiency in young apolipoprotein E ε4 carriers», *Cerebral Cortex*, vol. 17, n.° 8, 2007, pp. 1934-1947.

MONTAGNE, B., *et al.*: «Sex differences in the perception of affective facial expressions: Do men really lack emotional sensitivity?», *Cognitive Processing*, vol. 6, n.° 2, 2005, pp. 136-141.

MOON, H. Y., *et al.*: «Running-induced systemic cathepsin B secretion is associated with memory function», *Cell Metabolism*, n.° 24, 2016, pp. 1-9. doi:10.1016/j.cmet.2016.05.025.

MORI, F., *et al.*: «The effect of music on the level of mental concentration and its temporal change». En *CSEDU 2014: 6th International Conference on Computer Supported Education*, 2014, pp. 34-42. Barcelona.

MOUSSA, M., *et al.*: «Consistency of network modules in resting-state fMRI connectome data». *PLoS ONE*, vol. 7, n.° 8, 2012, e44428.

Nakano, T., *et al.*: «Blink-related momentary activation of the default mode network while viewing videos», *PNAS*, vol. 110, n.º 2, 2012, pp. 702-706.

Oakley, B.: *Evil genes: Why Rome fell, Hitler rose, Enron failed, and my sister stole my mother's boyfriend.* Prometheus Books, Amherst (Estado de Nueva York), 2007.

—: «How we should be teaching math: Achieving 'conceptual' understanding doesn't mean true mastery. For that, you need practice», *Wall Street Journal*, 2 de septiembre de 2014. www.wsj.com/articles/barbara-oakley-repetitive-work-in-math-thats-good-1411426037

—: «Why virtual classes can be better than real ones», *Nautilus*, 29 de octubre de 2015. http://nautil.us/issue/29/scaling/why-virtual-classes-can-be-better-than-real-ones

Oakley, B., *et al.*: «Turning student groups into effective teams», *Journal of Student Centered Learning*, vol. 2, n.º 1, 2003, pp. 9-34.

—: «Improvements in statewide test results as a consequence of using a Japanese-based supplemental mathematics system, Kumon Mathematics, in an inner-urban school district». En *Proceedings of the ASEE Annual Conference*. Portland, Oregón, 2005

—: «Creating a sticky MOOC», *Online Learning Consortium*, vol. 20, n.º 1, 2016, pp. 1-12.

Oakley, B. A.: «Concepts and implications of altruism bias and pathological altruism», *PNAS*, n.º 110, supl. 2, 2013, pp. 10408-10415.

—: *A mind for numbers: How to excel at math and science.* Penguin Random House, Nueva York, 2014. (Trad. cast.: *Abre tu mente a los números: cómo sobresalir en ciencias aunque seas de letras.* RBA, Barcelona, 2015).

O'Connor, A.: «How the hum of a coffee shop can boost creativity», *New York Times*, 21 de junio de 2013. http://well.blogs.nytimes.com/2013/06/21/how-the-hum-of-a-coffee-shop-can-boost-creativity/?ref=health&_r=1&

Overy, K.: «Dyslexia and music», *Annals of the New York Academy of Sciences*, vol. 999, n.º 1, 2003, pp. 497-505.

Pachman, M., *et al.*: «Levels of knowledge and deliberate practice», *Journal of Experimental Psychology: Applied*, vol. 19, n.º 2, 2013, pp. 108-119.

Patros, C. H., et al.: «Visuospatial working memory underlies choice-impulsivity in boys with attention-deficit/hyperactivity disorder», *Research in Developmental Disabilities*, n.° 38, 2015, pp. 134-144.

Patston, L. L. y Tippett, L. J.: «The effect of background music on cognitive performance in musicians and nonmusicians», *Music Perception: An Interdisciplinary Journal*, vol. 29, n.° 2, 2011, pp. 173-183.

Petrovic, P., et al.: «Placebo in emotional processing: Induced expectations of anxiety relief activate a generalized modulatory network», *Neuron*, vol. 46, n.° 6, 2005, pp. 957-969.

Pogrund, B.: *How can man die better: Sobukwe and apartheid*. Peter Halban Publishers, Londres, 1990.

Powers, E. y Witmer, H. L.: *An experiment in the prevention of delinquency: The Cambridge-Somerville Youth Study*. Patterson Smith, Montclair (Nueva Jersey), 1972.

Prusiner, S. B.: *Madness and memory*. Yale University Press, New Haven (Connecticut), 2014.

Ramón y Cajal, S.: *Recollections of my life*, traducido por Craigie, E. H., MIT Press, Cambridge (Massachusetts), 1989. (Publicado en castellano como: *Recuerdos de mi vida (edición facsímil)*. UAM Ediciones, D. L., Madrid, 2017).

Rapport, M. D., et al.: Hyperactivity in boys with attention-deficit/hyperactivity disorder (ADHD): A ubiquitous core symptom or manifestation of working memory deficits?», *Journal of Abnormal Child Psychology*, vol. 37, n.° 4, 2009, pp. 521-534.

Rittle-Johnson, B., et al.: «Not a one-way street: Bidirectional relations between procedural and conceptual knowledge of mathematics», *Educational Psychology Review*, vol. 27, n.° 4, 2015, pp. 587-597.

Ronson, J.: *So you've been publicly shamed*. Riverhead, Nueva York, 2015. (Trad. cast.: *Humillación en las redes*. Ediciones B, Barcelona, 2015).

Rossini, J. C.: «Looming motion and visual attention», *Psychology & Neuroscience*, vol. 7, n.° 3, 2014, pp. 425-431.

Sane, J.: «Free Code Camp's 1,000 + study groups are now fully autonomous», *Free Code Camp*, 20 de mayo de 2016. https://medium. freecodecamp.com/free-code-camps-1-000-study-groups-are-now-fully-autonomous-d40a3660e292#.8v4dmr7oy

SAPIENZA, P., *et al.*: «Gender differences in financial risk aversion and career choices are affected by testosterone», *PNAS*, vol. 106, n.° 36, 2009, pp. 15268-15273.

SCHAFER, S. M., *et al.*: «Conditioned placebo analgesia persists when subjects know they are receiving a placebo», *Journal of Pain*, vol. 16, n.° 5, 2015, pp. 412-420.

SCHEDLOWSKI, M. y PACHECO-LÓPEZ, G.: «The learned immune response: Pavlov and beyond», *Brain, Behavior, and Immunity*, vol. 24, n.° 2, 2010, pp. 176-185.

SEDIVY, J.: «Can a wandering mind make you neurotic?», *Nautilus*, 15 de noviembre 2015. http://nautil.us/blog/can-a-wandering-mind-make-you-neurotic

SHIH, Y.-N., *et al.*: «Background music: Effects on attention performance», *Work*, vol. 42, n.° 4, 2012, pp. 573-578.

SHIN, L.: «7 Steps to developing career capital and achieving success», *Forbes*, 22 de mayo de 2013. www.forbes.com/sites/laurashin/2013/05/22/7-steps-to-developing-career-capital-and-achieving-success/#256f16d32d3d.

SIMONTON, D. K.: *Creativity in science: Chance, logic, genius, and Zeitgeist.* Cambridge University Press, Cambridge (Reino Unido), 2004.

SINANAJ, I., *et al.*: «Neural underpinnings of background acoustic noise in normal aging and mild cognitive impairment», *Neuroscience*, n.° 310, 2015, pp. 410-421.

SKARRATT, P. A., *et al.* 2014: «Looming motion primes the visuomotor system», *Journal of Experimental Psychology: Human Perception and Performance*, vol. 40, n.° 2, pp. 566-579.

SKLAR, A. Y., *et al.*: «Reading and doing arithmetic nonconsciously», *PNAS*, vol. 109, n.° 48, 2012, pp. 19614-19619.

SMITH, G. E., *et al.*: «A cognitive training program based on principles of brain plasticity: Results from the improvement in memory with plasticity-based adaptive cognitive training (IMPACT) study», *Journal of the American Geriatrics Society*, vol. 57, n.° 4, 2009, pp. 594-603.

SNIGDHA, S., *et al.*: «Exercise enhances memory consolidation in the aging brain», *Frontiers in Aging Neuroscience*, n.° 6, 2014, pp. 3-14.

SONG, K. B.: *Learning for life*. Singapore Workforce Development Agency, Singapur, 2014.

SPAIN, S. L., *et al.*: «A genome-wide analysis of putative functional and exonic variation associated with extremely high intelligence», *Molecular Psychiatry*, n.° 21, 2015, pp. 1145-1151. doi:10.1038/mp.2015.108.

SPALDING, K. L., *et al.*: «Dynamics of hippocampal neurogenesis in adult humans», *Cell*, vol. 153, n.° 6, 2013, pp. 1219-1227.

SPECTER, M.: «Rethinking the brain: How the songs of canaries upset a fundamental principle of science», *New Yorker*, 23 de julio de 2001, www.michaelspecter.com/wp-content/uploads/brain.pdf.

STOET, G. y GEARY, D. C.: «Sex differences in academic achievement are not related to political, economic, or social equality», *Intelligence*, n.° 48, 2015, pp. 137-151.

SWELLER, J., *et al.*: *Cognitive load theory: Explorations in the learning sciences, instructional systems and performance technologies*. Springer, Nueva York, 2011.

TAKEUCHI, H, *et al.*: «The association between resting functional connectivity and creativity», *Cerebral Cortex*, vol. 22, n.° 12, 2012, pp. 2921-2929.

—: «Failing to deactivate: The association between brain activity during a working memory task and creativity», *NeuroImage*, vol. 55, n.° 2, 2011, pp. 681-687.

—: «Working memory training improves emotional states of healthy individuals», *Frontiers in Systems Neuroscience*, n.° 8, 2014, p. 200.

TAMBINI, A., *et al.*: «Enhanced brain correlations during rest are related to memory for recent experiences», *Neuron*, vol. 65, n.° 2, 2010, pp. 280-290.

TEASDALE, T. W. y OWEN, D. R.: «Secular declines in cognitive test scores: A reversal of the Flynn effect», *Intelligence*, vol. 36, n.° 2, 2008, pp. 121-126.

THOMPSON, W. F., *et al.*: «Fast and loud background music disrupts reading comprehension», *Psychology of Music*, vol. 40, n.° 6, 2012, pp. 700-708.

TOUGH, P.: *How children succeed*. Houghton Mifflin Harcourt, Boston, 2012. (Trad. cast.: *Cómo triunfan los niños: determinación, curiosidad y el poder del carácter*. Palabra, D.L.: Madrid, 2015).

Trahan, L., *et al.*: «The Flynn effect: A meta-analysis», *Psychological Bulletin*, vol. 140, n.° 5, 2014, pp. 1332-1360.

Tschang, C.-C., *et al.*: «50 startups, five days, one bootcamp to change the world», *MIT News*, 29 de agosto de 2014. https://news.mit.edu/2014/50-startups-five-days-one-bootcamp-change-world-0829

Tupy, M. L.: «Singapore: The power of economic freedom», Cato Institute, 24 de noviembre de 2015. www.cato.org/blog/singapore-power-economic-freedom

Vanny, P. y Moon, J.: «Physiological and psychological effects of testosterone on sport performance: A critical review of literature», *Sport Journal*, 29 de junio de 2015. http://thesportjournal.org/article/physiological-and-psychological-effects-of-testosterone-on-sport-performance-a-critical-review-of-literature/

Venkatraman, A.: «Lack of coding skills may lead to skills shortage in Europe», *Computer Weekly*, 30 de julio de 2014. www.computerweekly.com/news/2240225794/Lack-of-coding-skills-may-lead-to-severe-shortage-of-ICT-pros-in-Europe-by-2020-warns-EC

Vidoni, E. D., *et al.*: «Dose-response of aerobic exercise on cognition: A community-based, pilot randomized controlled trial», *PloS One*, vol. 10, n.° 7, 2015, e0131647.

Vilà, C., *et al.*: «Widespread origins of domestic horse lineages», *Science*, vol. 291, n.° 5503, 2001, pp. 474-477.

Vredeveldt, A., *et al.*: «Eye closure helps memory by reducing cognitive load and enhancing visualisation», *Memory & Cognition*, vol. 39, n.° 7, 2011, pp. 1253-1263.

Wager, T. D. y Atlas, L. Y.: «The neuroscience of placebo effects: Connecting context, learning and health», *Nature Reviews Neuroscience*, vol. 16, n.° 7, 2015, pp. 403-418.

Waitzkin, J.: *The art of learning*. Free Press, Nueva York, 2008. (Trad. cast.: *El arte de aprender: un viaje en busca de la excelencia*. Urano, Barcelona, 2007).

Wammes, J. D., *et al.*: «The drawing effect: Evidence for reliable and robust memory benefits in free recall», *Quarterly Journal of Experimental Psychology*, vol. 69, n.° 9, 2016, pp. 1752-1776.

WATANABE, M.: «Training math athletes in Japanese jukus», *Juku*, 21 de octubre de 2015. http://jukuyobiko.blogspot.jp/2015/10/training-math-athletes-in-japanese-jukus.html.

WHITE, H. A. y SHAH, P.: «Uninhibited imaginations: Creativity in adults with attention-deficit/hyperactivity disorder», *Personality and Individual Differences*, vol. 40, n.° 6, 2006, pp. 1121-1131.

WHITE, K. G., et al.: «A note on the chronometric analysis of cognitive ability: Antarctic effects», *New Zealand Journal of Psychology*, n.° 12, 1983, pp. 36-40.

WHITEHOUSE, A. J., et al.: «Sex- specific associations between umbilical cord blood testosterone levels and language delay in early childhood», *Journal of Child Psychology and Psychiatry*, vol. 53, n.° 7, 2012, pp. 726-734.

WILSON, T.: *Redirect*. Little, Brown and Company, Nueva York, 2011.

YANG, G., et al.: «Sleep promotes branch-specific formation of dendritic spines after learning», *Science*, vol. 344, n.° 6188, 2014, pp. 1173-1178.

ZATORRE, R. J., et al.: «Plasticity in gray and white: Neuroimaging changes in brain structure during learning», *Nature Neuroscience*, vol. 15, n.° 4, 2012, pp. 528-536.

ZHANG, J. y FU, X.: «Background music matters: Why strategy video game increased cognitive control», *Journal of Biomusical Engineering*, vol. 3, n.° 105, 2014, doi:10.4172/2090-2719.1000105.

ZHAO, Y.: *Who's afraid of the big bad dragon*. Jossey-Bass, San Francisco, 2014.

ZHOU, D. F., et al.: «Prevalence of dementia in rural China: Impact of age, gender and education», *Acta Neurologica Scandinavica*, vol. 114, n.° 4, 2006, pp. 273-280.

ZITTRAIN, J.: «Are trolls just playing a different game than the rest of us?», *Big Think*, 3 de abril de 2015. http://bigthink.com/videos/dont-feed-the-trolls.

ZULL, J. E.: *The art of changing the brain*. Stylus Publishing, Sterling (Virginia), 2002.

Notas

Capítulo 1: Transformado

1. Dweck, 2006.

Capítulo 2: Aprender no consiste sólo en estudiar

1. Deardorff, 2015.
2. Deardorff, 2015. *Véase también* Cotman, *et al.*, 2007; Moon, *et al.*, 2016.
3. Snigdha, *et al.*, 2014.
4. Vidoni, *et al.*, 2015.

Capítulo 3: Culturas cambiantes

1. Gwynne, 2011.
2. Mims, 2015; Venkatraman, 2014.
3. Ericsson y Pool, 2016.
4. Yang, 2014.
5. Oakley, «How we should be teaching math», 2014; Rittle-Johnson, *et al.*, 2015.
6. Las biografías de los ganadores del Premio Nobel suelen estar repletas de historias de resistencia a las ideas y los enfoques nuevos. *Véase*, por ejemplo, Ramón y Cajal, 1989; Keller, 1984; Prusiner, 2014; Marshall y Warren, 2005. Para leer un gran análisis de la hostilidad por parte de líderes científicos frente a la idea de la neurogénesis, *véase* Specter, 2001.
7. Kuhn, 1962 (1970, 2.ª ed.), p. 144.

Capítulo 4: Tu pasado «inútil» puede ser una ventaja

1. Los juegos de Tanja son Tazlure.nl (fantasía) y un juego histórico ambientado en la corte inglesa del siglo XVII. Tanja me solicitó que

no publicara aquí el URL del segundo, ya que la inscripción está limitada, pero este sofisticado juego te cautiva desde la primera página.

2. de Bie, 2013. Para obtener una opinión del punto de vista académico que nos proporcione una sensación de lo poco que saben los intelectuales de los troles, *véase* Zittrain, 2015. Se puede encontrar una excelente discusión del mundo oscuro de los troles en Ronson, 2015.

3. Stoet y Geary, 2015; Whitehouse, *et al.*, 2012.

4. Estas imágenes pretenden aportar una sensación figurada de ideas clave contenidas en Stoet y Geary, 2015, y Whitehouse, *et al.*, 2012.

5. Vanny y Moon, 2015.

Capítulo 5: Reescribiendo las normas

1. Fui voluntaria, durante cinco años, en varios colegios de primaria del distrito escolar urbano marginal de Pontiac (Michigan), y experimenté de primera mano las condiciones soportadas por los estudiantes de un típico distrito escolar desfavorecido (Oakley, *et al.*, 2005).

2. Conocí a Stephanie Cáceres, la madre de Zach, tomando té con ella en Linthicum Heights (Maryland) el 12 de mayo de 2016.

3. McCord, 2002.

4. Dishion, *et al.*, 1999, p. 760.

5. Powers y Witmer, 1972. *Véase* en especial el capítulo 29.

6. McCord, 1981; McCord, 1978.

7. Ibíd.

8. Rittle-Johnson, *et al.*, 2015.

9. Guida, *et al.*, 2013.

10. Pachman, *et al.*, 2013.

11. Cáceres, 2015.

12. McCord, 1978.

13. Correspondencia (emails) con Geoff Sayre-McCord, junio de 2016.

14. Martin, 2004.

15. Wilson, 2011.

16. Duckworth, 2016.

17. Eisenberger, 1992.

18. Oakley, 2013; Wilson, 2011.

19. Fendler, 2012.

20. Tough, 2012.

Capítulo 6: Singapur

1. Song, 2014.

2. Trading Economics, «Singapore unemployment rate, 1986-2016» (Economía de la Actividad Comercial, «La tasa de paro de Singapur 1986-2016»). www.tradingeconomics.com/singapore/unemployment-rate3

3. Tupy, 2015.

4. National Center for Education Statistics, «Mathematics literacy: Average scores» (Centro Nacional de Estadísticas Educativas, «Conocimientos matemáticos: Calificaciones medias»). https://nces.ed.gov/surveys/pisa/pisa2012/pisa2012highlights_3a.asp, citando a la Organización para la Cooperación y el Desarrollo Económicos (OCDE), Programa Internacional para la Valoración de Estudiantes (Informe PISA), 2012.

5. Hanft, 2016.

6. Shin, 2013.

7. El profesor Yong Zhao, que ocupa el puesto de primer presidente de la Universidad de Oregón, apunta, a propósito de la China continental: «Los estudiantes chinos son extremadamente buenos con los problemas bien definidos. Es decir, lo hacen bien mientras sepan qué deben hacer para cumplir con las expectativas y dispongan de ejemplos que seguir; pero en situaciones peor definidas, sin rutinas ni fórmulas con las que contar, se encuentran con mayores dificultades. En otras palabras, son buenos resolviendo problemas existentes de formas predecibles, pero no a la hora de plantear soluciones radicalmente nuevas o de inventarse nuevos problemas que resolver». (Zhao, 2014, pp. 133-134). Zhao también cuenta con un extenso debate sobre los problemas de las pruebas PISA en el capítulo 8: «The naked Emperor: Chinese lessons for What not to do» («El emperador desnudo: Lecciones chinas sobre qué no hacer»).

8. Channel NewsAsia, 2015.

331

Capítulo 7: Nivelando el terreno de juego educativo

1. Wammes, *et al.*, 2016.
2. Sklar, *et al.*, 2012.
3. Bellos, «World's fastest number game», 2012.
4. Watanabe, 2015. *Véase también* «Begin Japanology–Abacus», www. youtube.com/watch?v=9WeSCSHzs9s
5. Bellos, «Abacus adds up», 2012.
6. Frank y Barner, 2012.
7. Guida, *et al.*, 2013.
8. Ericsson y Pool, 2016.
9. Arsalidou, *et al.*, 2013; Sweller, *et al.*, 2011.
10. Guida, *et al.*, 2013.
11. *Véase* también el capítulo 5, Khoo, 2011.
12. Discurso de graduación pronunciado por Steve Jobs en la Universidad de Stanford, 12 de junio de 2005, http://news.stanford.edu/2005/06/14/jobs-061505/
13. Buhle, *et al.*, 2014.
14. En la literatura científica se suele hacer referencia al modo focalizado como «favorable a las tareas». *Véase* Di y Biswal, 2014; Fox, *et al.*, 2005.
15. El estado mejor estudiado de entre los muchos estados de reposo neuronal es, por supuesto, el de la red en modo estándar. Moussa, *et al.*, 2012.
16. Beaty, *et al.*, 2014.
17. Nakano, *et al.*, 2012.
18. Waitzkin, 2008, p. 159.
19. Tambini, *et al.*, 2010; Immordino-Yang, *et al.*, 2012.
20. Brewer, *et al.*, 2011; Garrison, *et al.*, 2015.
21. Immordino-Yang, *et al.*, 2012.
22. Para obtener un muestreo del conjunto de los hallazgos recientes, *véase* Garrison, *et al.*, 2015, en contraposición con Jang, *et al.*, 2011. Está claro que éste es un campo complejo, con efectos variados. Podemos encontrar un buen resumen de las técnicas de meditación que describe qué tipos corresponden a la monitorización abierta y cuáles a la atención focalizada en Dienstmann, 2015. *Véase* también Kauf-

man y Gregoire, 2015, pp. 110-120; Goyal, *et al.*, 2014; Grossman, *et al.*, 2004.

23. Sedivy, 2015.
24. Ackerman, *et al.*, 2005; Conway, *et al.*, 2003.
25. DeCaro, *et al.*, 2015.
26. Lv, 2015; Takeuchi, *et al.*, 2012; White and Shah, 2006.
27. Patros, *et al.*, 2015; Rapport, *et al.*, 2009.
28. Simonton, 2004.
29. *Véase* Ellis, *et al.*, 2003, que apuntan: «Los miembros afables del equipo, que son, por definición, obedientes y respetuosos, pueden aceptar más fácilmente la opinión de los miembros de su equipo sin una actitud crítica para así evitar discusiones».
30. Melby-Lervag y Hulme, 2013.
31. Smith, *et al.*, 2015: Hay alrededor de un 4 por 100 de incremento que, tal y como muestran las investigaciones relacionadas, parece ser duradero. Aquí se mantiene una lista de publicaciones de investigaciones actualizada sobre los programas de Brain-HQ relacionados con la memoria: www.brainhq.com/world-class-science/published-research/memory
32. Takeuchi, *et al.*, 2014.
33. Un estadounidense con una dilatada experiencia en Asia me dijo: «Es casi como si la gente ni siquiera quisiera ir al instituto, a no ser que se trate de una escuela de élite. En Estados Unidos, los jóvenes suelen enviar solicitudes a escuelas que no son su primera opción, y van allí si no logran entrar en el instituto de sus sueños. En Asia no es infrecuente que los alumnos se tomen uno o dos años libres y que se preparen para repetir los exámenes si no lograron entrar a la primera. Las decisiones de admisión se ven más determinadas por una batería de exámenes de acceso que por la típica solicitud que se hace en Estados Unidos, en la que la puntuación obtenida en el examen de aptitud académica (SAT) sólo supone una parte de los requisitos generales de tu solicitud. Existen escuelas a tiempo parcial y tiempo completo para preparar estas pruebas específicamente para estos tipos de estudiantes. En coreano incluso existe una palabra para describir a estos estudiantes: *jaesuseng*. Frecuentemente se ven

programas de telerrealidad en los que aparecen muchachos que se encuentran en su cuarto o quinto año de repetición de estos exámenes. ¿Acabarán entrando? ¿Abandonarán?, y ese tipo de cosas. Es, en verdad, un fenómeno cultural. Ciertamente, la gente sigue yendo a escuelas de segundo nivel, y creo que algunas personas se avergüenzan de ello; pero siempre que ves cómo se habla de este tema en los medios de comunicación o en los ámbitos académicos, es casi como si estas escuelas de segunda categoría ni siquiera existieran. Nunca se habla de ellas. El asunto siempre se enmarca en términos de que los mejores colegios son demasiado competitivos, y que impulsan una cultura dañina en la escuela primaria y secundaria. El hecho de tener, simplemente, una educación en una escuela profesional no parece ser respetado en sí mismo. Por falta de una mejor forma de exponerlo, es necesario que haya una mayor aceptación social del hecho de pertenecer a la media. Las credenciales académicas también tienen unos efectos de amplio alcance en el puesto de trabajo. En Estados Unidos me encuentro en un punto en el que si estuviera solicitando un empleo listaría en primer lugar mi experiencia profesional y, en segundo lugar, mis credenciales académicas; pero en Asia se daría la máxima importancia a mi título de la Universidad de Stanford».

Capítulo 8: Evitando la rutina en las carreras profesionales y los callejones sin salida

1. Las discusiones sobre el pasado de Terrence Sejnowski surgen de una extensa entrevista con Terry y su esposa, Beatrice Golomb, mantenida el 26 de julio de 2015 en La Jolla (California).
2. Davis, 2015.
3. Entrevista con Alan Gelperin, 5 de marzo de 2016, Princeton (Nueva Jersey).
4. *Cognitive Science Online*, 2008.
5. Ibíd.
6. Golomb y Evans, 2008.
7. Maren, *et al.*, 2013.
8. Benedetti, *et al.*, 2006.

9. Wager y Atlas, 2015.

10. Schafer, *et al.*, 2015. Petrovic, *et al.*, 2005, apuntan: «Se ha visto que el placebo depende, de forma crucial, de los efectos del aprendizaje».

11. Crum, *et al.*, 2011.

12. Schedlowski y Pacheco-López, 2010.

13. Petrovic, *et al.*, 2005.

14. Crick, 2008, p. 6.

15. Bavelier, *et al.*, 2010; Dye, *et al.*, «The development of attention skills in action video game players», 2009; Dye, *et al.*, «Increasing speed of processing with action video games», 2009; Green y Bavelier, 2015; Li, *et al.*, 2009. Como respaldo de la discusión que aparece en esta sección, *véanse* también muchos estudios anteriores por estos autores y otros relacionados.

16. Bavelier, *et al.*, 2012.

17. Howard y Holcombe, 2010; Lv, *et al.*, 2015; Rossini, 2014; Skarratt, *et al.*, 2014.

18. Bavelier, 2012.

19. Anguera, *et al.*, 2013.

20. Gazzaley, 2014.

21. Las ondas beta suelen relacionarse, con mayor frecuencia, con la atención focalizada. En este sentido, el doctor Gazzaley señala: «Las ondas theta en las que nos fijamos están relacionadas en el tiempo con un evento: en el caso de *Neuroracer* con la aparición de una señal mientras conducimos; y emergen tras la aparición de la señal. Este tipo de onda theta se asocia con la implicación de la atención. Difiere de la onda theta implicada de forma más tónica» (email a la autora, 2 de junio de 2016).

22. Gazzaley, 2014.

23. Merzenich, 2013, p. 197.

24. La Posit Science Corporation tiene una lista de las investigaciones científicas que respaldan las afirmaciones de la eficacia de sus terapias: www.brainhq.com/world-class-science/published-research

25. Spalding, *et al.*, 2013.

26. Ibíd.

27. Kheirbek, *et al.*, 2012.

28. Ibíd.

29. Katz y Rubin, 2014.

30. Antoniou, *et al.*, 2013.

31. Pogrund, 1990, p. 303.

32. *Véase* White, *et al.*, 1983. Mi marido, Philip, que pasó un año con un equipo de ocho personas aislado en la remota Base Siple, en La Tierra de Ellsworth, en la Antártida, pudo observar esto personalmente.

33. De Vriendt, *et al.*, 2012.

34. Bailey y Sims, 2014.

35. Bavishi, *et al.*, 2016.

36. Zhou, *et al.*, 2006.

37. Bennett, *et al.*, 2006.

38. Davis, 2015.

Capítulo 9: Los sueños desbaratados dan lugar a nuevos sueños

1. La historia de Princess se basa en sus recuerdos, tal y como me dijo vía email en la franja de tiempo que va de mayo a julio de 2016.

2. Clance y Imes, 1978.

3. Bloise y Johnson, 2007; Derntl, *et al.*, 2010; Montagne, *et al.*, 2005.

4. Sapienza, *et al.*, 2009; Mazur y Booth, 1998; Giammanco, *et al.*, 2005.

5. Ramón y Cajal, 1937 (reimpresión 1989).

6. Burton, 2008.

Capítulo 10: Convirtiendo una crisis de los cuarenta en una oportunidad a los cuarenta

1. DiMillo, 2003. Estas descripciones de Arnim Rodeck y de sus experiencias proceden de entrevistas vía email y de redacciones que Arnim me proporcionó durante mayo y junio de 2016.

2. *Véase* Ericsson y Pool, 2016, pp. 222-225, para leer una discusión sobre «antiprodigios». Ericsson apunta que en casos en los que alguien parece no tener talento, suele ser una figura de autoridad en las primeras etapas de su vida la que le convence de ello. Señala que la verdadera sordera para los tonos es cada vez más rara. Por otro

lado, está claro que algunas personas poseen una estructura neuronal subyacente que puede hacer que les resulte difícil aprender algunas tareas. Por ejemplo, Finn, *et al.*, 2014, apuntan que: «En comparación con los lectores [nodiscapacitados], los lectores [disléxicos] mostraron una conectividad divergente en la vía visual y entre las áreas de asociación visual y las áreas prefrontales de atención...» ¿Podría ser que la dislexia de Arnim sea relevante con respecto a sus retos con la música? Ciertamente, los investigadores han visto que las personas con dislexia suelen padecer déficits de sincronización que afectan a sus capacidades musicales (Overy, 2003). Resulta interesante contrastar la reacción de Arnim en relación con la figura de autoridad en el campo de la música (la aceptación de su aparente incapacidad musical y el encontrar otra forma de superar el obstáculo) *versus* su reacción frente a la figura de autoridad en el ámbito de las matemáticas (abordar las matemáticas de frente para mejorar sus habilidades). Mi creencia personal es que independientemente de la fuente de las estructuras neuronales subyacentes, incluso aunque puedan hacer que el aprendizaje sea más difícil, esas estructuras diferentes pueden ayudar a dar lugar a una comprensión diferente y más profunda si el estudiante logra encontrar un camino a través de los obstáculos mentales.

3. Mehta, *et al.*, 2012; O'Connor, 2013.

4. Einother y Giesbrecht, 2013; Lieberman, *et al.*, 2002. Cuando nos encontramos en el modo de pensamiento (lo que es de esperar que se dé durante una buena porción del tiempo), todas las frecuencias de las ondas cerebrales están presentes, pero generalmente sólo una banda de las frecuencias es dominante dependiendo de nuestro estado de conciencia. Lo que resulta interesante es que el TDAH está relacionado con una mayor actividad de las longitudes de onda más largas, como la alfa y la theta, mientras que la atención focalizada está más relacionada con las frecuencias gamma, que son más altas.

5. Choi, *et al.*, 2014; Doherty-Sneddon y Phelps, 2005.

6. Vredeveldt, *et al.*, 2011.

7. Cooke y Bliss, 2003; Davies, *et al.*, 2011; Spain, *et al.*, 2015; Mondadori, *et al.*, 2007. Los recuerdos excepcionales pueden suponer

una herramienta poderosa que puede ayudar a impulsar a la gente a adoptar roles de liderazgo. *Véase* Oakley, 2007, pp. 310-314.

8. Se puede encontrar una excelente discusión sobre el funcionamiento de tipo *ying* y *yang* de los dos modos distintos (es decir, un modo suele estar activo mientras el otro está en reposo), en Sinanaj, *et al.*, 2015.

9. De Luca, *et al.*, 2006.

10. Kuhn, *et al.*, 2014; Takeuchi, *et al.*, 2011.

11. Gruber, 1981. Tal y como se apunta en Horovitz, *et al.*, 2009, la conectividad de la red en modo estándar persiste durante el sueño ligero: «Esta persistencia podría esperarse debido a que los pensamientos autorreflexivos no cesan abruptamente, sino que más bien se van reduciendo de una forma gradual a medida que la persona se queda dormida, hasta llegar al punto de estar prácticamente ausente durante las etapas de sueño más profundo».

12. Buckner, *et al.*, 2008; O'Connor, 2013.

13. Sinanaj, *et al.*, 2015.

14. Patston y Tippett, 2011; Thompson, *et al.*, 2012; Chou, 2010. Los diseñadores de videojuegos han sacado jugo al hecho de que un poco de música de fondo parece ayudar a los jugadores a concentrarse mejor cuando están planteándose qué hacer a continuación en situaciones complejas («control proactivo»), mientras que la misma música puede desviar la atención de reacciones sencillas («control reactivo») (Zhang y Fu, 2014).

15. Shih, *et al.*, 2012.

16. Huang y Shih, 2011; Mori, *et al.*, 2014.

17. La página web de Arnim es www.shamawood.com. Advertimos que sus obras están muy solicitadas.

Capítulo 11: El valor de los cursos *online* masivos en abierto y el aprendizaje en la red

1. Las personas descritas y citadas en este capítulo fueron entrevistadas vía email en el período que va de abril a julio de 2016.

2. http://davidventuri.com/blog/my-data-science-masters

3. Echa un vistazo al progreso de Brian en www.brianbrookshire.com/online-biology-curriculum/

4. Un pseudónimo, a petición de «Hans».

5. Target Test Prep, https://gmat.targettestprep.com/

6. Ronny adopta el enfoque de mejora de los procesos de «planear-hacer-comprobar-ajustar» (PDCA, por sus siglas en inglés) en sus propios esfuerzos por aprender. El «PDCA» fue desarrollado por vez primera por W. Edwards Deming, el padre del control de calidad moderno (Deming, 1986).

7. Para leer una excelente argumentación sobre la naturaleza pasiva de ver la televisión y su impacto sobre el aprendizaje, *véase* Zull, capítulo 3. De forma interesante, a pesar del gran énfasis puesto en el aprendizaje activo y del hecho de que se ha visto que éste tiene una importancia crítica en el aula (Freeman, *et al.*, 2014; Oakley, *et al.*, «Turning student groups into effective teams», 2003), existe poca información en lo tocante a las investigaciones de neuroimágenes que aporte conocimientos sobre lo que sucede en el pensamiento activo, en contraposición con el pensamiento pasivo. Ciertamente, comprender lo que el aprendizaje provoca en el cerebro es algo aún bastante desconocido, aunque, desde luego, es un tema de investigación candente (Zatorre, *et al.*, 2012).

8. Biggs, *et al.*, 2001, proporcionan un interesante intento de comprender si los estudiantes abordan su aprendizaje con un enfoque «profundo» *versus* uno «superficial».

Capítulo 12: La creación de cursos *online* masivos en abierto

1. *Véase* Markoff, 2015, que señala que entre el 1 de agosto de 2014 y diciembre de 2015 se inscribieron 1.192.697 personas en el curso «Aprendiendo a aprender». En contraste, desde aproximadamente 2012 hasta junio de 2015, HarvardX disponía de más de sesenta cursos/módulos abiertos, más de diecisiete cursos en su campus, más de siete PCPO (pequeños cursos privados *online*, o SPOC, por sus siglas en inglés), con noventa profesores de la Universidad de Harvard y otras doscientas veinticinco personas, que juntos, se hicieron cargo de más de tres millones de inscripciones en los cursos (HarvardX, 2015). En otras palabras, los ochenta y cuatro COMA y otros cursos *online* de Harvard tuvieron alrededor de 83.300 alumnos por mes a

lo largo de un período de tres años, mientras que «Aprendiendo a aprender» estaba pisándoles los talones, atrayendo a 70.200 por mes en los primeros diecisiete meses desde su inicio: ¡No está nada mal para un pequeño y atrevido curso hecho en un sótano!

2. Crear el COMA «Aprendiendo a aprender» llevó, inicialmente, unos cuatro meses y medio de trabajo organizar el estudio, aprender a editar vídeos y generar los primeros desastrosos vídeos que acabaron siendo eliminados. Luego llevó otros tres meses de redacción de guiones, filmación y edición a tiempo completo, frecuentemente dedicando catorce horas diarias, junto con el desarrollo de las preguntas de las pruebas y los epígrafes.

Te aconsejo usar una pantalla croma si puedes, ya que te aporta una capacidad mucho mayor de añadir movimiento. Puedes hacer aflorar tu «talento» de un lado a otro y desde un plano general hasta un primer plano. Esto activa cualquier número de capas en referencia a los mecanismos de la atención (*véase* Oakley, 2015, y especialmente Oakley, *et al.*, 2016, para obtener algo de contexto sobre la neurociencia implicada en el mantenimiento de la atención).

Aquí tenemos algunos consejos especiales sobre qué hacer (y qué no) al crear un COMA:

- Usa una velocidad de obturación alta, como por ejemplo 80. Esto evitará que el verde desenfocado de la pantalla croma se vea a través de tus dedos.
- En cuanto a la pantalla chroma, utiliza cuatro focos en lugar de tres al montar la iluminación de tu estudio. Esto te permitirá usar una velocidad de obturación más alta, necesaria para evitar que el verde desenfocado se vea a través de tus dedos, tal y como se ha comentado antes.
- Enfoca con mucho cuidado cuando uses una pantalla croma. Hazlo usando el *zoom* para enfocar las arrugas que, probablemente, encontrarás a los lados de los ojos de la estrella (a no ser que tu estrella tenga tan sólo un par de años). Siempre que te alejes de la cámara, vuelve a comprobar el enfoque, ya que puede desajustarse con bastante facilidad.

- Probablemente dispondrás de un micrófono de solapa. Justo donde sujetes el micrófono a tu solapa, forma un pequeño lazo con el cable, y sujeta tanto el lazo como la solapa con el clip. Esto reducirá la tensión sobre el cable. Si no lo haces, acabarás con todo tipo de ruidos y crujidos que serán muy difíciles de eliminar en la posproducción.

- No te preocupes, ya que, probablemente, tus primeras filmaciones en vídeo te mostrarán como si te encontraras de pie frente a una brigada de bomberos. Eso es del todo normal, e irá desapareciendo una vez que empieces a acostumbrarte a estar delante de la cámara (si no estuvieras nervioso durante tus primeros días frente a la cámara, me preguntaría cuáles serían tus resultados en el Test de Psicopatía de Hare).

- Podría parecer mejor que, en lugar de editar tus propios vídeos, le dejes esa tarea a otros, pero es importante aprender, hasta alcanzar un grado de un modesto dominio de la edición de vídeo. Serás más creativo con las posibilidades. Editar metraje en el que aparezcas tú mismo es especialmente útil si te pones nervioso frente a la cámara. Al principio serás hipercrítico, y parecerá un ejercicio antiterapéutico, pero al cabo de un tiempo empezarás a darte cuenta, cuando empieces a ver las noticias por la televisión, por ejemplo, de que incluso los profesionales cometen los mismos errores que te criticas a ti mismo. Editar tu propio metraje te ayuda a eliminar las preocupaciones excesivas por tu aspecto, ya que, al cabo de un rato, acabarás aburriéndote de la hipercrítica.

- Ten cuidado, ya que tu voz puede ser más alta y aguda si estás nervioso. Como las mujeres tienen, generalmente y ya de por sí, un tono de voz más agudo, si no tienen cuidado pueden acabar hablando en un tono un poco chillón. Tanto si eres hombre como mujer, y a no ser que tengas una voz muy grave como la de Johnny Cash, quizá quieras practicar hablar con un tono de voz algo más grave.

- No te pongas un sujetador blanco, ya que se te transparentará si vistes una blusa. Llévalo siempre de color beis (y no te preocupes en absoluto si no llevas sujetador). A propósito, las perlas puede que sean preciosas, pero también pueden golpear el micrófono y dar lugar a sonidos desagradables, así que es mejor que las evites.

- Yo usaba un *teleprompter*, y frecuentemente quería regresar al principio de un guión de cinco minutos si cometía un error en algo, incluso aunque fuera al final. No lo hagas, ya que, de todas formas, vas a acabar haciendo cortes para aportar movimiento. Regresa, simplemente, al principio de la frase, del párrafo o del hilo de tus ideas.

3. Jaschik, 2013.

4. Ambady y Rosenthal, 1993.

5. A algunas personas les gusta trabajar con guiones, y a otras con *teleprompters*. La mayoría de los instructores dudan en los momentos en los que hablan improvisadamente. Por otro lado, el reto con los enfoques que usan guiones es que es fácil escribir algo pedante y que resulte muy aburrido de oír. Lo peor. De todo. Es que. Algunos. Profesores. Usan. *Teleprompters*. Para. Hablar. Justo. Así. Tal y. Como. Estoy. Escribiendo.

6. Lyons y Beilock, 2012.

7. Amir, *et al.*, 2013.

8. Chan y Lavallee, 2015.

9. Hackathorn, *et al.*, 2012.

10. La naturaleza incorrecta de la idea de que «tenemos demasiadas cosas que abarcar», especialmente en la enseñanza de Ciencias, Tecnología, Ingeniería y Matemáticas se discute ampliamente en Felder y Brent, 2016.

11. La investigación citada con más frecuencia sobre el humor que impide el aprendizaje es la de Harp y Mayer, 1998. Sin embargo, lo que resulta interesante es que esto está relacionado con materiales escritos, y no con la enseñanza en vivo por parte de un instructor en un vídeo. Irónicamente, Richard Mayer, el coautor de esta investigación, es uno de los oradores más agudos que conozco.

12. Rossini, 2014; Skarratt, *et al.*, 2014.

13. Oakley, *et al.*, 2016; Oakley y Sejnowski, 2016; Rossini, 2014; Skarratt, *et al.*, 2014.

14. Anderson, 2014. Las metáforas pueden ser muy importantes para el aprendizaje: véase Oakley, 2014, capítulo 11; Oakley, *et al.*, 2016; Oakley y Sejnowski, presentado junto con las referencias bibliográficas incluidas.

15. Keller, 1984.
16. Isaacson, 2015.
17. Sane, 2016.
18. Tschang, *et al.*, 2014.
19. Trahan, *et al.*, 2014. Pero *véase* Menie, *et al.*, 2015, y Teasdale y Owen, 2008, para obtener pruebas de una nivelación o descenso más recientes.
20. Duckworth, 2016, p. 84.
21. Duarte, 2012.

Capítulo 13: Cambio de mentalidad y más

1. Tanto el nombre de «Louise» como el de «Specs» se han cambiado por acuerdo mutuo, y distintos detalles de su vida juntos en la actualidad también han sido modificados. Las descripciones de los primeros años de la vida de Specs antes de conocer a Louise se han dramatizado, aunque se basan en descripciones de personas y caballos que conocí al crecer con estos animales, ya que soy hija de un veterinario que trabajaba con ganado vacuno y caballos. Probablemente valga la pena mencionar que hace algunas décadas, junto con unos amigos creamos el popular juego de mesa educativo sobre caballos que ha sido un superventas de forma repetida «Herd Your Horses». Puede que sea cosa de familia: el padre de mi madre, Clarence C. Pritchard, era ranchero y parece ser que era un famoso «encantador de caballos» local cerca de Roswell (Nuevo México).

   He pasado tiempo en persona con Louise y Specs en la casa y las instalaciones para los caballos de Louise, y puedo dar fe de que Specs es un caballo fantástico que puede llevar a cabo el tipo de actividades descritas en este capítulo.

2. Las pruebas halladas sugieren que animales muy similares a los caballos actuales han existido desde hace unos trescientos mil años (Jansen, *et al.*, 2002).

3. Vilà, *et al.*, 2001.

4. Friedman, 2014.

5. Kojima, *et al.*, 2009; Lu, *et al.*, 2012; Mantini, *et al.*, 2011.

6. Cover, 1993.

Índice analítico

Índice